U0575065

云南省哲学社会科学创新团队成果文库

城市化与城市
适度人口

Urbanization and Urban Optimum
Population in China

王 婷 著

社会科学文献出版社
SOCIAL SCIENCES ACADEMIC PRESS(CHINA)

《云南省哲学社会科学创新团队成果文库》
编委会

主 任 委 员：张瑞才

副主任委员：江　克　余炳武　戴世平　宋月华

委　　　员：李　春　阮凤平　陈　勇　王志勇
　　　　　　蒋亚兵　吴绍斌　卜金荣

主　　　编：张瑞才

编　　　辑：卢　桦　金丽霞　袁卫华

《云南省哲学社会科学创新团队成果文库》
编辑说明

《云南省哲学社会科学创新团队成果文库》是云南省哲学社会科学创新团队建设中的一个重要项目。编辑出版《云南省哲学社会科学创新团队成果文库》是落实中央、省委关于加强中国特色新型智库建设意见，充分发挥哲学社会科学优秀成果的示范引领作用，为推进哲学社会科学学科体系、学术观点和科研方法创新，为繁荣发展哲学社会科学服务。

云南省哲学社会科学创新团队 2011 年开始立项建设，在整合研究力量和出人才、出成果方面成效显著，产生了一批有学术分量的基础理论研究和应用研究成果，2016 年云南省社会科学界联合会决定组织编辑出版《云南省哲学社会科学创新团队成果文库》。

《云南省哲学社会科学创新团队成果文库》从 2016 年开始编辑出版，拟用 5 年时间集中推出 100 本我省哲学社会科学创新团队研究成果。云南省社科联高度重视此项工作，专门成立了评审委员会，遵循科学、公平、公正、公开的原则，对申报的项目进行了资格审查、初评、终评的遴选工作，按照"坚持正确导向，充分体现马克思主义的立场、观点、方法；具有原创性、开拓性、前沿性，对推动经济社会发展和学科建设意义重大；符合学术规范，学风严谨、文风朴实"的标准，遴选出一批创新团队的优秀成果，根据"统一标识、统一封面、统一版式、统一标准"的总体要求，组织出版，以达到整理、总结、展示、交流，推动学术研究，促进云南社会科学学术建设与繁荣发展的目的。

编委会

2017 年 6 月

基金资助

国家社会科学基金青年项目"城市化进程中的'适度人口'动态测度及路径实现研究"（12CRK021）

云南省应用基础研究计划面上项目"考虑空间外溢效应的城市适度人口动态区间及实现策略研究——以滇中城市群为例"（2014FB115）

云南省哲学社会科学规划面上项目"基于人口老龄化趋势的云南二次人口红利研究"（YB2016038）

出版资助

入选 2016 年度云南省哲学社会科学创新团队成果文库资助

项目负责人

  王 婷 云南大学发展研究院 博士、副研究员、硕士生导师

主要参与者

  吕昭河 云南大学发展研究院 博士、教授、博士生导师

  缪小林 云南财经大学公共政策研究中心 博士、教授、硕士生导师

  徐晓勇 云南大学发展研究院 博士、副研究员、硕士生导师

  贺芃斐 云南大学发展研究院 硕士研究生

  高跃光 云南财经大学财政与经济学院 硕士研究生

目 录

第一章

绪　论

作为历史发展的阶段性产物，城市化进程在世界各国或已经完成或正在经历。中国的城市化进程从新中国成立至今，历经 60 多年的演进和发展，如今已进入高速发展时期。但我们能够清楚地看到，城市化的确推动着中国经济出现奇迹，但也夹杂着诸多城市发展问题，比如资源短缺、环境恶化、城市拥挤、公共服务滞后等，这些问题都反映出我国城市化进程中城市人口与支撑人口的城市生产及消费体系的不协调。因此，对城市化进程中适度人口的研究，是推进我国可持续城市化战略的关键，具有重要的研究意义和价值。

第一节　课题意义

一　现实意义：解决中国城市化进程中城市发展问题

当前，我国正经历着人类发展历史上最快的城市化过程，大量农村地区人口不断涌入城市。尤其是改革开放至今的 30 余年，全国各地城市人口数量迅速上升，城镇化率从 1978 年的 17.92% 提升至 2013 年的 53.72%。① 与之相伴随的是，各大城市变得更加拥挤，城市人口密度从 697 人/平方公

---

① 《中国国家统计局·国家数据》，http：//data. stats. gov. cn/workspace/index？m = hgnd，根据 2013 年城镇人口与总人口比值计算得到。

里增加至 2307 人/平方公里,[①] 像陕西、黑龙江、河南、江西、甘肃、新疆和云南等地更加突出,城市人口密度都在 4000 人/平方公里以上。[②] 从文献调研中我们发现,中国城市化进程中出现了缺乏对消费、投资及城乡经济统筹带动的经济问题;公共服务供给不足、收入差距拉大、居民福利较低等社会问题;城市土地、水、电等资源耗竭问题;居民生活和企业生产污染严重问题。[③] 从问卷调查中我们发现,目前城市首先表现出的是生活成本压力大,如房价高和消费高;其次是交通堵塞;最后是城市环境污染,表现为空气质量差;另外还有工作就业、社会治安等问题。[④] 值得注意的是,适度的城市人口能创造就业、优化产业结构、提高生产效率,但城市人口数量激增和质量不佳,不仅会影响城市居民生活质量和社会福利,还会导致交通拥堵、环境污染、资源枯竭等"城市病"问题,对城市可持续发展产生不利影响(Hope & Lekorwe[⑤],1999;Grimm[⑥],2008)。而根据联合国开发计划署发布的《中国人类发展报告 2013》[⑦] 预测,到 2030 年,中国城市人口总数将超过 10 亿人,城镇化水平达到 70%,这意味着我国城市人口密度将会变得更高,城市发展压力会更大。因此,在我国高速的城市化进程中,实现城市人口在"数量"和"质量"上的适度是一个不可回避的现实问题。更加科学地确定我国城市动态适度人口,并建立和完善实现我国城市适度人口的可行制度体系,本身就是防治和解决我国"城市病"问题,推进可持续化城市进程,实现城市人口、经济社会与资源环境协调发展的重要内容。

---

① 《中国国家统计局·国家数据》,http://data.stats.gov.cn/workspace/index?m = hgnd,提取 2012 年城市人口密度。
② 《中国国家统计局·国家数据》,http://data.stats.gov.cn/workspace/index?m = fsnd,提取各省 2012 年城市人口密度。
③ 具体参见第二章第二节"城市化与城市发展问题:基于文献调研的观点"。
④ 具体参见第二章第四节"城市化与城市发展问题:基于城乡居民微观调研的基本判断"。
⑤ Hope K R Sr, Lekorwe M H, "Urbanization and the Environment in Southern Africa towards a Managed Framework for the Sustainability of Cities", *Journal of Environmental Planning and Management* 42 (1999): 837 – 859.
⑥ Grimm N B, "Global Change and The Ecology of Cities", *Science* 319 (2008): 756 – 760.
⑦ 联合国开发计划署、中国社会科学院城市发展与环境研究所:《中国人类发展报告 2013:可持续与宜居城市——迈向生态文明》,中国对外翻译出版集团公司,2013。

二　理论价值：丰富适度人口的理论和方法研究体系

近年来，国内外关于适度人口在具体实践问题中的研究和讨论不断增多，包括与本研究较为接近的城市适度人口问题。尽管如此，本研究仍将试图在理论认识、方法完善和实现机制上有所突破，重点是对适度人口思想和理论的再认识，结合中国城市化进程塑造城市化进程中的适度人口概念体系，并构建相应的测度方法和实现路径机制，形成基于"理论思想—技术方法—实现机制"为一体的中国城市化进程中的适度人口概念及研究体系，这对丰富和延续适度人口研究具有重要的理论价值。

在理论思想上，本研究将基于国内外适度人口思想、理论和研究，结合十八届三中全会提出的"以人为核心"理念对适度人口进行再认识，重点形成"依靠人"和"为了人"相统一的适度人口决定机制，以此塑造中国城市化进程中的适度人口概念框架，主要内容包括六点。（1）基本内涵：达成以人为核心的物质生产与消费满意之间的平衡。（2）依赖条件：与城市化进程的生产即消费模式相适应。（3）运行目标：解决城市化存在的问题并推进城市化升级。（4）测度关键：合理确定范畴及目标并找到相对应的短板。（5）实现重点：通过降低成本和提升收益来增加适度容量。（6）保障核心：政府推动人口流动转向创造条件引导流动。需要说明的是，城市化进程中的城市适度人口与单纯的城市适度人口并非相同，本课题重点研究城市化进程中的城市适度人口，实际上是将城市适度人口围绕"以人为核心"的理念置身于城市化进程中，城市适度人口解决的问题及测度依据等来源于城市化，城市适度人口的测度结果和实现路径最终服务于城市化，即从城市化中来到城市化中去。

在技术方法上，主要将从城市化发展问题出发。本研究将通过回顾和借鉴区域适度人口的测度技术模型和城市适度人口的影响因素，重新构建我国城市化进程中的城市适度人口动态测度方法体系，主要内容包括四点。（1）城市适度人口测度是建立在既定目标基础上，且要从单一经济目标向经济社会、资源环境等多元目标拓展，并根据具体情况有针对性地确定城市适度人口的短板因素。(2) 从城市适度人口的确定原则来看,借鉴供需均衡和可能满意度等理念,应考虑以城市人口为核心的边际社会收益和边际社会成本原则。(3) 在适度人口确定理念上要从静态适度人口过渡到动态适度人口,尤其要考虑系统外生变量对特定条件下的城市适度人口的影响。(4) 根据上述多目标条件下动态适度人口测度技术方法,在影响因素的选择上要围绕经济、社会、资源和环境的边际社会成本和边际社会收益展开,同时要考虑内生规模因素和外生程度因素。需要说明的是,测度方法创新实质上更吻合于目标理念,本课题构建的城市适度人口测度方法体系正是服务并适应于中国城市化进程中的城市适度人口理念,主要体现为三个方面。(1) 与中国城市化发展问题相伴随的多元化目标测度标准,针对最迫切需要解决的问题并根据短板原理确定影响因素。(2) 围绕"依靠人"和"为了人"的理念,在确定适度人口中考核生产的边际社会成本和消费的边际社会收益。(3) 根据动态适度人口理论,确定外生影响因素对城市适度人口均衡体系的影响,在测度中考虑分类测度,分类的因素主要决定于确定条件的外生因素体系。

在实现机制上,本课题主要从推进城市化发展出发。城市适度人口测度的核心是确定城市化发展目标下的城市人口数量,实现城市适度人口才是真正实现这一目标的关键。因此,城市适度人口路径实现机制构建本身应该包括在城市化进程中城市适度人口理论及研究范畴之内,这也正是对目前城市适度人口研究的一个后续完善和补充,因为现有的相关研究表现出的特点是"重测度"和"轻实现"。基于这一理念,本研究将延续城市化进程中城市适度人口测度结果,进一步挖掘影响城市适度人口失度的重要因素,并据此构建实现城市适度人口的路径、机制并提出对策建议。在路径实现研究中,较为突出的贡献有三点。(1) 以适度人口测度结果为依据,从实证层面诊断和寻找相关影响因素,这对路径体系构建和对策建议提出具有较大的支撑作用。(2) 围绕实现城市人口自然适度,从降低城市人口承载压力出发设计路径,最终以提升城市人口承载能力作为重点进行机制设计和对策框架构建,有机地将对策研究和实证测度相结合。(3) 通过对城市适度人口偏差深层次行为分析,将降低城市人口承载压力的重点延伸到政府行为,即除了提出"应该怎么做",还将针对政策实施主体提出"激励怎么做"的行为措施,增强政策措施的有效性和可行性。

三 应用前景：为城市发展提供理论借鉴

针对城市发展问题,中央及各级地方政府高度重视。2011 年,全国"十二五"规划明确提出,要在坚持以人为本、节地节能、生态保护等原则基础上,加强城镇化管理,增强城市综合承载能力,预防和治理"城市病"①。2013 年,党的十八届三中全会在"健全城乡发展一体化体制机制"的重大决定中,重点强调要"创新人口管理,加快户籍制度改革,全面放开建制镇和小城市落户限制,有序放开中等城市落户限制,合理确定大城市落户条件,严格控制特大城市人口规模"②。2014 年,国务院印发《国务院关于进一步推进户籍制度改革的意见》,核心思想是促进常住人口有序市民化,城镇基本公共服务常住人口全覆盖,到 2020 年努力实现 1 亿左右农业转移人口和其他常住人口在城镇落户。③ 但同时也强调,要充分考虑各地经济社会发展水平、城市综合承载能力和提供基本公共服务的能力,实行差别化落户,包括全面放开建制镇和小城市落户限制、有序放开中等城市落户限制、合理确定大城市落户限制、严格控制特大城市人口规模。就地方政府而言,像北京这种特大城市主要是以控制人口为主,2015 年 7 月通过的《中共北京市委北京市人民政府关于贯彻〈京津冀协同发展规划纲要〉的意见》披露,北京将聚焦通州,加快北京市行政副中心的规划建设。此项工作在 2017 年取得明显成效;"控"与"疏"双管齐下,严控新增人口,2020 年人口控制在 2300 万人以内,中心城区力争疏解 15% 人口。④ 根据国家出台

---

① 《中华人民共和国国民经济和社会发展第十二个五年规划纲要》,http://politics. people. com. cn/GB/1026/14159537. html。
② 《中国共产党十八届三中全会公报发布》,http://news. xinhuanet. com/house/suzhou/2013 - 11 -12/c_ 118113773. html。
③ 《国务院关于进一步推进户籍制度改革的意见》,http://cpc. people. com. cn/n/2014/ 0731/c64387 - 25374661. html。
④ 《中共北京市委十一届七次全会召开 郭金龙讲话》,http://beijing. qianlong. com/3825/ 2015/07/11/2500@ 10409898. html。

的户籍制度改革的相关意见,其他各类城市也在根据自身经济发展、城市承载能力和公共服务供给能力等出台户籍制度改革方案,截至 2015 年 5 月 29 日,全国已有新疆、黑龙江、河南、河北、四川、山东、安徽、贵州、山西、陕西、江西、湖南、吉林、福建、广西、青海 16 个省区公布了户籍改革意见。[①] 广东省也在 2015 年 8 月 31 日部署推进户籍制度改革工作,到 2020 年实现 1300 万农业转移人口和其他常住人口在广东城镇落户。[②]

从近年来上述中央政策和地方改革方案的出台可以看出,一方面,推进城镇化、农业转移人口市民化是当前的必然趋势,户籍制度改革已经为这项工作开展打开了突破口,城市人口占比在未来还将不断增加;另一方面,无论是之前的国家"十二五"规划还是当前的户籍制度改革方案,都强调城市人口增加过程中要注重城市承载能力和公共服务供给能力。也就是说,当前推进户籍制度改革和促进农业转移人口市民化,要充分考虑城市承载能力的支撑和制约问题,合理确定城市承载能力范围内的人口规模。因此,合理根据城市承载能力确定城市适度人口和实现路径,就将成为各地制定人口数量结构的重要支撑。

第二节　研究思路中的概念及关系界定

课题研究主题主要涉及城市化进程、城市化进程中的适度人口、城市适度人口动态测度、城市适度人口路径实现等主要核心概念。城市化进程主要是揭示城市化进程中的问题,城市化进程中的适度人口主要是作为揭示和解决上述问题的载体,其中:基于城市化进程中的城市适度人口动态测度体系并进行测度,通过构建城市适度人口路径实现机制进而解决城市化进程中的问题,如图 1-1 所示。在此,有必要对这些概念及内在关系进行阐释和明确。

---

① 《地方户籍制度改革意见陆续出台 多地取消农业与非农区分》,http://china.cnr.cn/ygxw/20150529/t20150529_ 518680826. shtml 。

② 《广东推行户籍制度改革 5 年内实现 1300 万人口城镇落户》,http://finance.ifeng.com/a/20150831/13947364_0. shtml。

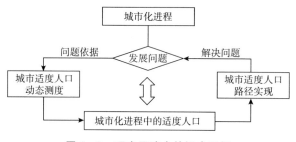

图 1 - 1　研究思路中的概念逻辑

一　城市化进程

城市化进程主要指农村人口不断向城市转移,第二、第三产业不断向城市聚集、城市数量增加、城市规模扩大的一种历史过程。[①] 但我们知道,城市化(Urbanization),一般被译为"都市化"或"城镇化",在英语中的 Urban 包括城市(City)和城镇(Town),所以城市化包括农村人口向城市和城镇转移,第二、第三产业向城市或城镇聚集,城市和城镇数量增加、规模扩大,但一般来说前者更倾向于城市,后者更倾向于城镇。[②] 而本研究分析的对象主要是城市,具体包括地级及以上城市,因此采用城市化进程的提法。当然,目前我国国家战略主要是以偏重小城镇发展的城市化模式,即城镇化,所以本研究只有当遇及官方政策或他人研究使用城镇化外,其余都以城市化提法为主。

(一)可持续城市化、以人为核心的新型城镇化

无论是可持续城市化还是以人为核心的新型城镇化在研究中都定位为中国城市化进程发展的目标,其中可持续城市化实际上是在可持续发展理念下塑造城市化概念,根据可持续发展概念的理解,城市化进程行为既要满足当代人的利益又要考虑到未来各代人的需求,同时伴随着人口需求层

① 该定义来自读秀数据库"城市化进程"词条的解释,http://book.duxiu.com/EncyDetail.jsp? dxid = 900011268335&d = 69E1AA38574157D9D862BB393CA92400。

② 丁守海:《概念辨析:城市化、城镇化与新型城镇化》,《中国社会科学报》2014 年 6 月 6 日第 5 版。

次不断发展和提升，城市化进程还要与这种发展和提升相适应，不断从低层次向高层次演进，[①] 核心是城市化行为在动态上的可持续。而以人为核心的新型城镇化是十八届三中全会提出的概念，实际上是将"为了人"和"依靠人"统一于城镇化发展中，其中"为了人"是以人的发展为目标和责任，"依靠人"是发挥人的作用，核心是强调城镇化要围绕着人来进行推进。可持续城市化和以人为核心的新型城镇化的本质都是围绕着人，前者强调人的代际可持续发展；后者强调人的自身供给和需求。这都是中国城市化进程发展的目标，也都将作为构建城市化进程中适度人口理念及测度体系的宗旨。

（二）城市可持续发展、城市发展问题

城市化是一种发展行为，这种发展行为在我国目前城乡"二元"体制下将影响着城市发展和农村发展，由于本课题研究范畴主要将城市化进程中的适度人口界定为城市适度人口，因而分析城市化进程中存在的问题也主要针对城市发展而言。自然就需要对城市可持续发展进行阐述，本研究围绕可持续发展和以人为核心两个概念，将城市可持续发展界定为"为了人"和"依靠人"，"为了人"是在城市发展中提供让人满意的经济、社会和生态成果，"依靠人"是人在城市发展中不断创造更多的经济、社会和生态成果。需要特别强调的是，这里的人既包括当代人，又包括未来各代人。与之相对应的概念就是城市发展问题，这也是分析城市化进程所需要重点揭示的内容，它既作为测度城市适度人口的问题依据，又作为城市适度人口实现所解决的问题。从城市可持续发展概念可知，"为了人"和"依靠人"的重要载体是经济、社会和生态，因此分析城市发展问题也要围绕经济、社会和生态展开。本书主要从学术文献调研、宏观数据分析、微观主体调查三个渠道对城市发展问题进行揭示，揭示的内容主要包括经济运行、社会发展、资源利用和环境污染四个重要方面，当然在具体分析中有的特意突出人口就业、居民生活、公共服务、城乡统筹、生活条件

---

① 崔胜辉、李方一、于裕贤、林剑艺：《城市化与可持续城市化的理论探讨》，《城市发展研究》2010年第3期。

等，但都能归入上述四个重要方面。

二 城市化进程中的适度人口

在城市化进程概念基础上，我们还要界定和区分适度人口、城市适度人口和城市化进程中的适度人口等概念。需要首先明确的是，本课题主要研究的是城市化进程中的适度人口，具体体现在三个方面。第一，城市化进程中的适度人口包括城市化进程中的城市适度人口和农村适度人口，但研究重点是解决城市化发展问题，比较偏向于城市发展，因此本书将研究对象进一步限定为城市化进程中的城市适度人口，将农村人口当作外生变量。第二，城市化进程中的城市适度人口与城市适度人口并非同一概念，前者主要将城市适度人口置身于城市化进程，测度依据主要来源于城市化发展问题，目的是解决城市化发展问题，也就是说城市化进程中的城市适度人口重点围绕处于动态变化中的城市化进程展开；而后者独立考虑的城市适度人口，当然可能会涉及城市化进程的影响，但更多考虑的是城市人口生育、死亡等城市人口自然因素。第三，城市化进程中的城市适度人口基于适度人口理论的决定机制，同时兼顾城市化发展进程的内生决定作用，共同形成城市化进程中的城市适度人口概念体系。

（一）适度人口

从一般意义上来理解，适度人口泛指一国或一个地区的人口规模最优、人口增长率最优或人口再生产类型最优[1]，与之相关的另外一个概念是人口容量，也称为人口承载量，主要指一定环境下一定地区所能抚养的最多的人口数。[2] 通过比较上述概念，适度人口侧重于特定目标下的最优；人口容量侧重于特定条件下的最大。从数量上来看，适度人口会小于人口容量。按照状态来划分，适度人口可分为静态适度人口和动态适度人口，其中静态适度人口是指在理论上假定影响人口数量的主要因素都不发生变化的情

---

[1] 李忠尚：《软科学大辞典》，辽宁人民出版社，1989，第812页。
[2] 向洪、邓明：《人口管理实用辞典》，成都科技大学出版社，1990，第291页。

况下，以最令人满意的方式达到某项特定目标的人口；动态适度人口是假设
生产技术、经济结构、劳动就业等因素发生变动的情况下考察的最适宜的人
口。本课题的适度人口实际上就是通过静态适度人口理念找到适度的确定机
制，再从动态思想上改变这些外生因素，进而实现动态适度人口测度目标。
另外，按照测度目标来划分，还包括经济适度人口、实力适度人口、社会适
度人口、生态适度人口等。本研究遵循马克思主义思想下的适度人口理论，
结合西方动态适度人口理论及测度思想，在坚持可持续发展和以人为核心理
念基础上，将适度人口定位为——在两种生产相平衡的循环体系中，基于可
持续发展目标条件下"为了人"和"依靠人"相统一所对应的人口，并受制
于不同社会发展阶段条件下物质资料生产和人口自身生产的相关因素。

（二）城市化进程中的城市适度人口

如前所述，城市化进程中的城市适度人口不同于城市适度人口，其基本
内涵确定为以人为核心的物质生产和消费满意度之间的平衡。"依靠人"体
现在物质生产方面；"为了人"体现在居民消费满意度方面；保持平衡状态
的适度必须依赖政府的调控和再分配行为，这种调控和再分配行为空间主要
表现为农村或其他城市的人口流入或者流出。同时，要保持与城市化进程的
适应，一方面要在生产和消费模式上与城市化进程中的生产及消费模式相适
应；另一方面城市适度人口确定要依赖于城市化进程中的问题，城市适度人
口的实现要解决这些问题并推动城市化进程升级。在此基础上，城市化进程
中的城市适度人口确定主要以可持续发展目标下的经济发展、社会发展、资
源发展和环境发展为载体，在适度人口数量确定上定位为基于载体所对应的
城市人口边际社会收益和城市人口边际社会成本相等条件下的城市人口数
量，其中城市人口边际社会收益主要对应"为了人"的居民消费满意度环
节，具体指在经济、社会、资源和环境为载体的居民消费满意度上城市人口
单位增加所带来的额外收益；城市人口边际社会成本主要对应"依靠人"的
物质资料生产环节，具体指在经济、社会、资源和环境为载体的物质资料生
产上城市人口单位增加所带来的额外成本。城市适度人口的实现机制，是要
提升城市适度人口容量，关键任务是如何提升城市人口边际社会收益和降低
城市人口边际社会成本，因此需要找到影响城市人口边际社会收益和边际社

会成本的外生因素，政府行为的重点就是改变和优化这些外生因素，在引导推进城市化进程中始终保持城市人口的适度。

三　城市适度人口动态测度

理论上，城市适度人口测度就是得出在既定条件下城市化进程中的城市人口最适数量，即理论上假设的城市人口边际社会收益与边际社会成本相等时所确定的城市人口数量。城市适度人口动态测度就是假设城市人口边际社会成本和边际社会收益在受到外生因素的影响时可变，并以更低的边际社会成本和更高的边际社会收益构成适度人口。前者对应不变条件下的城市适度人口，后者对应可变条件下的城市适度人口。实际测度中，围绕城市人口边际社会成本和边际社会收益，找到相关影响因素，按照权重贡献计算城市人口标准承载能力，其中将样本城市人口承载能力的平均水平作为计算适度人口静态基准规模的依据，城市人口承载能力较高的 3/4 分位水平作为计算适度人口动态上限规模的依据，之所以这样设计，是因为在同一类样本中每一个城市都可以达到样本中更高水平的承载能力，关键的问题是如何提升城市人口承载能力。实际上，城市适度人口动态测度得到的就是城市适度人口动态区间，区间的最低值是城市适度人口静态基准规模，最高值是城市适度人口动态上限规模。计算过程中涉及的城市人口承载能力，就是指影响城市人口边际社会成本或边际社会收益的各因素在单位水平下承载多少人口，其中城市人口实际承载能力就是各因素单位水平下实际承载的城市人口；城市人口标准承载能力就是各因素单位水平下应该承载的城市人口。本研究主要以同类样本平均承载能力水平和较高的 3/4 分位承载能力水平作为测度城市适度人口静态基准和动态上限的标准承载能力。将测度得到的城市适度人口动态区间与城市实际人口相比较计算，进一步形成城市适度人口压力系数，以便反映城市实际人口相对于适度人口的压力状态。其计算公式为城市实际人口与城市适度人口静态基准的差，除以城市适度人口动态上限与静态基准的差。该值如果小于等于0，表示城市人口适度偏低，即城市实际人口小于城市适度人口静态基准；该值介于 0～1，表示城市人口相对适度，即城市实际人口介于城市适度人口静态基准和动态上限之间；该值大于1，表示城市人口超越适度，即城市实际人口大于城市适度人口动态上限。无论是城市适度人口静态基准还是动态上限，在计算过程中都包含了经济因素、社会因素、资源因素和环境因素对应的城市适度人口，但选择了较低适度人口，这一较低适度人口对应的因素就称为城市适度人口短板因素，城市适度人口短板因素也是提升城市人口承载能力的重要依据和突破口。

四 城市适度人口路径实现

城市适度人口路径实现的核心就是降低城市适度人口压力系数，除了适度偏低型可以增加城市人口和超越适度型可以分流城市人口外，核心还是提升城市人口承载能力，关键是弥补短板，但如何弥补短板就需要找到相关因素。因此，实现城市适度人口的基础是进行城市适度人口偏差诊断，即在按照不同短板分类的样本中找到影响城市适度人口压力系数的主要因素，这些具有重要差异的相关因素就是构建城市适度人口路径的核心依据。在实现路径设计中，目标是实现城市人口自然适度，这意味着通过一揽子机制设计保证城市化进程中城市人口处于适度的常态，这些机制包括解决人口数量失控问题的数量监控机制、解决人口无序进出问题的人口流动机制、解决城市承载不足问题的承载能力机制、解决政府行为失效问题的政府激励机制，并进一步将这些机制转化为对策，对策的核心就是围绕降低城市人口承载压力，实现城市化发展的可持续目标。

第三节 课题研究设计

一 研究目标与主要内容

(一) 研究目标

本课题的总体目标是从中国城市化进程面临的问题出发，研究城市化进程中城市适度人口动态测度体系和路径实现机制，最终为解决中国城市化发展问题提供理论和实证支持。这一总体目标由以下四个具体目标构成：（1）揭示中国城市化进程中存在的发展问题；（2）构建与中国城市化进程相适应的城市适度人口决定机制和测度体系；（3）测度目前我国城市适度人口数量规模，发现与城市实际人口之间存在的偏差和原因；（4）提出实现城市化进程中适度人口以及推进可持续城市化的路径机制和对策措施。

（二）研究内容

本研究为了实现上述目标，设计了四项研究内容。（1）为了实现第一个目标，即揭示中国城市化进程中存在的发展问题，本研究首先针对中国城市化进程中的城市发展问题进行研究，包括对新中国成立至今城市化演进历程和规律进行回顾分析。其次揭示中国城市化演进的逻辑特征和主要表现，并从文献调研、宏观数据测度、微观行为调查三个视角分析当前中国城市化与城市发展存在的问题。最后，针对如何解决上述问题，通过论证提出基于城市可持续发展视角下的路径选择——城市适度人口测度与制度规范。（2）为了实现第二个目标，即构建与中国城市化进程相适应的城市适度人口决定机制和测度体系，本研究从理论层面设计了两个重要内容。一是对适度人口理论的再认识，从而塑造中国城市化进程中的城市适度人口概念框架。该部分研究主要从国内外适度人口思想、理论及相关研究出发，重新认识适度人口决定机制，并结合中国城市化进程构建与之适应的城市适度人口相关概念，包括基本内涵、依赖条件、运行目标、测度关键、实现重点和保障核心等。二是构建城市适度人口测度方法体系，首先，对适度人口测度方法进行回顾与评述，重点包括区域适度人口测度技术和城市适度人口测度影响因素，进而得到对我国城市适度人口动态测度的启示；其次，基于城市人口社会净收益最大化目标构建城市适度人口动态测度思想体系；最后，在基于这一理论思想构建城市适度人口动态测度的具体模型和步骤。（3）为了实现第三个目标，即测度目前我国城市适度人口数量规模，发现与城市实际人口之间存在的偏差和原因，本研究从实证层面设计了两个重要内容：一是以2010年和2013年中国地级及以上城市为例的城市适度人口动态测度,主要包括城市分类、适度人口测度和测度结果对比分析;二是基于不同短板条件的城市适度人口偏差诊断,包括偏差的产生逻辑和影响因素选择、不同短板条件下的城市人口承载压力影响因素估计与贡献测算,以及城市适度人口偏差更深层次的原因分析。

(4)为了实现第四个目标,即提出实现城市化进程中适度人口以及推进可持续城市化的路径机制和对策措施,本研究基于城市适度人口偏差诊断结果,首先,重点构建城市适度人口路径实现的机制和对策。具体包括:城市适度人口实现的可行性分析和路径设计原则的确定;实现城市人口自然适度的机制构建,包括数量监控机制、人口流动机制、承载能力机制和政府激励机制;降低城市人口承载压力的对策框架和思路。其次,在归纳研究结论后,进一步提出中国回归到新型城镇化"质"的发展过程的国家政策应用设计。

二 研究范畴确定

(一)对象范畴:中国城市化进程中的城市适度人口

城市化进程中的"适度人口"动态测度及路径实现研究,从研究对象来看,包括城市化进程中的城市适度人口和城市化进程中的农村适度人口。如前所述,本课题设计的初衷是将城市化进程中的城市发展问题作为研究起点和归属,因此将研究重点定位到城市化进程中的城市发展问题和城市适度人口,围绕城市适度人口构建决定机制和测度体系,将农村人口作为该机制和体系的外生变量,即一方面农村人口仅作为影响城市人口进出的"蓄水池";另一方面构建的城市适度人口决定体制不对农村人口产生决定作用。因此,从对象范畴上看,本课题将城市化进程中的适度人口定位为城市化进程中的城市适度人口。

(二)测度范畴:以2010年和2013年中国地级及以上城市为例

课题在构建出城市适度人口测度模型基础上,选择2010年和2013年中国地级及以上城市进行测度,主要从实证测度的两个重要目的出发进行考虑：一是实证测度是对测度模型进行可行性和可信性检验，只要符合测度样本标准的均可以选择，基于这点，选择哪些地区并不重要，但对具有一定年份跨度的地区进行测度对比观测，尤其将不同年份测度变化与实际变化比较，这样就更容易判断模型的合理性和科学性；二是通过实证测度揭示需要分析的问题，考虑到研究主题是以中国城市化作为背景，较为偏向于城市（City），所以测度的样本主要选择能代表城市特征的地级及以上城市，就数据丰富和可得性而言，中国地级及以上城市所涉及的指标更多，更加符合测度模型设计的所需因素，而县级城市指标相对较少，测度满足程度较低。因此，本研究对中国城市化进程中的城市适度人口动态测度，主要以 2010 年和 2013 年中国地级及以上城市为例。

三 研究方法

本课题围绕需要实现的目标及研究内容，总体上将理论、实证研究与对策研究进行有机结合，具体来看：（1）"中国城市化进程中的城市发展问题及解决路径"，通过对政策及制度梳理和统计分析，展示中国城市化的演进过程；通过 H - P 滤波法和归纳分析，揭示中国城市化的演进规律及特征表现；通过文献调查、宏观分析和问卷调查，揭示中国城市化进程中存在的问题，其中：宏观分析中主要采用数据包络分析（DEA）对中国城市化的运行效率和规模报酬进行测度；通过逻辑推演将城市适度人口测度与制度规范定位为城市可持续发展的路径选择。（2）"适度人口理论再认识：兼论中国城市化进程中的城市适度人口"，针对国内外适度人口思想、理论等，主要采取文献归纳、辩证分析等方法，基于历史发展规律和唯物辩证思想来对适度人口决定机制进行再认识，并构建中国城市化进程中的城市适度人口概念体系。（3）"城市适度人口测度方法构建：从静态走向动态"，主要采取文献归纳、系统分析等方法，对目前测度适度人口的技术和决定城市适度人口的因素进行有机结合考虑，并通过逻辑归纳得出对我国城市适度人口动态测度的启示。在此基础上，基于经济学中的"边际最优"思想，提出决定城市适度人口的边际社会收益等于边际社会成本的最优条件，在利用梳理推演和模型设计等方法，构建出城市适度人口动态测度模型，包括在选择因素中利用统计学上的相关分析手段，在城市适度人口综合测度中利用"短板原理"思想等，寻找城市适度人口的短板因素。（4）"城市适度人口动态测度：2010 年与 2013 年中国地级及以上城市的对比"，首先采用了统计学上的聚类分析法对城市进行类别划分；其次在具体测度过程中采用因子分析法对城市适度人口影响因素进行主成分提取，旨在确定城市人口影响因素及权重，基于构建的城市适度人口动态测度模型，利用 EXCEL 工具对城市人口实际承载力、城市人口标准承载力、城市适度人口分类区间、城市适度人口短板因素、城市适度人口综合区间等进行逐一测算；最后采用统计分析法对我国 2010 年和 2013 年城市适度人口测度结果进行分析，并归纳出具体表现特征。（5）"城市适度人口偏差诊断：基于不同短板条件下的影响检验和原因分析"，主要以经济比较静态思想为基础，通过系统比较和逻辑分析找到存在偏差的规律特征，再通过因子分析和截面数据模型找到影响城市适度人口偏差的因素，其中因子分析主要用于对具有内在关联及引起多重共线性的因素进行转化，截面数据模型主要检验不同短板条件下各因素对城市适度人口压力系数的影响及方向程度。最后，基于行为经济学思想，重点以城乡人口和地方政府为代表主体，基于其利益偏好和行为选择分析城市适度人口偏差的更深层次原因。（6）"城市适度人口路径实现的机制与对策"，主要基于战略和行为管理理论，围绕制度设计思想进行机制构建和对策建议的提出，在机制设计中考虑城乡居民和政府微观主体利益及行为与宏观政策规范上的协调，在对策设计及政策应用中重点考虑政府行为选择和制度构建思想，包括制度设计中的积极行为（激励）和消极行为（惩罚）等多种手段。

第二章

中国城市化进程中的城市发展问题及解决路径

　　城市化（Urbanization），又被译为"都市化"或"城镇化"，是指农村人口不断转向城镇，使城镇人口不断集中并伴随相应的社会结构变化的过程。[①] 合理的城市化能创造就业、优化产业结构、提高生产效率和促进社会发展，但城市人口数量的激增以及质量和效益的不佳，不仅会影响居民生活质量和社会福利，而且还会导致交通拥堵、环境污染和资源枯竭等"城市病"问题。我国城市化率从新中国成立之初的10.64%提升到2013年的53.73%，[②] 据联合国开发计划署发布的《中国人类发展报告2013》[③] 预测，到2030年，中国城市人口总数将超过10亿人，城市化水平达到70%。不可否认，我国城市化进程对推动经济增长发挥了重要的作用，但也导致了经济发展质量不佳、公共服务供给缺位、资源利用效率较低、城镇环境污染严重等城市发展问题，而解决这些问题的关键在于实现城市人口的适度。本章首先回顾我国城市化发展历程，并基于文献资料、宏观数据和微观调研三个方面揭示城市化进程中的城市发展诱导和产生的问题，在此基础上分析城市适度人口与城市发展问题的内在逻辑，进而将测度和实现城市适度人口定位为破解城市发展问题的重要出路之一。

---

① 元正、丁冬红：《当代西方社会发展理论新词典》，吉林人民出版社，2000，第33页。
② 《中国国家统计局·国家数据》，http：//data.stats.gov.cn/workspace/index？m＝hgnd，根据2013年城镇人口与总人口比值计算得到。
③ 联合国开发计划署、中国社会科学院城市发展与环境研究所：《中国人类发展报告2013：可持续与宜居城市——迈向生态文明》，中国对外翻译出版集团公司，2013。

第一节　中国城市化演进

本部分以新中国成立以来我国城市化演进为逻辑，归纳各阶段城市化进程呈现出的主要特征，并围绕社会经济政策变迁和城乡发展需求变化归纳我国城市化演进规律，以充分把握我国城市化发展所带来的条件制约和政策需要。

一　演进历程

劳动分工造就了城市的出现，工业化战略进一步推进了城市化发展，城市化本身就是由多种因素综合作用的一个具有阶段性特征的动态历程。1949 年新中国成立时，我国城市数量仅为 132 个，城镇人口 5765 万人，城市化率仅为 10.64%；1978 年开始实行改革开放，城市数量已达到 193 个，城镇人口 17245 万人，城市化率为 17.92%；到 2013 年，我国城市数量已经增加至 658 个，城镇人口已达 73111 万人，城镇化率已经上升至 53.73%。① 本研究将我国城市化划分为四个阶段②：起步发展阶段（1949~1958）、失常发展阶段（1959~1977）、稳定发展阶段（1978~1995）和高速发展阶段（1996~2013），如图 2-1 所示。

（一）城市化进程起步发展阶段：1949~1958

新中国成立后，我国经历了三年的国民经济恢复时期，经济实现根本性好转。1953 年开始，实施第一个"五年计划"，核心内容是以苏联帮助中国建设的 156 个项目为中心，以 694 个大中型项目为重点，以发展重工业为主，建立社会主义工业化的初步基础，③ 而这些项目均需要在各类城

---

① 1949 年、1978 年和 2013 年的城市数量、城镇人口和城市化率数据来源于《新中国城市 50年》、《新中国60年统计资料汇编》和《中国统计年鉴》（2014）相关数据整理得到。
② 综合诸多学者对城镇化划分的观点：第一，将 1949 年新中国成立作为我国城市化进程的开端；第二，将 1978 年改革开放作为我国城市化进程的重要拐点；第三，1959 年到 1977年，由于"文革"等原因，导致我国城市化进入失常发展阶段。
③ 中共中央党校科学社会主义教研部：《中国社会主义现代化建设的历史经验》，中共中央党校出版社，2000，第 40 页。

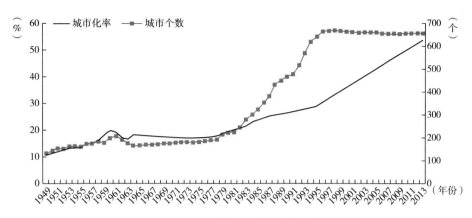

图 2 - 1　1949 ~ 2013 年中国城市化率和城市数量变化

数据来源：根据《新中国城市 50 年》、《新中国 60 年统计资料汇编》和《中国统计年鉴》（2014）相关数据整理。

市中不断推进。在此背景下，1953 年 9 月，中央重点指出"重要的工业城市规划工作必须加紧进行，对于工业建设比较重大的城市，更应该迅速组织力量，加强城市规划建设工作"[①]。除此之外，1956 年 4 月，毛泽东发表《论十大关系》，明确提出要充分利用沿海，合理发展内陆的方针，各类城市都在根据产业布局要求进行大规模的新建和改扩建。[②] 1957 年，国家又先后批准了包头、太原、西安、兰州、洛阳、成都、大同、哈尔滨、沈阳、吉林、抚顺、石家庄、郑州、邯郸和湛江等 15 个城市的总体规划和产业规划。[③] 至此，我国城市化开始迈入起步阶段（见表 2 - 1、图 2 - 2）。

表 2 - 1　1949 ~ 1958 年城市化发展进程

单位：万人，个

年　份	城市人口				城市数量			
	总人口	城市人口	乡村人口	城市化率（%）	直辖市	地级市	县级市	城市个数
1949	54167	5765	48402	10.64	12	53	67	132
1950	55196	6169	49027	11.18	13	63	68	144
1951	56300	6632	49668	11.78	13	67	76	156

① 中国社会科学院、中央档案馆：《1953 ~ 1957 中华人民共和国经济档案资料选编 固定资产投资和建筑业卷》，中国物价出版社，1998，第 805 页。
② 高伯文：《中国共产党区域经济思想研究》，中共党史出版社，2004，第 106 页。
③ 姚士谋：《中国城镇化的资源环境基础》，科学出版社，2010，第 2 页。

续表

年 份	城市人口				城市数量			
	总人口	城市人口	乡村人口	城市化率（%）	直辖市	地级市	县级市	城市个数
1952	57482	7163	50319	12.46	13	67	73	153
1953	58796	7826	50970	13.31	14	75	74	163
1954	60266	8249	52017	13.69	3	83	79	165
1955	61465	8285	53180	13.48	3	82	79	164
1956	62828	9185	53643	14.62	3	88	83	174
1957	64653	9949	54704	15.39	3	92	81	176
1958	65994	10721	55273	16.25	2	68	114	184
年均增幅	2.22	7.14	1.49	5.60	-18.05	2.81	6.08	3.76

数据来源：根据《新中国城市50年》《新中国60年统计资料汇编》相关数据整理。

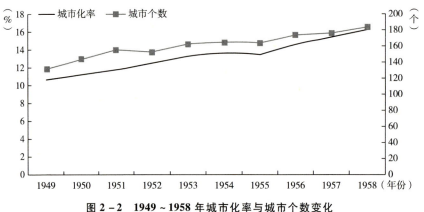

图 2-2　1949~1958 年城市化率与城市个数变化

可以看出，1949~1958 年我国总人口年均增幅为 2.22%，而城市人口年均增幅为 7.14%，城市化率从 10.64% 提升到 16.25%，城市个数从 132 个增加到 184 个，人口城市化率与城市个数保持同步上升，具体表现出三个特征。

第一，新建城市主要集中在中西部地区，分别贡献 44.23% 和 50%。1949~1958 年，全国城市数量从 132 个增加到 184 个，增加 52 个，其中：东部地区仅增加 3 个，贡献 5.77%；中部地区增加 23 个，贡献 44.23%，西部地区增加 26 个，贡献 50.00%。具体来看，比如甘肃增加 8 个，四川和湖南分别增加 7 个，截至 1958 年，东部城市数为 72 个，中部城市数为 73 个，西部城市数为 39 个（见表 2-2）。

表 2 - 2　1949～1958 年各区域城市数量增长

单位：个

年　份	东　部	中　部	西　部	合　计
1949	69	50	13	132
1950	66	56	22	144
1951	66	62	28	156
1952	67	54	32	153
1953	72	59	32	163
1954	72	61	32	165
1955	72	61	31	164
1956	74	69	31	174
1957	73	73	30	176
1958	72	73	39	184
1949～1958 年增加数量	3	23	26	52
1949～1958 年增加贡献（%）	5.77	44.23	50.00	100.00

数据来源：根据《新中国城市 50 年》相关资料整理。

　　第二，城市人口增加最快的是西部，其次是中部，年均增长率分别为 15.30% 和 12.77%。1949～1958 年，全国城市市区人口从 3949 万人增加到 9219 万人，年均增长 9.88%，主要表现为中部和西部地区增长，其年均增长率分别为 12.77% 和 15.30%，东部地区仅增长 7.57%。从区域城市市区人口占比来看，1949 年东部地区市区人口占 67.92%，但到 1958 年市区人口占比却下降为 56.09%，下降了 11.83 个百分点，中部和西部地区虽然所占比重较低，但 1949～1958 年所占比重分别提升 5.27 和 6.54 个百分点（见表 2 - 3）。

表 2 - 3　1949 - 1958 年各区域城市市区人口增长

单位：万人

年　份	市区总人口	东　部		中　部		西　部	
		市区人口	所占比重	市区人口	所占比重	市区人口	所占比重
1949	3949	2682	67.92	791	20.02	476	12.07
1952	4788	2907	60.72	1082	22.59	799	16.69
1957	7077	4002	56.55	1967	27.79	1108	15.66

续表

年 份	市区总人口	东 部		中 部		西 部	
		市区人口	所占比重	市区人口	所占比重	市区人口	所占比重
1958	9219	5171	56.09	2332	25.29	1716	18.61
1949~1958年均增长（%）	9.88	7.57	-11.83	12.77	5.27	15.30	6.55

数据来源：根据《新中国城市50年》相关资料整理。

第三，主要以发展中等城市为主，人口增长主要集中在中等、特大和大城市。从城市数量变化来看，1949~1958年，中等城市增加30个，大城市增加11个，其所占比重也相应提升12个百分点和5个百分点，而特大城市和小城市增加数量较少；从城市人口变化来看，1949~1958年，中等城市人口年均增长11.12%，大城市人口年均增长10.93%，特大城市人口年均增长10.20%，而小城市人口仅年均增长4%，所占比重还下降了9个百分点（见表2-4、表2-5）。

表2-4 1949~1958年不同规模城市数量变化情况

单位：个

年 份	特大城市		大城市		中等城市		小城市		总 计	
	数 量	占 比	数 量	占 比	数 量	占 比	数 量	占 比	数 量	占 比
1949	5	4	7	5	18	14	102	77	132	100
1952	7	5	8	5	21	14	117	76	153	100
1957	10	6	14	8	37	21	115	65	176	100
1958	10	5	18	10	48	26	108	59	184	100
1949~1958年增长(%)	5	—	11	—	30	—	6	—	52	—

数据来源：根据《新中国城市50年》相关资料整理。

表2-5 1949~1958年不同规模城市人口变化情况

单位：万人

年 份	特大城市		大城市		中等城市		小城市		总 计	
	数 量	占 比	数 量	占 比	数 量	占 比	数 量	占 比	数 量	占 比
1949	986	36	515	19	543	20	698	25	2742	100
1952	1436	41	494	14	642	19	919	26	3491	100

续表

年　份	特大城市		大城市		中等城市		小城市		总　计	
	数　量	占　比	数　量	占　比	数　量	占　比	数　量	占　比	数　量	占　比
1957	2318	43	1001	18	1104	20	989	18	5412	100
1958	2362	39	1309	22	1402	23	993	16	6066	100
1949~1958年增长(%)	1376	—	794	—	859	—	295	—	3324	—

数据来源：根据《新中国城市50年》相关资料整理。

（二）城市化进程失常发展阶段：1959~1977

城市化进程失常发展主要指：（1）1958~1960年在"大跃进"背景下表现的过急发展行为[①]；（2）1960年后，"三年不搞城市规划"政策及"文化大革命"爆发导致城市发展停滞。

1958年5月，中共第八次全国代表大会第二次会议通过"鼓足干劲、力争上游、多快好省地建设社会主义"总路线[②]，"大跃进"运动在全国范围内迅速展开。城镇化建设也出现"大跃进"，1960年"桂林会议"提出"10~15年左右把我国的城市基本建设成社会主义现代化的新城市"，甚至有的地方提出"苦战三年，基本改变城市面貌"和"三年改观、五年大变、十年全变"口号。[③] 城市化"大跃进"思想使得很多地方盲目追求大城市和大项目，城市数量和城市人口在短期内出现迅速增加。这开始导致城市住房及公共基础设施紧张，不仅打乱城市发展布局，而且使得城市环境恶化。

随后采取的便是激进式的处理办法，1960年11月，第九次全国计划会议宣布"三年不搞城市规划"[④]，相应地对城市规划机构和人员进行大

---

① 中国城市规划学会：《五十年回眸——新中国的城市规划》，商务印书馆，1999，第43~44页。

② 白运增：《百年语录1911~2010中国最有影响力的话语》，武汉出版社，2011，第180页。

③ 李兆汝：《规划岁月：几度春暖秋凉——访城市规划界的老前辈曹洪涛》，http://www.chinajsb.cn/gb/content/2006-08/08/content_193123.html。

④ 中国城市规划学会：《五十年回眸 新中国的城市规划》，商务印书馆，1999，第45~46页。

幅裁减，城市发展也随之停滞。随后，1966 年"文化大革命"爆发，从中央到地方都在调整大中城市的发展规模，将大量城市职工下放农村，尤其在 1968～1970 年，全国 3500 万知识青年上山下乡到农村劳动锻炼。直到 1973 年 9 月，国家建委城建局在合肥召开部分省市的城市规划会议，讨论了《关于加强城市规划工作的意见》、《关于编制与审批城市规划的暂行规定》和《城市规划居住区用地规划指标》三个文件，城市规划工作又重新兴起。1974 年年底，有关方面在石家庄市召开培训规划人才座谈会，随后，南京工学院恢复城市规划专业，重庆工学院新开城市规划专业，北京大学、南京大学、中山大学、杭州大学都开办城市规划课程，城市规划工作开始在全国范围内重新兴起。在此期间，我国城镇化基本处于停滞状态（见表 2－6、图 2－3）。

表 2－6　1959～1978 年城市化发展进程

单位：万人，个

年　份	城镇人口				城市数量			
	总人口	城镇人口	乡村人口	城市化率	直辖市	地级市	县级市	城市个数
1959	67207	12371	54836	18.41	2	75	102	179
1960	66207	13073	53134	19.75	2	88	110	200
1961	65859	12707	53152	19.29	2	80	127	209
1962	67295	11659	55636	17.33	2	81	111	194
1963	69172	11646	57526	16.84	2	78	97	177
1964	70499	12950	57549	18.37	2	75	90	167
1965	72538	13045	59493	17.98	2	76	90	168
1966	74542	13313	61229	17.86	2	79	90	171
1967	76368	13548	62820	17.74	3	79	90	172
1968	78534	13838	64696	17.62	3	79	90	172
1969	80671	14117	66554	17.50	3	80	93	176
1970	82992	14424	68568	17.38	3	79	95	177
1971	85229	14711	70518	17.26	3	82	96	181

续表

年 份	城镇人口				城市数量			
	总人口	城镇人口	乡村人口	城市化率	直辖市	地级市	县级市	城市个数
1972	87177	14935	72242	17.13	3	82	97	182
1973	89211	15345	73866	17.20	3	83	95	181
1974	90859	15595	75264	17.16	3	87	91	181
1975	92420	16030	76390	17.34	3	96	86	185
1976	93717	16341	77376	17.44	3	96	89	188
1977	94974	16669	78305	17.55	3	97	90	190
1978	96259	17245	79014	17.92	3	99	91	193
年均增幅(%)	1.91	1.76	1.94	-0.49	2.16	1.47	-0.60	0.40

数据来源：根据《新中国城市 50 年》《新中国 60 年统计资料汇编》相关资料整理。

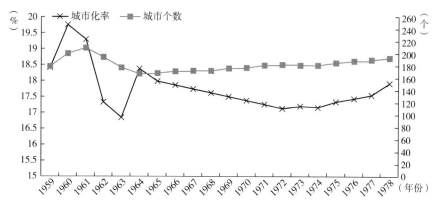

图 2-3 1959~1978 年城市化率与城市个数变化

数据来源：根据《新中国城市 50 年》《新中国 60 年统计资料汇编》相关资料整理。

可以看出，1959~1978 年这段时期，城市个数从 179 个仅增加到 193 个，城镇人口从 12371 万人增加到 17245 万人，城市化率从 18.41% 下降到 17.92%，该时期也被称为"逆城市化期""反城市化期"等，城市化率与城市个数并不协调，具体特征有三点。

第一，城市数量经历大批撤销和缓慢恢复过程，东中西地区步伐基本一致。从城市数量变化来看，1959~1978 年，城市数量分别是中部最多，东部次之，西部最少，总体上在这 19 年间基本保持城市数量的稳定。但是，这期间却经历了几次波折，1959～1961 年城市数量基本呈上升趋势，从 1962 年开始全国各地撤销一大批城市，导致 1961～1964 年城市数量迅速下降，从 1965 年开始各地城市数量有所恢复，但城市数量增加速度极其缓慢（见图 2-4）。

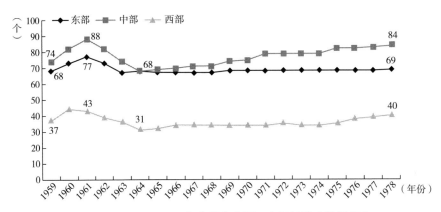

图 2-4　1959～1978 年我国东中西三大区域城市数量变化
数据来源：根据《新中国城市 50 年》相关资料整理。

第二，中部地区市区人口增长相对较快，东部和西部地区市区人口占比相应出现减少。1959～1978 年，市区人口增长较快的是中部地区，年均增长率为 2.64%，市区人口在全国所占比重也由 1958 年的 25.29% 上升到 1978 年的 33.68%。其次是西部地区，市区人口年均增长率为 1.13%，所占比重保持不变。而东部地区城市人口增长较慢，年均增长率为 0.39%，所占比重下降 8.19 个百分点（见表 2-7）。

表 2-7　1958～1978 年各区域城市市区人口增长

单位：万人

年　份	市区总人口	东　部		中　部		西　部	
		市区人口	所占比重	市区人口	所占比重	市区人口	所占比重
1958	9219	5171	56.10	2332	25.29	1716	18.61
1961	10132	5360	52.90	3222	31.80	1550	15.30
1962	9461	5207	55.04	2873	30.37	1381	14.59

续表

年 份	市区总人口	东 部		中 部		西 部	
		市区人口	所占比重	市区人口	所占比重	市区人口	所占比重
1963	9047	4878	53.92	2780	30.73	1389	15.35
1964	8978	4882	54.37	2770	30.86	1326	14.77
1965	8858	4822	54.44	2691	30.38	1345	15.18
1970	9324	4784	51.31	3018	32.37	1522	16.33
1975	10536	5218	49.52	3575	33.93	1743	16.55
1978	11657	5585	47.91	3926	33.68	2147	18.42
1958～1978年增长（%）	1.18	0.39	-8.19	2.64	8.39	1.13	-0.20

数据来源：根据《新中国城市50年》相关资料整理。

第三，小城市数量出现减少，人口聚集相对缓慢，主要集中在特大城市。1958～1978年，从不同类型城市的数量来看，中等城市增加12个，大城市增加9个，特大城市增加3个，而小城市减少15个，其间：中等城市和小城市在1961年后均出现迅速削减，直到1970年才有所回升。从不同类型城市的人口来看，人口增加缓慢，集聚人口相对较多的仍然是特大城市，而大城市和中等城市人口增长最快（见表2-8）。

表2-8 1958～1978年不同规模城市数量和人口增长

单位：个，万人，%

	城市数量					城市人口				
	城市总计	特大城市	大城市	中等城市	小城市	城市总计	特大城市	大城市	中等城市	小城市
1958	184	10	18	48	108	6066	2362	1309	1402	993
1961	208	13	18	48	129	6906	2938	1263	1546	1159
1962	194	12	18	40	124	6414	2743	1227	1278	1166
1963	177	12	18	43	104	6492	2826	1264	1365	1037
1964	167	13	18	42	94	6602	2976	1254	1365	1007
1965	168	13	18	42	95	6691	3006	1291	1350	1044
1970	177	11	21	48	97	6646	2565	1510	1525	1046
1975	185	13	25	52	95	7402	2871	1784	1628	1119
1978	193	13	27	60	93	7987	2994	1995	1871	1127
增长情况	9	3	9	12	-15	5.4	1.19	2.13	1.45	0.63

数据来源：根据《新中国城市50年》相关资料整理。

（三） 城市化进程稳定发展阶段：1978～1995

1978 年 12 月 18 日至 22 日，中国共产党第十一届中央委员会第三次全体会议召开，标志着社会主义现代化建设开始起步。1980 年年初，推行家庭联产承包责任制，极大地解放了生产力，在这一时期，乡镇企业开始迅速发展，较大地促进了农村剩余劳动力不断向城市转移。与此同时，城市规划工作也在不断加强，并成为城市工作的主要职责所在，其中：1980 年国务院转批的《全国城市规划工作会议纪要》强调 "城市市长的主要职责是把城市规划好、建设好、管理好"；1984 年国务院颁布的《城市规划条例》规定 "市长、县长、镇长领导城市规划编制和实施"；1987 年国务院《关于加强城市建设工作的通知》，以及同年颁布的《城市规划法》对上述问题进行了再次强调。[1] 加上 1986 年实行的 "撤县改市"，全国设立市的数量剧增，据相关统计，1979～1994 年全国撤县改市数量为 373 个。[2] 随后，中国城市规划学会的成立，城市发展不断得到重视。这一时期还进行了大规模城市集群建设，1980 年建立 4 个经济特区、1984 年开放了 14 个沿海港口城市、1985 年开辟三个沿海经济开发区、1988 年新划入沿海开发区 140 个市县并设立海南经济特区、1992 年设立浦东新区，等等。尤其是 1992 年邓小平南方谈话，更加坚定了我国实施改革开放战略的信心，城市化道路开始被稳步推进。

在 1979～1995 年，我国城市数量从 216 个增加到 640 个，16 年间共增加 424 个，其中：地级市从 104 个增加到 210 个，增加 106 个；县级市从 109 个增加到 427 个，增加 318 个。同时，我国城市人口数量也从 18495 增加到 35174，年均增幅为 4.10%，城市化率也相应从 18.96% 提升到 29.04%（见表 2 - 9、图 2 - 5）。

表 2 - 9 1979～1995 年城市化发展进程

单位：万人，个

年 份	城镇人口				城市数量			
	总人口	城镇人口	乡村人口	城市化率	直辖市	地级市	县级市	城市个数
1979	97542	18495	79047	18.96	3	104	109	216

---

[1] 任致远：《透视城市与城市规划》，中国电力出版社，2005，第 50 页。

[2] 汪玉凯：《中国行政体制改革 20 年》，中州古籍出版社，1998，第 163～164 页。

续表

年　份	城镇人口				城市数量			
	总人口	城镇人口	乡村人口	城市化率	直辖市	地级市	县级市	城市个数
1980	98705	19140	79565	19.39	3	107	113	223
1981	100072	20171	79901	20.16	3	110	113	226
1982	101654	21480	80174	21.13	3	109	133	245
1983	103008	22274	80734	21.62	3	137	141	281
1984	104357	24017	80340	23.01	3	148	149	300
1985	105851	25094	80757	23.71	3	162	159	324
1986	107507	26366	81141	24.52	3	166	184	353
1987	109300	27674	81626	25.32	3	170	208	381
1988	111026	28661	82365	25.81	3	183	248	434
1989	112704	29540	83164	26.21	3	185	262	450
1990	114333	30195	84138	26.41	3	185	279	467
1991	115823	31203	84620	26.94	3	187	289	479
1992	117171	32175	84996	27.46	3	191	323	517
1993	118517	33173	85344	27.99	3	196	371	570
1994	119850	34169	85681	28.51	3	206	413	622
1995	121121	35174	85947	29.04	3	210	427	640
年均增幅（%）	1.36	4.10	0.52	10.08	0.00	4.49	8.91	7.02

数据来源：根据《新中国城市 50 年》、《新中国 60 年统计资料汇编》相关资料整理。

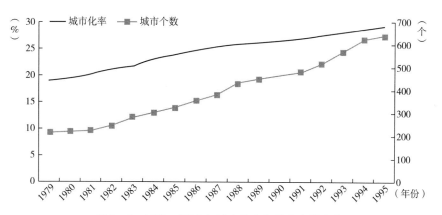

图 2-5　1979~1995 年城市化率与城市个数变化

数据来源：根据《新中国城市 50 年》《新中国 60 年统计资料汇编》相关资料整理。

　　该时期的主要特征表现为城市数量和城市化率快速上升，但城市数量增幅远大于城市人口增幅，具体特征表现为三点。

　　第一，东部地区从 1991 年开始城市增长迅速上升。1979～1995 年，较为典型的特征是城市数量增加较快，分区域来看：东部地区增加 222 个，中部地区增加 152 个，西部地区增加 78 个。东部地区从 1991 年开始城市数量占据绝对优势（见图 2 - 6）。从具体的省区来看，城市增加较多的突出表现在沿海地区，例如：广东增加 43 个、山东增加 38 个、江苏增加 32 个、浙江增加 31 个，以此形成东部地区集聚大量城市数量的格局。

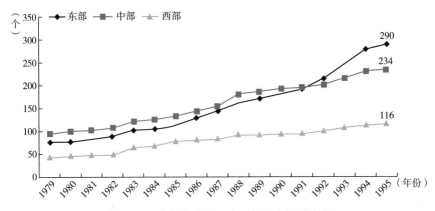

图 2 - 6　全国东中西三大区域城市数量变化

数据来源：根据《新中国城市 50 年》整理。

　　第二，同城市数量增长一样，城市人口增长较快的也是东部地区。1980～1995 年，全国城市市区人口从 13418 万人增加到 50007 万人，年均增长 9.17%，突出表现为东部地区增长，所占比重也从 48.60% 提升到 52.09%，而中部和西部地区城市市区人口增加相对缓慢，所占比重还有所下降（见表 2 - 10）。

表 2 - 10　1980～1995 年各区域城市市区人口增长

单位：万人

年　份	市区总人口	东　部		中　部		西　部	
		市区人口	所占比重	市区人口	所占比重	市区人口	所占比重
1980	13418	6522	48.60	4404	32.82	2493	18.58

续表

年　份	市区总人口	东　部		中　部		西　部	
		市区人口	所占比重	市区人口	所占比重	市区人口	所占比重
1985	21231	9976	46.99	7051	33.21	4205	19.81
1986	23318	10928	46.87	8043	34.49	4346	18.64
1987	26245	12679	48.31	9044	34.46	4521	17.23
1988	29822	14313	48.00	10581	35.48	4927	16.52
1989	31762	15371	48.39	11410	35.92	4981	15.68
1990	33543	16275	48.52	12011	35.81	5257	15.67
1991	34602	17032	49.22	12157	35.13	5413	15.64
1992	38031	19148	50.35	12814	33.69	6069	15.96
1993	43071	21998	51.07	14225	33.03	6848	15.90
1994	47783	24721	51.74	15656	32.76	7406	15.50
1995	50007	26047	52.09	16103	32.20	7857	15.71
1980～1995年增长（%）	9.17	9.67	3.49	9.03	-0.62	7.95	-2.87

数据来源：根据《新中国城市50年》相关资料整理。

第三，中等城市和小城市迅速增加，并集聚大量的城市人口。从不同类型城市数量增长来看，主要表现为中等城市和小城市数量迅速增长，其增长量分别为120个和267个。中等城市和小城市人口也实现较快聚集，其人口年均增长率分别为5.04%和6.66%，另外特大城市人口也实现一定程度增长，其年均增长率为3.51%（见表2-11）。

表2-11　1980～1995年不同规模城市数量和人口增长

单位：个，万人，%

	城市数量				城市人口				
	城市总计	特大城市	大城市	中等城市	小城市	城市总计	特大城市	大城市	中等城市	小城市
1980	223	15	30	72	106	9082	3509	2231	2161	1181
1985	324	21	31	93	179	11822	4648	2291	2873	2010
1986	353	23	30	95	205	12201	4929	2166	2886	2220

续表

	城市数量					城市人口				
	城市总计	特大城市	大城市	中等城市	小城市	城市总计	特大城市	大城市	中等城市	小城市
1989	450	30	28	116	276	14626	6071	1917	3576	3062
1990	467	31	28	117	291	15037	6258	1899	3644	3236
1991	379	31	30	121	197	15464	6335	2030	3776	3323
1994	622	32	42	173	375	19165	6821	2781	5317	4246
1995	640	32	43	192	373	20023	6993	2970	5774	4286
增长情况	417	17	13	120	267	16.65	3.51	1.44	5.04	6.66

数据来源：根据《新中国城市 50 年》相关资料整理。

（四）城镇化进程高速发展阶段：1996~2013

1997 年，国务院批转公安部《小城镇户籍管理制度改革试点方案》和《关于完善农村户籍管理制度的意见》[①]，允许在小城镇就业、居住并符合一定条件的农村人口在小城镇办理城镇常住户口。许多小城市为促进经济发展，也适度放开户籍限制。城乡户籍制度的改革，较大地促进了农村人口向城市转移，城市人口开始迅速增多。随后，党中央、国务院逐渐开始重视城镇化的发展，并将城镇化发展作为推动我国经济发展的重要动力。1998 年 10 月，中共十五届三中全会提出"发展小城镇是带动农村经济和社会发展的一个大战略"[②]。2000 年 10 月，中共中央在"十五"计划中提出"我国推进城镇化条件已渐成熟，要不失时机实施城镇化战略"[③]。2002 年 11 月，中共十六大报告提出"农村富余劳动力向非农产业和城镇转移，是工业化和现代化的必然趋势。要逐步提高城镇化水平，坚持大中小城市和小城镇协调发展，走中国特色的城镇化道路"[④]。2007 年 10 月，中共十

---

① 公安部治安管理局：《户口管理法律法规规章政策汇编》，中国人民公安大学出版社，2001，第 53~54 页。

② 《中国共产党第十五届中央委员会第三次全体会议公报》（1998 年 10 月 14 日），http://www.chinairn.com/news/20131112/145322488.html。

③ 《中共中央关于制定"十五"计划的建议》（全文），http://money.163.com/editor/001019/001019_26401（1）.html。

④ 《全面建设小康社会，开创中国特色社会主义事业新局面——在中国共产党第十六次全国代表大会上的报告》，http://news.xinhuanet.com/ziliao/2002-11/17/content_693542.htm。

七大报告提出："走中国特色城镇化道路，按照统筹城乡、布局合理、节约土地、功能完善、以大带小的原则，促进大中小城市和小城镇协调发展。"① 2010 年 10 月，中共第十七届中央委员会第五次全体会议提出，要"完善城镇化布局和形态"②。2012 年 11 月，中共十八大报告提出，要"加快实施主体功能区战略，推动各地区严格按照主体功能定位发展，构建科学合理的城镇化格局"③，以及坚持走中国特色新型城镇化道路，这有力地推动了我国城镇化快速发展。2013 年 11 月，党的十八届三中全会提出"推进以人为核心的城镇化"④ 建设。

1996～2013 年，我国城市数量略有下降，从 666 个减少到 658 个。城市人口增加较快，从 37304 万人增加到 73111 万人，年均增幅 4.04%，远超过全国总人口的年均增幅，全国城市化率从 1996 年的 30.48% 上升到 2013 年的 53.73%，在短短的 17 年时间，城市化率提高了 23.25 个百分点，城市化进入了加速发展时期（见表 2 - 12、图 2 - 7）。

表 2 - 12　1996～2013 年城市化发展进程

单位：万人，个

年　份	城镇人口				城市数量			
	总人口	城镇人口	乡村人口	城市化率（%）	直辖市	地级市	县级市	城市个数
1996	122389	37304	85085	30.48	3	218	445	666
1997	123626	39449	84177	31.91	4	222	442	668
1998	124761	41608	83153	33.35	4	227	437	668
1999	125786	43748	82038	34.78	4	236	427	667
2000	126743	45906	80837	36.22	4	259	400	663

① 《胡锦涛在党的十七大上的报告》，http：//news. sina. com. cn/c/2007 - 10 - 24/2058141572 82. shtml。

② 《中国共产党第十七届中央委员会第五次全体会议》，http：//baike. baidu. com/link? url = _ aQk_ nhx_ QalyXI15 - pCeSt3MZLefvZa74s79lLN7AjC0KcGznyYmnxqQ5hbqJYpOsZ3mFpJX6xiXCLc Y6W9Kl。

③ 《坚定不移沿着中国特色社会主义道路前进 为全面建成小康社会而奋斗——在中国共产党第十八次全国代表大会上的报告》，http：//www. xj. xinhuanet. com/2012 - 11/19/c_ 113722546. htm。

④ 《中国共产党第十八届中央委员会第三次全体会议公报》，http：//news. xinhuanet. com/ politics/2013 - 11/12/c_ 118113455. htm。

年　　份	城镇人口				城市数量			
	总人口	城镇人口	乡村人口	城市化率（％）	直辖市	地级市	县级市	城市个数
2001	127627	48064	79563	37.66	4	265	393	662
2002	128453	50212	78241	39.09	4	275	381	660
2003	129227	52376	76851	40.53	4	282	374	660
2004	129988	54283	75705	41.76	4	283	374	661
2005	130756	56212	74544	42.99	4	283	374	661
2006	131448	58288	73160	44.34	4	283	369	656
2007	132129	60633	71496	45.89	4	283	368	655
2008	132802	62403	70399	46.99	4	283	368	655
2009	133450	64512	68938	48.34	4	283	367	654
2010	134091	66978	67113	49.95	4	283	370	657
2011	134735	69079	65656	51.27	4	284	369	657
2012	135404	71182	64222	52.57	4	285	368	657
2013	136072	73111	62961	53.73	4	286	368	658
年均增幅（％）	0.63	4.04	-1.76	3.39	1.71	1.61	-1.11	-0.07

数据来源：根据《新中国城市 50 年》《新中国 60 年统计资料汇编》相关资料整理。副省级城市包含在地级市中。

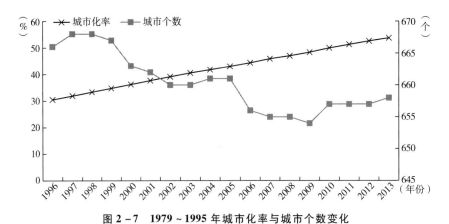

图 2 - 7　1979～1995 年城市化率与城市个数变化

数据来源：根据《新中国城市 50 年》《新中国 60 年统计资料汇编》相关资料整理。

　　这一时期城市数量在减少，但城市人口在不断增加，这意味着城市人口密度在不断提高，具体表现在两个方面。

第一，无论是城市化水平量还是增幅，东部地区占有绝对优势。1996
年至2013年，我国城市个数并没有明显变化，城镇人口数量却迅速增加，
城市化率上升较快，从区域结构来看，东部地区城市化率最高，从
34.19%提高到61.01%；其次是中部地区，从25.61%提高到46.99%；最
低的是西部，从24.72%增加到42.99%。从增长率速度来看，也是东部地
区最快，其次是中部和西部。具体来看，城市化率上升较快的省份分别是
福建、江苏、浙江、河北等，分别上升35、35、30和29个百分点，几乎
都属于沿海城市；城市化率上升较慢的省份分别是吉林、上海、黑龙江、
西藏、新疆、贵州、天津、甘肃等，分别上升4、6、10、10、10、11、11
和14个百分点，其中1995年上海城市化率已经达到83.74%，天津城市
化率已经达到69.20%，提升空间较小，除此之外，上升较小的主要集中
在西部地区（见图2-8）。

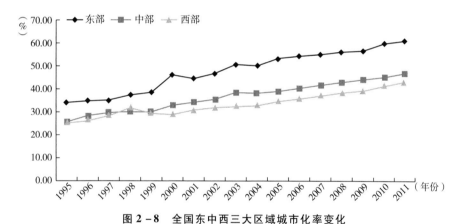

图2-8　全国东中西三大区域城市化率变化

数据来源：根据《新中国城市50年》《新中国60年统计资料汇编》相关资料整理。

第二，东中部地区城市数量适度减少，西部地区城市数量反而增加。
虽然从总体城市数量来看并未出现较大变化，但不同区域出现结构差异，
东部地区从298个减少到261个；中部地区从245个减少到227个；西部
地区却从123个增加到169个。可见，东部地区在人口迅速增加的同时，
城市数量并没有随之增加，而西部地区虽然城市化率上升，但城市数量也
在随之上升。

二 演进规律：从数据透视过程

我们采用 H - P 滤波法将 1949 ~ 2013 年的城市化率和城市数量时间序列分解为增长序列和波动序列两个成分，其中增长序列主要用于判断我国城市化的宏观走向；波动序列主要用于判断相关政策产生的影响。

从城镇化率与城市数量的时间趋势序列来看，1949 ~ 2013 年总体上表现为逐年增长趋势，其中 1949 ~ 1978 年两者增长基本保持一致，城市化率略快于城市数量增加。1978 ~ 2013 年就明显呈现两个阶段，1995 年以前是城市数量的快速提升，在这一阶段主要表现为城市规划和区域开放成为工作重心；1995 年以后主要是人口城市化率提升，这一阶段正是中央提出加快实现农村人口向城市转移的时期（见图 2 - 9）。

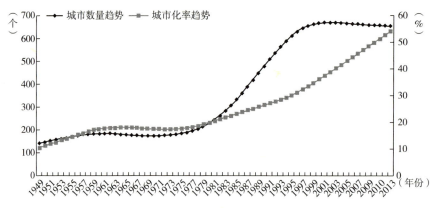

图 2 - 9　1949 ~ 2013 年我国城市化进程趋势比较

从城市化率与城市数量时间波动序列情况来看，与城市化进程趋势相比较，四个阶段中存在着较为突出的八个偏离过程，这些偏离过程主要来源于当时政策或相关事件的影响（见图 2 - 10）。

具体包括：（1）1953 ~ 1955 年城市化向下偏离趋势，1955 ~ 1958 年逐渐调整为向上偏离趋势，这段时间主要表现为经历国民经济三年恢复后，中央开始重视工业城市规划工作，加速城市化进程；（2）1958 ~ 1960 年城市化迅速出现向上偏离趋势，主要是受到"大跃进"思想的影响；（3）1960 ~ 1964 年城市化迅速出现向下偏离趋势，主要是中央宣布"三年不搞

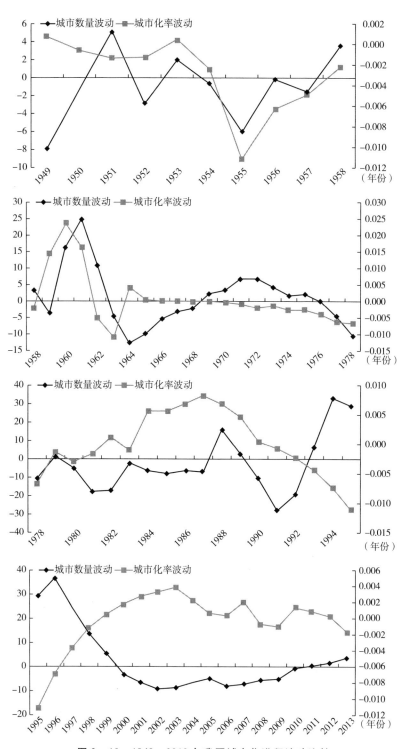

图 2 - 10　1949 ~ 2013 年我国城市化进程波动比较

城市规划"，以及城市机构和人员裁减；（4）1966～1978城市化波动较小，主要是受到"文化大革命"的影响，城市发展出现停滞；（5）1978～1988年城市化逐渐开始出现向上偏离趋势，主要受到改革开放战略的作用，为实现计划经济向市场经济的过度，城市发展得到高度重视；（6）1988～1995年城市化率出现向下偏离趋势，城市数量出现向上偏离趋势，这一阶段主要是因为国家重点采取区域规划和城市建设工作，所以城市数量增加较快；（7）1995～2003年城市数量波动出现向下偏离趋势，城市化率出现向上偏离趋势，主要是在这一阶段中央政府通过小城镇户籍制度改革，并提出"加快转移农村人口"等，重点在于农村人口向城市转移；（8）2003～2013年城市化率仍然处于高位偏离趋势，但略有下降，主要是中央提出增强城市综合承载力，推进新型城镇化战略等，适度缓解了城市人口增长速度。与此同时，伴随着城市人口增加，城市承载能力逐渐弱化，国家提出"大中小城市与小城镇协调发展"，开始扭转城市偏离局面。

三　评价：中国城市化演进逻辑与主要特征

制度演进本身就是遵循特定逻辑的一个过程，这种逻辑与制度演进所处的环境，以及在不同环境中各主体的行为动机有着直接的关系。

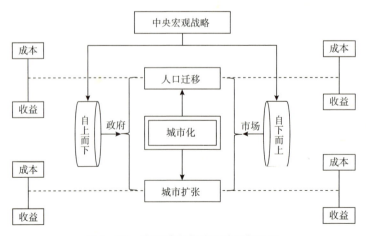

图 2－11　中国城市化演进的逻辑机制

如图 2 - 11 所示，中国城市化演进逻辑直接表现为城市扩展和人口迁移，城市扩展和人口迁移的动机分别受制于自上而下的政府成本收益比较和自下而上的市场成本收益比较，而这些成本和收益很大程度上又受到中央宏观战略的诱导。围绕这种城市化演进的逻辑机制，通过考察我国城市化变迁的主要路径和基本内容可以发现，我国城市化进程大致可以归纳为以下四个方面。

1. 我国城市化演进是以城市化率和城市数量提升为典型特征的变迁过程

考察我国城市化的演进过程可以发现这样一个基本事实，无论处于什么样的政策及经济发展阶段，城市化演进总是突出地表现为城市化率的提升和城市数量的变化。我国城市化率经历：1949 ~ 1958 年的起步提升，从 10.64% 到 16.25%，年均提升 0.62 个百分点。1959 ~ 1978 年的大幅波动，从 1958 年的 16.25% 迅速提高到 1961 年的 19.29%，年均提升 1.01 个百分点，随后逐年下降到 1974 年 17.16%，年均下降 0.16 个百分点；之后开始缓慢上升，1978 年达到 17.92%，年均上升 0.19 个百分点。1978 ~ 1995 年的稳步提升，从 18.96% 到 29.04%，年均提升 0.65 个百分点；1995 年至今的迅速提升，从 30.48% 到 53.73%，年均提升 1.37 个百分点。尤其是近 20 年来看，城市化率水平提升速度远远超过"大跃进"时期的速度。我国城市数量经历：1949 ~ 1958 年从 132 个增加到 184 个，年均增加 5.2 个。1959 ~ 1978 年，前三年增加较快，年均增长 10 个，但 1961 年开始一直到 1965 年城市数量逐步减少，年均减少 8 个，随后才以平均每年 2 个的增长速度增加到 1978 年的 193 个。从 1978 年开始，城市数量迅速提高，从 1978 年的 193 个提高到 1995 年的 640 个，年均增加 26 个，是城市数量迅速发展时期。1995 年之后，城市数量增长缓慢，到 2013 年达到 658 个，年均增加 1 个。如果将我国城市化进程分为两个大的阶段来看，在 1978 年以前我国城市数量和城市化率在相关政策导向下均保持同步变化，但 1978 年以后，城市数量增长和城市化率提升各有侧重。1978 ~ 1996 年这一阶段主要是政府主导下的城市数量扩张；1996 年至今的后一阶段城市数量扩张停滞，改变为城市人口的增加。需要说明的是，中国城市化变迁在不同的阶段所表现出的城市数量增加和城市化率提升，并不是由发展需求所决定的，也没有形成城市数量规模与城市人口规模的协调推动，而更多取决于政府主导的政策推动，在这个过程中忽视了城市人口、经济社会与资源环境的协调。比如："大跃进"时期，城市化进程出现盲目行为，短期内迅速提升了城市数量和城市人口，导致城市基础设施和环境迅速出现紧张状态。又如：从1980年开始城市规划成为地方政府主要职责，各地大搞城市规划，城市数量迅速提升，而到1995年后国家战略从城市规划转变为人口转移，城市数量立即出现停滞，城市人口提升，各地政府甚至开始"城市化率"竞赛。从逻辑上来看，经济发展的需求导致城市人口增加，进而需要城市扩张和城市环境改善，但我国近期城市化发展情况刚好相反，所以才会出现近年来城市人口增多带来的城市承载力下降等问题。中国社会科学院相关研究表明，2013年我国真实城市化率仅为42.20%，低于国家公布的53.73%，原因是我国城市常住人口中有很大一部分是前往城市务工的农村人口，而这些人口还没有享受到与城市人口相同的公共服务及其他相关待遇。[①] 可以看出，以城市化率和城市数量为特征的传统城市化变迁不利于城市人口、经济社会和资源环境的协调，相反应该更加注重以人为核心的新型城镇化发展过程，而这种城市化进程实际上是来源于中央政府自上而下的战略引导加上地方政府、社会居民等各主体利益诱导所致。

2. 我国城市化演进是受制于中央经济发展战略调整下的强制性制度变迁过程

考察我国城市化变迁历程可以发现，无论是在计划经济时期还是在向市场转轨时期，城市化演进均受到中央层面的发展战略引导推动。具体来看，1949~1958年的国民经济恢复与建设时期，国家1953年提出的"一化三改造"战略，以及1956年提出的"充分利用沿海，合理发展内陆"方针，引导了与产业发展规划相适应的城市规划，城市数量和城市化率稳步提升；1958~1960年，"鼓足干劲、力争上游、多快好省地建设社会主义""赶英超美"等"大跃进"思想，在城市化建设方面也通过"快速规

---

① 潘家华、魏后凯：《城市蓝皮书 中国城市发展报告》，社会科学文献出版社，2013。

划"实现城市化建设的"大跃进",城市数量和城市人口短期内迅速增加;1960 年国家提出"三年不搞城市规划",以及随后的"文化大革命"的影响,城市规划和城市发展出现停滞;1973～1978 年,国家层面出台《关于加强城市规划工作的意见》等,推动各地开始城市规划工作;1978～1995 年,国家提出以经济建设为中心的战略任务,以城市规划和集中开发来带动区域发展和沿海经济开发战略,并且将城市规划定位为城市市长及地方政府的主要职责,这在较大程度上推动了城市建设和扩张;1996 年至今,包含户籍制度改革在内的小城镇综合改革,使得中央政府开始重视农村人口向城市转移的战略调整,以及随后的"提高城镇化水平,转移农村人口"等战略,使得城市人口数量和城市化率水平迅速提升,当然在这一时期城市承载能力问题也得到中央政府的高度重视,在相关政策及报告中也不断提出加强新型城镇化的建设。以中央战略及宏观政策为主导,自上而下的强制性变迁模式,较大程度上克服了我国经济转型过程中面临的问题,稳定了城市和农村经济市场,使得城市化进程得到稳步推进。但是,这种模式并非以社会经济发展、人口的发展等需求为导向,某种程度上还出现负效应,从而导致城市化进程的效率难以得到提高。中央政府与地方各主体间的利益关系,又使得这种强制性的制度变迁为一种非需求导向的机制演进过程。具体来看,城市化的实际推动者和制度供给者是地方政府,在推进的过程中地方政府往往基于自身利益,更多地体现为政绩利益,因此在城市化推进中难免会忽视居民的利益问题。另外,从农村居民转移来看,转移动机也来源于城乡"二元"差异导致的收入和公共服务提升欲望,大量的农村居民向城市转移往往会忽视城市的承载能力。以近期我国城市化发展为例,各地都积极响应中央加快城市化发展的号召,通过拆迁、加大政府投资等各种手段和措施实现农村人口向城市转移,城市化率水平得到迅猛提升,但农村转移人口在城市却面临着公共服务缺位、生活成本过高等生计问题,城市资源与环境也遭到严重破坏。

3. 我国城市化过程是利益诱导下地方政府主导的自上而下的强制性变迁过程

如前所述,地方政府是推进我国城市化发展的主要力量,也是联系中央政府和地方民众的重要桥梁，更是促进地方城市化进程和经济发展的有力保障。地方政府的利益选择直接影响和决定我国城市化的发展方向。在城市化推进方面，主要体现为城市化的推进过程和结果，具体来看，中央政府推进城市化进程是基于整体经济发展战略调整的考虑，核心是注重城市化带来社会经济效应，而对于地方政府而言，更是将经济利益作为城市化进程的出发点。基于此，地方政府推行的主要是"自上而下"的城市化发展模式，强制性地在本地区进行城市化建设，很多时候完全没有顾及当地居民的愿望诉求。较为典型的例子是 1980 年《全国城市规划工作会议纪要》强调"城市市长的主要职责是把城市规划好、建设好、管理好"；1984 年《城市规划条例》规定"市长、县长、镇长领导城市规划编制和实施"等，这直接将城市化发展任务落实到地方政府领导，这样实现城市规划的"速度"和"数量"将成为地方政府政绩的首要表现。实际上，城市化的发展不是简单的城市人口增加和城市面积扩张，最主要的是农村居民融入城市，并能享受到与城市居民同等的公共服务和待遇的过程，真正发挥城市化对经济社会和生态资源的正能量。因此，只有通过"自下而上"的城市化发展模式，规避地方政府自身利益诱导对城市化导向的影响，坚持"以人为核心"的基本思想，才能实现我国可持续的城市化发展。

4. 我国城市化过程是城乡"二元"分化驱动市场诱导形成的无序性变迁过程

我国城市化过程除了受制于政府主导行为的影响外，农村居民主动向城市迁移也是一个重要的因素，人口迁移导致城市拥挤进而推动城市扩张。但是，农村居民向城市迁移的过程实际上是与城乡"二元"体制相互伴随的过程，具体来看，1958 年我国政府颁布了《户籍管理条例》，严格划分了农业户口和非农业户口，从此城乡"二元"特征开始形成并扩张，不断诱导着农村居民向城市地区的转移。主要来源于两个方面的动力。一是政府产业布局导致农村地区劳动力剩余和城市地区需要更多劳动力。比如：1949~1958 年以城市为重点的大中型项目发展，吸引大批农村劳动力；大跃进时期，盲目追求大项目推动城市过度扩张和城市人口膨胀，之后伴随着工业停滞，城市规模和城市化率也相应倒退；1978 年改革开放以后，家庭联产承包责任制实施，解放了大批农村劳动生产力，加上国家采取以城市为中心的区域开发和向沿海地区倾斜的发展战略，使得农村剩余劳动力有向外输出的动机；1997 年以后，党中央、国务院开始重视城市化发展，并将城市化作为推动我国经济发展的重要动力，这进一步加速了农村人口的转移。二是这种城乡布局形成的"二元"化进一步导致了城乡收入和公共服务的"二元"化，从农民自身利益角度出发也激励农村居民向城市转移。比如：1978 年我国城乡居民收入比为 2.57∶1，到 1985 年后缩小到 1.88∶1，但经济体制改革又进一步拉大这种差距，1994 年城乡居民收入比达到 2.86∶1。1998 年以后，随着城市工业企业的发展以及社会保障制度的实施和完善，城市经济实现突飞猛进的发展，城乡收入差距进一步被拉大，到 2013 年已经达到 3.321∶1。城乡公共服务差距就更是如此，公共教育、医疗卫生、社会保障、基础设施等在城乡间都存在较大差距，在以 GDP 为政绩考核的模式下地方政府"重城市、轻农村"的发展理念不仅没有得到缓解，相反在不断加强。需要说明的是，城乡发展对劳动力需求差距，城乡收入和公共服务差距尽管直接表现为自发促进劳动力由农村向城市转移，但这种差距更大程度上是政府主导的城乡"二元"分化战略所致。而 1995 年的小城镇户籍制度改革以及今天的城乡户籍制度改革等，都在强化农村居民向城市转移的制度限制，否则我国城市化进程会表现得更快。城乡"二元"分化导致的基于个人利益的转移，农村人口转移出现无序性，进一步使城市承载能力减弱。

四　表现：中国传统城市化"量"的扩张过程

我国城市化进程改革是在中央政府宏观战略调整要求下，进行的各种不同类型的强制性制度及政策形成的组合。作为强制性制度供给主体的地方政府更多的是考虑其自身利益，在廉价的土地、劳动力等要素条件下，不断推动着人口向城市迁移、城市规模扩张等行为；作为强制性政策接受主体的农村居民更多的是考虑城乡"二元"差异体制下如何提升自己的收入与福利，从而不惜一切成本和代价涌入城市，进而推动城市扩张。在这种政策主导模式下，我国城市化进程更加强烈地表现出与政策相关主体利益及行为的牵制，从而脱离了社会经济发展的内生供求规律。综合来看，我国城市化进程中存在的非理性色彩浓厚，城市化进程无序，在中央宏观政策的引导下，更多地表现为农村人口向城市转移、城市不断扩张等传统城市化呈现的"量变"过程，直接表现的结果便是城市化速度过快和区域发展不平衡。

（一）近年来我国城市化总体上增长过快

不可否认，当前我国的人口城市化水平在世界上还处于落后位置，2010年我国城市化率为49.95%，比世界平均水平低6个百分点，远远低于美国、日本、德国、法国和意大利等发达国家，甚至低于印度尼西亚、马来西亚、墨西哥、巴西等发展中国家。然而，在2000～2010年的10年，我国城市化率从2000年的36.22%提高到2010年的49.95%，而在同样水平下，英国用了40年、德国用了30年、法国用了44年、美国用了34年、加拿大用了24年。[①] 可以看出，在最近一阶段，我国城市化率已经出现了"超常规"增长。除此之外，以占用土地为特征的空间城市化也增长过快。1985～2010年，我国城市建成区面积从9386平方公里增加到41458.01平方公里，平均每年增加2138.13平方公里，建成区面积扩张主要以牺牲耕地为代价，耕地的减少与我国城市化进程基本保持一致。与此同时，城镇人口密度还相应从262人/平方公里提升到2209人/平方公里。根据城镇扩展合理性系数[②]分析，2000～2010年，我国城市建成区面积从22439.28平方公里增长到41458.01平方公里，年均增长率为6.33%；我国城镇人口从25094万人增长到66978万人，年均增长率为10.32%。所计算的城镇扩展合理性系数为2.05，远高于1.12的标准水平，这揭示出我国城市化用地扩展较快。从区域分布来看，东部为2.71，中部为1.37，西部为1.66，东部地区城市化进程中的土地利用尤为不

---

① 数据主要根据《国际统计年鉴》（2012）相关资料整理，一是对比了2010年中国与世界各国城市化发展水平差异；二是对比了部分国家城市化率从36%到50%所经历的年限。

② 张文忠：《我国城市化过程中应注意土地资源减少的几个问题》，《中国人口·资源与环境》1999年第1期。

合理。

（二）城市化进程中出现东中西区域失衡

以 2010 年为例，全国平均城市化水平为 44.9%，但区域布局呈现极端不平衡，城市化率较高的如上海、北京、天津、广东、辽宁，分别高达 88.60%、85.00%、78.00%、63.40%、60.35%；城市化率较低的如西藏、贵州、甘肃、云南和河南，分别为 23.80%、29.89%、32.65%、34.00% 和 37.77%。这种非均衡城市化发展形成两类难题：一是落后地区城市化与经济发展关系的难题，城市化率高的地区实现经济快速发展，但城市化率低的地区其经济发展却较为缓慢，尤其是中西部，较为稀薄的城镇人口难以形成人口聚集和产业聚集的条件，从而难以拉动消费和投资，其人均地区生产总值分别为 25521.25 元和 23482.42 元，相当于东部地区的一半；二是发达地区城市化与资源环境关系的难题，城市化率低的地区实现了资源环境的合理保护，但城市化率高的地区却出现资源环境的较大耗竭，尤其是东部面临较大的城镇人口压力，与较高城市化水平相伴随的是资源环境存量较低，比如：非建设用地占比仅为 85.65%，比中西部地区低出 7.94 和 12.61 个百分点，人均水资源总量仅为 1576.69 立方米，仅占西部地区人均水资源总量的 1/10。[①]

第二节　城市化与城市发展问题：基于文献调研的观点

新中国成立至今，我国城市化共经历了起步、失常、稳定和高速四个主要阶段，城市化对中国经济发展和社会进步做出的贡献无可置疑。尤其是改革开放以后，凡是经济增长较快的地区像长三角、珠三角、环渤海等，其城市化进程都较快，城市化有力地推动了这些地区的城市基础设施建设、工业化与产业转型、劳动就业和收入增长、消费结构的快速升级，

[①]　数据来源于《中国统计年鉴》（2011）相关数据整理与计算。

等等。但由于我国长期追求城市化率提升和城市数量扩张，以至当前在新型城镇化背景下还不同程度地带有传统城市化的特点，较为突出的就是各地方政府出于不同的利益而不断开展城市化率"竞赛"。伴随着我国城市人口的不断增多，城市化所引起的各种问题不断开始吸引社会各界的关注。为了揭示这些问题，本文从中国知网（CNKI）数据库上检索到最近十年（2005～2015）关于城市化发展问题的相关文献共86篇，再围绕城市化对经济、社会、资源与环境的影响进行筛选，最终确定出60篇主要文献进行综述，以此揭示中国城市化进程对当前我国经济社会和资源环境产生的主要问题。

一　经济运行问题：消费、投资及城乡经济统筹问题严重

无论是发达国家经验，还是国内历史实践，都得出一致的观点：城市化是内需拉动的最大潜力所在，是经济结构调整的重要依托，更是推动经济增长的重要引擎。城市化对经济运行的促进作用主要表现为：城市化能够为现代工业和服务业发展进行资本积累（Ranis & Fei, 1961）[①]，伴随着农村人口向城市的转移，通过就业能够提高居民的收入水平和消费能力（Todaro, 1969）[②]，同时还能为城市经济发展提供劳动力，进行人力资本的积累（Lucas Jr., 2004）[③]，以此促进经济的快速发展。然而，就我国城市化对经济运行的作用而言，很多学者却提出了不同的观点，大致可以归纳为三个方面。

第一，我国传统意义上的城市化没有开启消费对经济的传导作用，甚至对农村消费形成抑制和制约。近年来我国城市化进程主要通过投资拉动经济增长，对消费率的提升作用不显著，随着居民人均收入水平、城市化

[①] Gustav Ranis, John C Fei, "A Theory of Economic Development", *American Economic Review* 51 (1961): 533 – 565.

[②] Hannu Tervo, "Cities, Hinterlands and Agglomeration Shadows: Spatial Developments in Finland during 1880 – 2004", *Explorations in Economic History* 47 (2010): 476 – 486.

[③] Robert E, Lucas Jr, "Life Earnings and Rural – Urban Migration", *Journal of Political Economy* 112 (2004): 29 – 59.

水平的提升，私人消费率却下降（王婷，2013①；李通屏等，2013②；石凯和聂丽，2014③）等。出现这种现象的原因一般被理解为人口城市化的滞后（李林杰等，2007）④，具体可以归结为四个方面：（1）城市化驱动消费需求具有时滞性，这种时滞性表现为城市化进程的初始阶段都是以投资为主，从而居民消费被人为压低来服务于资本积累；（2）尽管我国城市化率提升较快，但城镇居民包括较多居住半年以上的农村户籍居民，由于没有享受到城市公共福利待遇，因而仍然以"小农"方式进行消费；（3）城市化进程中，政府调控和公共服务缺位导致居民产生高房价支出、高学费支出、高医疗支出、高社会保障支出等一系列消费需求预期，从而难以提升当期居民边际消费倾向；（4）就农村向城市转移的居民而言，由于自身文化水平和工作技能较低，多数还是由拆迁或征地"被城市化"，进而难以进入城市劳动力市场进行谋生，缺乏形成消费的收入能力。另外，相关研究中还可以进一步看出，城市化对农村消费形成抑制和制约（王希文，2013）⑤，主要包括两方面的影响：（1）城市化使得大量的青壮年劳动力转移出农村，农村家庭"空巢"现象突出，而留守在农村的老人、妇女和儿童等消费量本身较少，农村消费市场严重萎缩；（2）农村信息闭塞，农村居民辨别真伪的能力较低，使得农村消费产品中假冒伪劣产品较多，从而难以使得像电脑、大宗家电等商品进入农村，严重扭曲农村居民家庭消费结构和层次。

第二，我国城市化主要表现为投资拉动型，形成了高投资率和低消费率的格局（李通屏和成金华，2005）⑥，对投资的过度依赖导致我国城市化陷入"投资循环"的陷阱（张诚和蒙大斌，2013）⑦，陈彦斌和陈小

① 王婷：《中国城镇化对经济增长的影响及其时空分化》，《人口研究》2013年第5期。
② 李通屏、程胜、倪琳、钱佳：《中国城镇化的消费效应研究》，《中国人口科学》2013年第3期。
③ 石凯、聂丽：《城镇化对城乡居民消费的影响》，《城市问题》2014年第6期。
④ 李林杰、申波、李杨：《借助人口城市化促进国内消费需求的思路与对策》，《中国软科学》2007年第7期。
⑤ 王希文：《城镇化对农村居民消费的影响》，《江淮论坛》2013年第2期。
⑥ 李通屏、成金华：《城市化驱动投资与消费效应研究》，《中国人口科学》2005年第5期。
⑦ 张诚、蒙大斌：《新型城市化与消费"崛起"——破解城市化的"投资循环"陷阱》，《现代管理科学》2013年第7期。

亮（2013）① 将这种以投资为主导的城市化进程理解为我国"增长主义"发展模式，难以真正破解宏观经济陷入的困境。除此之外，城市化进程中过度的密集型产业发展，会使得城市部门出现资本深化，进而降低吸纳劳动力的能力，使得城市化滞后于工业化发展（沈可和章元，2013）②。进一步分析发现，我国城市化是以政府推动为主导模式，政府通过大量投资进而推动我国城市化进程（张秀利和祝志勇，2014）③，这种以政府投资推动城市化发展的模式至少导致两方面的问题：一是政府投入大规模的资金进行固定资产投资，对民间经济主体进入城市化基础设施建设等领域产生较大的挤出效应，从全国各区域来看，这种政府投资对私人投资的挤出效应较为明显地集中在东部发达地区，而中西部落后地区也存在挤出效应（林炳华，2014）④，这揭示出随着市场化发展程度的提升，城市化进程中的政府投资要适度退出，否则会起到相反的抑制作用；二是相比于私人投资而言，以政府为主体的投资存在低效率特征，其主要原因是地方政府为了追求经济增长政绩利益往往不顾投入成本，因此城市化进程中大量的政府投资会产生较大的经济效率损失，另外地方政府进行大量公共基础投资还会滋生寻租或腐败行为（范子英，2013）⑤。

第三，我国城市化进程中，城市发展通过大量掠夺农村要素，导致农村经济发展受阻，城乡经济脱节。新型城镇化的重要表现是实现城乡发展一体化，但就我国目前而言却表现出城乡"二元"明显脱节的格局，城市经济表现为规模经济、集聚经济和现代经济，农村经济却呈现典型的小农经济、分散经济和传统经济（刘玉，2007）⑥。这种脱节主要表现为两个方面。一是城市化进程中出现城乡劳动力不平等待遇，使得农村劳动力尽管

① 陈彦斌、陈小亮：《投资主导的城镇化难以破解当前宏观经济困境》，《经济研究参考》2013 年第 37 期。
② 沈可、章元：《中国的城市化为什么长期滞后于工业化？——资本密集型投资倾向视角的解释》，《金融研究》2013 年第 1 期。
③ 张秀利、祝志勇：《城镇化对政府投资与民间投资的差异性影响》，《中国人口·资源与环境》2014 年第 2 期。
④ 林炳华：《基于 PVAR 模型的城镇化政府公共投资与私人投资的互动效应研究》，《财政研究》2014 年第 3 期。
⑤ 范子英：《转移支付、基础设施投资与腐败》，《经济社会体制比较》2013 年第 2 期。
⑥ 刘玉：《农业现代化与城镇化协调发展研究》，《城市发展研究》2007 年第 6 期。

进入城市，但难以获取城市经济发展的工作岗位和福利待遇，严善平（2006，2007）①② 通过问卷调查发现，人口流动制度和严格的阶层化导致农民歧视性待遇。二是在政府主导和市场机制的双重作用下，促使农村优质资源不断流向城市，而没有促进技术等资源流向农村，这使得农业和农村经济发展受到严重阻碍（刘维奇和韩媛媛，2014）③，这些流失的资源包括资本、优质劳动力。杨曙辉等（2012）④ 的研究指出，尽管农村富余劳动力转移有利于农业现代化，但这种转移也使得农村优质劳动力和人力资源流失，不利于现代农业的发展，城市化速度越快、规模越大，所产生的盘剥就越加明显。最终从结果上也得到证据支撑，农业发展推动城市化，但城市化并没有推动农业发展（夏泽义和赵曦，2013）⑤。

二　社会发展问题：公共服务、收入差距及居民福利问题严重

实现以人为核心的新型城镇化，重点是要不断缩小城乡居民收入差距，提供让人满意的公共服务，最终实现城乡居民社会福利水平的提升。但就上述问题来看，很多学者对城市化进程所发挥的作用持有否定态度，具体表现为三点。

第一，我国地方政府公共服务供给严重滞后于城市化进程。地方政府推进城市化进程应该以公共服务配套为基础，以健全公共服务体系为支撑（孙德超，2013）⑥，但实际上我国城市化进程中公共服务供给却严重滞后，

① 严善平：《城市劳动力市场中的人员流动及其决定机制——兼析大城市的新二元结构》，《管理世界》2006 年第 8 期。
② 严善平：《人力资本、制度与工资差别——对大城市二元劳动力市场的实证分析》，《管理世界》2007 年第 6 期。
③ 刘维奇、韩媛媛：《城市化与城乡收入差距——基于中国数据的理论与经验研究》，《山西财经大学学报》2013 年第 5 期。
④ 杨曙辉、宋天庆、陈怀军、欧阳作富：《工业化与城镇化对农业现代化建设的影响》，《中国人口·资源与环境》2012 年第 S1 期。
⑤ 夏泽义、赵曦：《城镇化、农业现代化、产业结构三角关系实证研究》，《社会科学家》2013 年第 8 期。
⑥ 孙德超：《城镇化背景下公共服务体系建设面临的挑战与对策探析》，《福建师范大学学报》（哲学社会科学版）2013 年第 6 期。

比如：马晓河和胡拥军（2010）① 提出改革开放 30 余年来，我国城镇化进程取得了很大的进步，但公共服务供给问题尤为突出；蔡秀云等（2012）② 分析得出，中国公共服务发展与城市化水平不同步，存在公共服务发展缺口和公共服务财政支出缺口；胡畔（2012）③ 分析得出全国有过半的省、直辖市基本公共服务供给与城镇化脱节。齐艳芬（2013）④ 指出，随着我国城市化率的提升，公共服务供给却出现较大困境，主要表现为供给数量不足、供给质量和效率较低。具体表现为两个方面。一是较为落后的地区其公共服务供给水平较低，表现为城市建设和农村建设滞后，比如王坤（2015）⑤ 指出很多民族地区城镇化并没有实现真正意义上的城乡一体化，教育、医疗、文化等公共服务水平较低。二是城市地区公共服务供给不足，出现新的城市内部"二元"结构，具体表现为公共服务供给体系不匹配、范围偏窄、政策衔接差、能力不高和结果不均等，需要进一步完善城镇体系规划（孙德超和曹志立，2014）⑥。就城镇化进程中公共服务供给不足问题，存在三方面的解释。一是财政体制导致地方政府财力不足，难以完全覆盖所有居民享受的公共服务，因此针对农民工等转移居民，在公共服务供给方面只能区别对待（张骞予，2013）⑦。二是户籍制度等城乡分割体制带来公共服务受益障碍，比如在入学、医疗等公共服务上，农村转移人口难以平等对待。三是在城市化进程中，地方政府缺乏对覆盖城乡的公共服务体系进行合理规划。但是他们都忽略了一个关键性问题，即在现行政绩考核机制和不适当的政绩观条件下，地方政府往往都在以最快的速度实现城市化率提升，不惜一切代价开展各类城市化率"竞赛"，城市化进程中居民难以获

① 马晓河、胡拥军：《中国城镇化进程、面临问题及其总体布局》，《改革》2010 年第 10 期。
② 蔡秀云、李雪、汤寅昊：《公共服务与人口城市化发展关系研究》，《中国人口科学》2012 年第 6 期。
③ 胡畔：《任重道远：从基本公共服务供给看新型城镇化》，《城市发展研究》2012 年第 7 期。
④ 齐艳芬：《城镇化加速期城市公共服务供给新路径——多元协同网络供给》，《当代世界与社会主义》2013 年第 1 期。
⑤ 王坤：《新型城镇化背景下民族地区公共服务供给研究》，《中国行政管理》2015 年第 2 期。
⑥ 孙德超、曹志立：《促进城镇化建设的公共服务供给改革》，《社会科学》2014 年第 3 期。
⑦ 张骞予：《以城乡公共服务均等化促进新型城镇化》，《宏观经济管理》2013 年第 10 期。

得满意的公共服务就成为"常态"。

第二，带有城市倾向的城市化拉大了城乡收入差距。城市化进程的最终目标是实现城乡一体化，城乡居民收入缩小是城乡一体化的重要内容。但目前诸多证据表明，我国城市化进程在推动和加剧着城乡居民收入的差距，比如符想花（2011）[①] 通过对城市化进程中城乡居民收入差距模拟与预测，发现随着城市化水平的提高，城乡居民收入差距也在不断地增加。冯年华等（2014）[②] 以江苏为例，通过实证得出城乡居民收入差距与城镇化率间具有稳定关系，并且是单向因果影响关系，即随着城镇化水平的提高，城乡居民收入差距逐步被拉大。贺建风和刘建平（2010）[③] 甚至认为城镇化的快速发展是引起城乡居民收入差距不断扩大的重要原因。针对城市化进程中城乡居民收入差距扩大的问题，多数学者将其归结为具有城市偏袒的城市化行为，比如程开明和李金昌（2007）[④] 通过实证检验出城市偏袒以及城市化行为是直接拉大城乡收入差距的原因。在此之前，陆铭和陈钊（2004）[⑤] 也得出相同结论，即中国持续扩大的城乡收入差距与地方政府实施带有城市倾向的经济政策有直接关系。

第三，传统城市化发展模式使得城乡居民社会福利有所降低。上述观点已经揭示出与城市化相伴随的便是公共服务供给滞后、城乡居民收入差距扩大等社会问题，进一步相关研究还指出，传统意义上的城市化发展模式导致了城乡居民社会福利降低。首先，直接表现为政府在公共服务供给方面缺位，与城乡居民预期产生较大偏差，进而使得城市化不仅没有带来居民社会福利的提升，反而产生抑制作用（王伟同，2011）[⑥]；其次，在城

① 符想花：《城市化进程中城乡居民收入差距模拟与预测》，《统计与决策》2011 年第 24 期。
② 冯年华、宣卫红、王艳：《江苏省城乡居民收入差距与城镇化率动态关系实证分析》，《南京社会科学》2014 年第 7 期。
③ 贺建风、刘建平：《城市化，对外开放与城乡收入差距——基于 VAR 模型的实证分析》，《技术经济与管理研究》2010 年第 4 期。
④ 程开明、李金昌：《城市偏向、城市化与城乡收入差距的作用机制及动态分析》，《数量经济技术经济研究》2007 年第 7 期。
⑤ 陆铭、陈钊：《城市化、城市倾向的经济政策与城乡收入差距》，《经济研究》2004 年第 6 期。
⑥ 王伟同：《城镇化进程与社会福利水平——关于中国城镇化道路的认知与反思》，《经济社会体制比较》2011 年第 3 期。

市化进程中，农村居民往往会放弃农业生产和在农村应该享有的福利待遇，而进城后却又遇到歧视性的福利政策，加上这一过程本身就付出高昂的成本，使得较多转移到城市的农村居民不满意现有的生活（韩纪江和孔祥智，2001）[①]。另外，长期以来我国城市化一直重人口数量，轻生活质量；重 GDP 业绩，轻环境保护；重土地城镇化，轻社会权利城镇化；重城市居民，轻农村居民。这直接导致国民幸福感下降（侯志阳，2013）[②]。

三 资源利用问题：城市土地、水、电等资源耗竭问题严重

城市化进程，无论是数量层面的城市人口增加和城市规模扩张，还是效益层面的城市经济发展和生活水平提升，都意味着城市发展对资源消耗需求的增长，需要开发利用更多的土地、水、能源等自然资源（盛广耀，2009）[③]。城市化进程中的资源利用及产生的问题引起了众多学者的关注，以下以土地、水和电等城市资源问题予以说明。

第一，城市化进程中土地的盲目开发，导致土地利用效率低下，进而影响到我国粮食及生态环境安全。从我国城市化进程来看，长期以来都是以土地开发、城市扩张为主要特征，尤其是地方政府在推进城市化进程中盲目追求规模，从而大量扩张建设地，这种行为导致土地利用状况极其恶化（廖进中等，2010）[④]，尤其是在内陆土地较为充裕的地区更是如此（杨勇和郎永建，2011）[⑤]。这种盲目开发土地从而导致土地利用效率低下的主要原因有三点：一是城市化进程中工业化与城市化分散，一定程度上导致土地资源过多的浪费（王富喜，2009）[⑥]；二是来源于地方政府行政主导模

---

① 韩纪江、孔祥智：《城镇化进程对农村经济的负面效应浅议》，《农业经济问题》2001 年第 7 期。

② 侯志阳：《新型城镇化背景下的国民福利研究》，《中国行政管理》2013 年第 6 期。

③ 盛广耀：《城市化模式与资源环境的关系》，《城市问题》2009 年第 1 期。

④ 廖进中、韩峰、张文静、徐荻迪：《长株潭地区城镇化对土地利用效率的影响》，《中国人口·资源与环境》2010 年第 2 期。

⑤ 杨勇、郎永建：《开放条件下内陆地区城镇化对土地利用效率的影响及区位差异》，《中国土地科学》2011 年第 10 期。

⑥ 王富喜：《烟台农村城镇化的问题及解决路径》，《城市问题》2009 年第 6 期。

式下，土地、劳动力等生产要素均较为廉价，过度依赖廉价的"土地红利"导致土地资源浪费及低效率（辜胜阻和刘江日，2012）[1]；三是地方政府缺乏系统规划，从而导致土地利用结构和分区明显不合理，有的地方政府领导为了追求规划上的"高、大、上"，忽视了城市内部结构和基础设施的完善，进而使得城市用地低效率（杨庆媛等，2006）[2]。土地不仅是居民生活所必需，更是为人类生存提供粮食及农作物生产的必要条件，但是在快速的城市化进程背景下，以依赖土地开发为主要特征的中国城市化进程已经使得这种非再生资源的土壤功能逐渐出现衰竭，并开始威胁到我国粮食及生态安全（陈杰等，2002）[3]。

第二，城市化进程中，工业及城市规模的不断扩张，对水、电等生产和生活资源形成威胁。比如朱鹏和张雷（2008）[4] 认为随着我国城市化的快速发展，城市水资源的利用不断趋向规模化和集中化，尤其是在北方地区、沿海城市以及一些污染严重的地区，水资源已成为城市化、国民经济和社会发展的最大制约因素。章茹等（2014）[5] 以鄱阳湖为案例进行研究指出，城镇化导致水资源日益紧缺，农业用水量逐年增加。董婕等（2010）[6] 指出，随着经济增长和产业结构升级，城市用水量和用水部门结构也在随之发生着相应的变化，水资源供需矛盾日趋突出。冉茂玉（2000）[7] 指出，在城市化地区，不透水面积增加，截断了水分入渗及补给地下水的通道，使地表滞洪和蓄洪能力下降，降低了水资源的循环使用。杨曙辉等（2012）[8] 也指出，伴随着工业和城市规模的步步升级，水、电

---

① 辜胜阻、刘江日：《城镇化要从"要素驱动"走向"创新驱动"》，《人口研究》2012 年第 6 期。
② 杨庆媛、雷燚、程叙：《城镇化对我国土地资源安全的影响研究》，《西南师范大学学报》（自然科学版）2006 年第 6 期。
③ 陈杰、陈晶中、檀满枝：《城市化对周边土壤资源与环境的影响》，《中国人口·资源与环境》2002 年第 2 期。
④ 朱鹏、张雷：《城市化与水资源相互关系研究述评》，《城市问题》2008 年第 11 期。
⑤ 章茹、蒋元勇、万金保、戴年华、李述：《城镇化过程对鄱阳湖流域生态系统的影响》，《长江流域资源与环境》2014 年第 3 期。
⑥ 董婕、张华丽、延军平：《西安城市化进程对城市用水的影响》，《资源科学》2010 年第 8 期。
⑦ 冉茂玉：《论城市化的水文效应》，《四川师范大学学报》2000 年第 4 期。
⑧ 杨曙辉、宋天庆、陈怀军、欧阳作富：《工业化与城镇化对农业现代化建设的影响》，《中国人口·资源与环境》2012 年第 S1 期。

等相关生产生活资源需求量与消费量与日俱增，继而促使城镇"水荒""电荒"现象的频现。城市水、电等资源的匮乏和不足，必然将影响到城市可持续发展，更为严重的是会通过自然环境进一步影响土地资源结构、生物生态系统，给人类生存和生活带来威胁。

四 环境污染问题：居民生活和企业生产污染行为问题严重

除了资源利用外，城市环境污染是城市化进程的又一重大问题。随着城市化程度的深化，城市环境污染问题日益突出，包括生活污染、工业污染等。很多学者认为，城市化进程与污染排放呈现正相关（王亚菲，2011；刘李星，2012）[1][2]，对环境治理和恢复的压力日益加剧（张子龙等，2011）[3]，以下主要以居民生活污染和工业生产污染来进行阐述和说明。

第一，伴随着城市人口增加，生活垃圾、生活污水、汽车尾气等生活排放物为城市生态环境带来巨大压力。周宏春和李新（2010）[4] 发现，我国城市化进程中不仅面临水资源短缺，而且还遭遇到大气污染、垃圾围城、噪声污染等环境问题。王会和王奇（2011）[5] 认为人们对产品和服务的消费量上升，生活排放的环境污染也相应增加，包括生活污水排放量、生活垃圾产生量、生活温室气体排放量都会显著上升。赵守栋等（2014）[6] 认为，城市化过程中大量的汽车尾气和生活取暖等对煤的大量消耗将产生严重的温室效应，最终将导致全球气候普遍变暖。李书严等（2008）[7] 研究指出，北京的热岛效应呈现强度逐渐增强、面积逐渐增大，有单一向多

---

① 王亚菲：《城市化对资源消耗和污染排放的影响分析》，《城市发展研究》2011 年第 3 期。

② 刘李星：《山东城镇化进程与资源环境变化关系的实证分析》，《统计与决策》2012 年第 17 期。

③ 张子龙、陈兴鹏、逯承鹏、郭晓佳、薛冰：《宁夏城市化与经济增长和环境压力互动关系的动态计量分析》，《自然资源学报》2011 年第 1 期。

④ 周宏春、李新：《中国的城市化及其环境可持续性研究》，《南京大学学报》（哲学·人文科学·社会科学版）2010 年第 4 期。

⑤ 王会、王奇：《中国城镇化与环境污染排放：基于投入产出的分析》，《中国人口科学》2011 年第 5 期。

⑥ 赵守栋、王京凡、何新、刘阳、王晓敏、田育红：《城市化对气候变化的影响及其反馈机制研究》，《北京师范大学学报》（自然科学版）2014 年第 1 期。

⑦ 李书严、陈洪滨、李伟：《城市化对北京地区气候的影响》，《高原气象》2008 年第 5 期。

个热岛中心演变的趋势，随着城市向东南方向的扩张，热岛面积也逐渐向东南方向扩展。这些都是城市化进程对整个城市居民生活及城市发展产生的不利影响。

第二，城市化进程中，工业企业生产不断产生废水、废气和固体排放物，给城市环境带来较大污染。城市化快速发展需要工业发展作为支撑，不可避免地会产生工业污染，如果不加以有效治理，势必威胁到城市化可持续发展。比如王会和王奇（2011）[①] 通过测算发现，城镇化率每增加一个百分点，工业需氧量、工业二氧化硫排放量分别增长 0.48%、0.44%，对环境造成极大的污染。王富喜（2009）[②] 通过对烟台城镇化污染问题的研究得出，烟台点多面广、布局分散的农村工业在一定历史时期加剧了环境污染。卢祖丹（2011）[③] 指出近年来东部地区城镇化导致碳排放的趋势日益严重，这无疑加剧了环境的污染。盛广耀（2009）[④] 认为，城市化进程中对资源造成浪费的同时，也意味着向环境中排放的各种废物量增多，导致生态环境质量下降。顾朝林等（2009）[⑤] 认为，随着我国工业化与城市化进程加快，自然资源在使用过程中所造成的污染物排放量将不断加大。环境污染加剧，对生态系统的破坏更加严重，进而使得生态系统为人类生产和生活提供的生态服务将不断减少。

第三节　城市化与城市发展问题：基于运行效率与规模报酬的判断

尽管我国城市化进程对整个经济发展和社会进步等都起到积极的推动作用，但由于近年来各地都在盲目追求城市化率、城市空间等数量指标的提升，不可避免地导致了城市发展的种种问题。具体来看，我国城市化进

①　王会、王奇：《中国城镇化与环境污染排放：基于投入产出的分析》，《中国人口科学》2011 年第 5 期。
②　王富喜：《烟台农村城镇化的问题及解决路径》，《城市问题》2009 年第 6 期。
③　卢祖丹：《我国城镇化对碳排放的影响研究》，《中国科技论坛》2011 年第 7 期。
④　盛广耀：《城市化模式与资源环境的关系》，《城市问题》2009 年第 1 期。
⑤　顾朝林、谭纵波、韩春强：《气候变化与低碳城市规划》，东南大学出版社，2009。

程尽管直接表现为城市化率的提升，但就促进城市发展要实现的目标而言，还包括城市人口就业、城市经济发展、城市居民生活、城市公共服务、城市资源环境和城乡统筹发展六个方面。判断城市化进程质量及效率的优劣，不在于城市化率的提升，也不在于城市发展目标的高低，而需要从两个方面来衡量。（1）城市化进程在城市发展中的运行效率，实际上城市化率的提升代表城市发展的成本增加，因为城市化率提升过程本身需要付出制度上的代价，其目标都是希望城市发展水平能够尽可能高，在此主要采用数据包络分析（DEA）的 C^2R 模型计算城市化发展运行效率值（UDOE：Urbanization Development Operation Efficiency），该数值从总体上判断城市化进程中各项制度运行对目标实现是否有效，在 0~1 间进行取值，如果"UDOE = 1"表示运行有效，否则无效，数据越接近"1"说明效率越高，越接近于"0"说明效率越低。（2）城市化进程在城市发展中的规模报酬效率，即城市化进程与城市发展的相关比较关系，存在三种可能：一是城市化与城市发展保持同步，此时规模报酬有效，说明城市化率相对于城市发展目标实现而言速度最优；二是城市化快于城市发展，此时规模报酬无效且处于递减，说明相对于城市发展目标实现而言，城市化率水平过快；三是城市化滞后于城市发展，此时规模报酬也无效且处于递增，说明城市发展已经进入较高状态，而需要提升城市化率水平。为了得出上述判断，本文采用数据包络分析（DEA）中的 C^2R 模型、B^2C 模型和 FG 模型计算相关效率，并进行比较计算得到城市化发展规模状态（UDSS Urbanization Development Scale State），UDSS 分别取三个状态值，"UDSS = 0"表示城市化规模有效，"UDSS = 1"表示城市化规模报酬递增，"UDSS = -1"表示城市化规模报酬递减。

一　城市人口就业：UDOE 从 2002 年开始下滑，UDSS 呈现城市化率过快

城市化直接表现为农村人口向城市人口的转变，新型城镇化的根本宗旨是实现"以人为核心"的城镇化发展，而城市人口的生存和发展能力是

实现人的发展的基础和前提，城市人口就业理所应当成为城市发展首先需要解决的问题。围绕城市人口就业目标，主要选取城镇登记失业率、年末城镇就业人口占比、非农就业人员比重、城镇单位就业人员平均工资指数四个指标，其中 A1 城镇登记失业率直接反映城市人口失业情况，属于负向指标；A2 年末城镇就业人口占比等于年末城镇就业人员数除以年末城镇人口数，用于反映城镇人口中就业人口的比重，属于正向指标；A3 非农就业人员比重主要包括第二产业和第三产业就业人员占全部就业人员的比重，从横向角度衡量城市产业吸纳就业人员规模，属于正向指标；A4 城镇单位就业人员平均工资指数指平均工资与人均 GDP 的相对关系，反映城镇单位就业人员的实际工资水平变化情况，属于正向指标（见表 2 – 13）。

表 2 – 13　城市人口就业指标体系

目标层	指标层	与目标关系
城市人口就业	A1 城镇登记失业率	–
	A2 年末城镇就业人口占比	+
	A3 非农就业人员比重	+
	A4 城镇单位就业人员平均工资指数	+

通过收集和分析上述指标数据发现，1996～2013 年，城镇登记失业率从 3.00% 上升到 4.05%，年末城镇就业人口占比从 53.40% 下降到 52.30%，非农就业人员比重从 49.50% 上升到 68.60%，城镇单位就业人员平均工资指数从 1.02 上升到 1.23。除了城镇登记失业率提高和年末城镇就业人口占比下降外，其他正向指标都不同程度地实现提升，但其年均提升率均低于城市化年均增长率（见表 2 – 14）。

表 2 – 14　1996～2013 年城市人口就业指标实际值

年　份	城镇登记失业率（%）	年末城镇就业人口占比（%）	非农就业人员比重（%）	城镇单位就业人员平均工资指数
1996	3.00	53.40	49.50	1.02
1997	3.10	52.68	50.10	1.00
1998	3.10	51.95	50.20	1.10

年　份	城镇登记失业率（%）	年末城镇就业人口占比（%）	非农就业人员比重（%）	城镇单位就业人员平均工资指数
1999	3.10	51.23	49.90	1.16
2000	3.10	50.43	50.00	1.19
2001	3.60	50.19	50.00	1.26
2002	4.00	50.11	50.00	1.32
2003	4.30	50.08	50.90	1.33
2004	4.20	50.28	53.10	1.29
2005	4.20	50.50	55.20	1.28
2006	4.10	50.83	57.40	1.26
2007	4.00	51.05	59.20	1.23
2008	4.20	51.44	60.40	1.22
2009	4.30	51.65	61.90	1.26
2010	4.10	51.79	63.30	1.22
2011	4.10	51.99	65.20	1.19
2012	4.10	52.12	66.40	1.22
2013	4.05	52.30	68.60	1.23
年均增长率（%）	1.78	-0.12	1.94	1.08
偏离城市化率水平（%）	-5.17	-3.51	-1.45	-2.31
平均值	3.81	51.34	56.18	1.21
离散系数	0.13	0.02	0.12	0.07

　　注：偏离城市化率水平指目标指标年均增长率减去城市化率年均增长率，反映目标指标变换相对于城市化率指标变化的相对快慢。

　　在对负向指标进行正向化基础上，以城市化率作为投入，以城市人口就业所涉及的四个指标作为产出，采用 C^2R、B^2C 和 FG 模型分别测算 1996～2013 年我国城市化率对城市人口就业促进作用的总技术效率、纯技术效率及规模报酬效率（见表 2-15）。

表 2-15　1996～2013 年城市化进程中城市人口就业配置效率比较

年　份	总技术效率	纯技术效率		规模报酬效率	
		效率值	效率状态	效率值	效率状态
1996	1.00	1.00	技术有效	1.00	规模有效

续表

年　份	总技术效率	纯技术效率		规模报酬效率	
		效率值	效率状态	效率值	效率状态
1997	0.97	0.98	技术无效	0.99	规模无效
1998	0.98	0.99	技术无效	0.98	规模无效
1999	0.99	1.00	技术有效	0.99	规模无效
2000	0.98	1.00	技术有效	0.98	规模无效
2001	0.99	1.00	技术有效	0.99	规模无效
2002	1.00	1.00	技术有效	1.00	规模有效
2003	0.97	1.00	技术有效	0.97	规模无效
2004	0.92	0.99	技术无效	0.93	规模无效
2005	0.89	1.00	技术有效	0.89	规模无效
2006	0.85	1.00	技术有效	0.85	规模无效
2007	0.80	0.98	技术无效	0.81	规模无效
2008	0.79	0.98	技术无效	0.81	规模无效
2009	0.79	1.00	技术有效	0.79	规模无效
2010	0.78	0.97	技术无效	0.80	规模无效
2011	0.78	0.97	技术无效	0.81	规模无效
2012	0.78	0.98	技术无效	0.80	规模无效
2013	0.79	1.00	技术有效	0.79	规模无效

　　从城市化对城市人口就业影响的总体运行效率来看，1996～2002年都基本保持在接近于1.00的相对较高效率水平，其中1996年和2002年总技术效率均为1，从2003年开始总技术效率值逐年开始下滑，到2013年已经下降至0.79。城市化对城市人口就业影响的总技术效率由纯技术效率和规模报酬效率两部分构成，从纯技术效率来看，除了某些年份下降至0.97、0.98和0.99外，基本都处于1的最佳效率水平，这说明城市化推进过程在城市人口就业方面的相关制度及机制安排、运行都处于日趋完善的状态。进一步从规模报酬效率来看，导致2002年以后城市化对城市人口影响总体技术效率下降的原因在于规模报酬效率的失效，从2003年开始规模报酬效率均处于规模无效状态，且呈现出不断远离规模报酬最优目标趋势（见图2-12）。

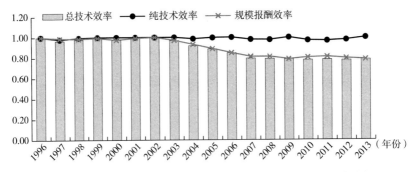

图 2-12　1996～2013 年城市化率对城市人口就业影响效率分解

进一步分析其规模报酬效率可以发现，1996～2013 年仅有 1996 年、2002 年达到规模报酬不变的最优状态，其余年份均处于无效状态。通过比较还发现，这种规模报酬无效主要表现为规模报酬递减，即城市化率提升相对过快，城市就业岗位及工资提升机制难以跟上城市化率提升节奏，比如伴随着农村人口不断向城市转移，城市人口的增多，与此相伴随的便是城市就业岗位缺乏，工资水平提升缓慢等。

二　城市经济发展：UDOE 呈 "U" 形，UDSS 反映城市化率相对较快不断扭转

实现以人为核心的新型城镇化，其基础在于经济发展，只有实现经济水平提升和经济质量改善才能形成城镇居民更好的收入能力，才能为政府提供创造公共服务所需要的坚实的财力基础，因此，城市经济发展属于城市化进程中城市发展的重要内容。围绕城市经济发展目标，主要选择城市人均非农产值、非农产值占比、城镇居民人均固定资产投资完成额、城市经济密度四个指标，其中：B1 城市人均非农产值等于第二、第三产业增加值除以城镇人口，反映城镇地区人均经济水平；B2 非农产值占比等于第二、第三产业增加值占整个 GDP 的比重，用于反映城市地区创造产值贡献情况；B3 城镇居民人均固定资产投资完成额等于固定资产投资完成额（不含农户）除以城镇人口，反映城镇人口人均固定资产投资情况；B4 城市经济密度等于非农产值除以城市建成区面积，用于反映单位区域面积的非农产值水平。上述指标均属于正向指标（见表 2-16）。

表 2 - 16　城市经济发展指标体系

目标层	指标层	与目标关系
城市经济发展	B1 城市人均非农产值	+
	B2 非农产值占比	+
	B3 城镇居民人均固定资产投资完成额	+
	B4 城市经济密度	+

　　通过收集和分析上述指标数据发现，1996～2013 年，城市人均非农产值从 15323.08 元增加到 72861.40 元，年均增长率为 9.61%；非农产值占比从 80.31% 增加到 90.59%，年均增长率为 0.71%；城镇居民人均固定资产投资完成额从 4709.20 元增加到 59600.80 元，年均增长率为 16.10%；城市经济密度从 28580.60 万元/平方公里增加到 111314.15 万元/平方公里，年均增长率为 8.33%。通过与这一阶段城市化率增长率比较，除了农业产值占比增幅相对较低外，其余指标增长都相对较快（见表 2 - 17）。

表 2 - 17　1996～2013 年城市经济发展指标实际值

年份	城市人均非农产值（元）	非农产值占比（%）	城镇居民人均固定资产投资完成额（元）	城市经济密度（万元/平方公里）
1996	15323.08	80.31	4709.20	28580.60
1997	16358.12	81.71	4865.57	31546.32
1998	16723.87	82.44	5405.55	32546.61
1999	17122.39	83.53	5424.71	34800.75
2000	18357.04	84.94	5712.06	37554.61
2001	19531.02	85.61	6241.94	39070.77
2002	20671.49	86.26	7067.78	39963.60
2003	22613.61	87.20	8746.70	41840.10
2004	25508.10	86.61	10874.16	45538.62
2005	28911.51	87.88	13359.26	49973.48
2006	32986.96	88.89	16018.51	57122.86
2007	39117.86	89.23	19373.03	66869.37
2008	44924.67	89.27	23835.12	77239.60

年份	城市人均 非农产值 （元）	非农产值占比 （%）	城镇居民人均 固定资产投资 完成额（元）	城市经济密度 （万元/平方公里）
2009	47382.94	89.67	30059.58	80214.85
2010	53895.19	89.90	36046.30	90114.11
2011	61613.20	89.96	43775.40	97611.54
2012	65620.03	89.92	51256.52	102510.41
2013	72861.40	90.59	59600.80	111314.15
年均增长率（%）	9.61	0.71	16.10	8.33
偏离城市化率水平（%）	6.22	-2.68	12.71	4.94
平均值	34417.91	86.88	19576.23	59134.02
离散系数	0.55	0.04	0.89	0.46

以城市化率作为投入，以城市经济发展所涉及的四个指标作为产出，采用 C^2R、B^2C 和 FG 模型分别测算 1996～2013 年我国城市化率对城市经济发展促进作用的总技术效率、纯技术效率及规模报酬效率（见表 2 - 18）。

表 2 - 18 1996～2013 年城市化进程中城市经济发展配置效率比较

年份	总技术效率	纯技术效率		规模报酬效率	
		效率值	效率状态	效率值	效率状态
1996	1.00	1.00	技术有效	1.00	规模有效
1997	0.99	1.00	技术有效	0.99	规模无效
1998	0.96	0.99	技术无效	0.97	规模无效
1999	0.95	0.99	技术无效	0.96	规模无效
2000	0.94	1.00	技术有效	0.94	规模无效
2001	0.92	1.00	技术有效	0.92	规模无效
2002	0.90	0.99	技术无效	0.90	规模无效
2003	0.88	1.00	技术有效	0.88	规模无效
2004	0.87	0.95	技术无效	0.92	规模无效
2005	0.88	0.98	技术无效	0.90	规模无效
2006	0.90	1.00	技术有效	0.90	规模无效
2007	0.93	1.00	技术有效	0.93	规模无效

续表

年份	总技术效率	纯技术效率		规模报酬效率	
		效率值	效率状态	效率值	效率状态
2008	0.96	1.00	技术有效	0.96	规模无效
2009	0.95	1.00	技术有效	0.95	规模无效
2010	0.97	1.00	技术有效	0.97	规模无效
2011	0.98	0.99	技术无效	0.99	规模无效
2012	0.98	0.98	技术无效	0.99	规模无效
2013	1.00	1.00	技术有效	1.00	规模有效

从城市化对城市经济发展影响的总技术效率来看，1996～2004 年总体效率值从 1 不断下降到 0.87，2004～2013 年总技术效率值从 0.87 上升到 1，整个过程呈现"U"形分布格局。具体来看，城市化对城市经济发展影响的纯技术效率除了 2004 年下降到 0.95 外，其余年份基本都处在 1 及 0.99 和 0.98 等较高水平，这说明在城市经济发展过程中，城市化相关制度均处于不断完善和制度运行较优状态。而导致总体效率走势呈"U"形分布的主要原因是城市化对经济发展影响的规模报酬效率，除了 1996 年和 2013 年处于规模报酬效率不变的有效状态外，其余年份都处于规模无效，且也呈"U"形分布（见图 2-13）。

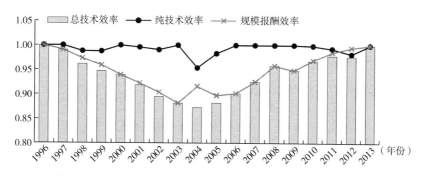

图 2-13　1996～2013 年城市化率对城市经济发展影响效率分解

进一步，从城市化率对城市经济发展影响的规模报酬效率来看，除 1996 年和 2013 年达到规模报酬最优外，其余年份均为规模报酬无效，且为规模报酬递减。这说明相对于城市经济发展而言，在 1997～2012 年城市化率提升速度相对较快；1996～2003 年城市化率超越城市经济发展的程度越来越大；2004~2013 年城市化率超越城市经济发展的程度逐渐缩小，即在不断优化机制以至接近城市化最优规模，值得肯定的是 2013 年又回到了最优配比规模。

三 城市居民生活：UDOE 基本保持最优，UDSS 反映规模报酬趋于最优

城市居民生活水平高低很大程度上取决于城市经济发展所决定的物质基础，是以人为核心新型城镇化的重要体现。围绕城市居民生活目标，主要选择城镇居民人均可支配收入、城镇居民单位就业者负担人数、城镇居民家庭人均总支出、城镇居民家庭恩格尔系数、城镇居民人均住房建筑面积、城镇居民房价收入比六个指标，其中：C1 城镇居民人均可支配收入直接反映城镇居民收入水平，人均收入水平越高，居民生活越富裕，属于正向指标；C2 城镇居民单位就业者负担人数，代表居民生活中的人口负担压力，属于负向指标；C3 城镇居民家庭人均总支出，主要从支出角度衡量居民生活水平，属于正向指标；C4 城镇居民家庭恩格尔系数主要指食品支出占城镇居民支出的比重，该比重越低，说明除食品外的其他支出越多，居民生活层次越高，属于负向指标；C5 城镇居民人均住房建筑面积，主要从居民角度反映城镇居民生活水平，单位面积越高，生活水平越高，属于正向指标；C6 城镇居民房价收入比，主要指当年人均住房面积与房价乘积形成的房屋价值，再与居民收入水平比较，主要反映居民收入中对房屋的负担压力情况，属于负向指标（见表 2-19）。

表 2-19 城市居民生活指标体系

目标层	指标层	与目标关系
城市居民生活	C1 城镇居民人均可支配收入	+
	C2 城镇居民单位就业者负担人数	-
	C3 城镇居民家庭人均总支出	+
	C4 城镇居民家庭恩格尔系数	-
	C5 城镇居民人均住房建筑面积	+
	C6 城镇居民房价收入比	-

通过收集和分析上述指标数据得出，1996～2013 年城镇居民人均可支配收入从 4838.90 元增加到 26955.10 元，年均增长率为 10.63%；城镇居民单位就业者负担人数从 1.73 人增加到 1.93 人，年均增长率为 0.65%；城镇居民家庭人均总支出从 3919.47 元增加到 18022.64 元，年均增长率为 9.39%；城镇居民家庭恩格尔系数从 48.76% 下降到 35.02%，年均增长率为 -1.93%；城镇居民人均住房建筑面积从 17.03 平方米增加到 33.10 平方米，年均增长率为 3.99%；城镇居民房价收入比从 6.36 上升到 7.66，年均增长率为 1.10%。通过与城镇化率比较，城镇居民人均可支配收入、城镇居民家庭人均总支出、城镇居民人均住房建筑面积方面增长相对较快，其余均落后于城镇化率的提升（见表 2－20）。

表 2－20　1996～2013 年城市居民生活指标实际值

年　份	城镇居民人均可支配收入（元）	城镇居民单位就业者负担人数（人）	城镇居民家庭人均总支出（元）	城镇居民家庭恩格尔系数（%）	城镇居民人均住房建筑面积（平方米）	城镇居民房价收入比
1996	4838.90	1.73	3919.47	48.76	17.03	6.36
1997	5160.30	1.74	4185.64	46.60	17.78	6.88
1998	5425.05	1.75	4331.61	44.66	18.66	7.10
1999	5854.02	1.77	4615.91	42.07	19.42	6.81
2000	6279.98	1.86	4998.00	39.44	20.25	6.81
2001	6859.58	1.88	5309.01	38.20	20.8	6.58
2002	7702.80	1.92	6029.88	37.68	24.5	7.16
2003	8472.20	1.91	6510.94	37.10	25.3	7.04
2004	9421.61	1.91	7182.10	37.70	26.4	7.78
2005	10493.03	1.96	7942.88	36.70	27.8	8.39
2006	11759.45	1.93	8696.55	35.80	28.5	8.16
2007	13785.81	1.89	9997.47	36.29	30.1	8.44
2008	15780.76	1.97	11242.85	37.89	30.6	7.37
2009	17174.65	1.94	12264.55	36.52	31.3	8.53
2010	19109.44	1.93	13471.45	35.70	31.6	8.32
2011	21809.78	1.94	15160.89	36.30	32.65	8.02
2012	24564.72	1.92	16674.32	36.23	32.91	7.76

年　份	城镇居民人均可支配收入（元）	城镇居民单位就业者负担人数（人）	城镇居民家庭人均总支出（元）	城镇居民家庭恩格尔系数（%）	城镇居民人均住房建筑面积（平方米）	城镇居民房价收入比
2013	26955.10	1.93	18022.64	35.02	33.10	7.66
年均增长率（%）	10.63	0.65	9.39	-1.93	3.99	1.10
偏离城市化率水平（%）	7.24	-2.74	6.00	-1.46	0.60	-4.49
平均值	12302.62	1.88	8919.79	38.81	26.04	7.51
离散系数	0.57	0.04	0.51	0.10	0.22	0.09

以城市化率作为投入，以城市居民生活所涉及的六个指标作为产出，采用 C^2R、B^2C 和 FG 模型分别测算 1996~2013 年我国城市化率对城市居民生活促进作用的总技术效率、纯技术效率及规模报酬效率（见表 2－21）。

表 2－21　1996~2013 年城市化进程中城市居民生活配置效率比较

年　份	总技术效率	纯技术效率		规模报酬效率	
		效率值	效率状态	效率值	效率状态
1996	1.00	1.00	技术有效	1.00	规模有效
1997	1.00	1.00	技术有效	1.00	规模有效
1998	0.99	1.00	技术有效	0.99	规模无效
1999	1.00	1.00	技术有效	1.00	规模有效
2000	1.00	1.00	技术有效	1.00	规模有效
2001	0.99	1.00	技术有效	0.99	规模无效
2002	1.00	1.00	技术有效	1.00	规模有效
2003	0.99	1.00	技术有效	0.99	规模无效
2004	0.99	0.99	技术无效	1.00	规模有效
2005	1.00	1.00	技术有效	1.00	规模有效
2006	0.99	1.00	技术有效	0.99	规模无效
2007	1.00	1.00	技术有效	1.00	规模有效

年　份	总技术效率	纯技术效率		规模报酬效率	
		效率值	效率状态	效率值	效率状态
2008	1.00	1.00	技术有效	1.00	规模有效
2009	1.00	1.00	技术有效	1.00	规模有效
2010	0.99	1.00	技术有效	0.99	规模无效
2011	1.00	1.00	技术有效	1.00	规模有效
2012	1.00	1.00	技术有效	1.00	规模有效
2013	1.00	1.00	技术有效	1.00	规模有效

从城市化进程对城市居民生活影响的总技术效率来看，1996～2013 年除了少数年份出现 0.99 等效率之外，几乎都表现为最优效率值"1"，说明城市化进程对居民生活的促进达到运行良好的最优状态。从纯技术效率来看，除 2004 年外其余年份效率值均为"1"，说明在促进居民生活水平提升中，城市化运行机制处于不断完善和改进，并达到最优状态。从规模报酬效率来看，1996～2013 年的 18 年中有 13 年都处于规模报酬不变的最优状态，仅有 5 年处于规模报酬无效，这也是影响总技术效率微小偏离最优状态的原因。进一步观察规模无效的 5 年分别是 1998 年、2001 年、2003 年、2006 年、2010 年，规模报酬无效年份仍然表现为规模报酬递减，属于城市化率提升相对过快。尤其是从 2005 年以后，几乎所有年份都达到规模报酬最优状态（见图 2 - 14）。

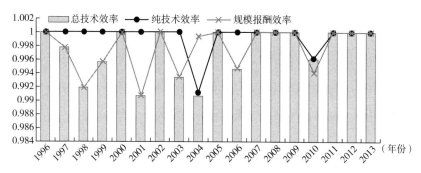

图 2 - 14　1996～2013 年城市化率对城市居民生活影响效率分解

四 城市公共服务：UDOE 从 2003 年开始远离最优，UDSS 呈现城市化率过快

城市公共服务是居民生活的又一种反映，包括社会保障、教育水平、医疗卫生、公共文化和公共交通等方面，这些都关乎城市居民的生活质量和福利水平，是以人为核心的新型城镇化的重要内容。围绕城市公共服务发展目标，选择城镇职工医疗保险参保率、本专科以上在校生占城镇人口比重、高中升学率、单位城市人口拥有卫生技术人员数、城镇人均公共图书馆藏书量、城镇万人拥有公共交通车辆数、单位城市人口拥有公共厕所数七个指标，其中 D1 城镇职工医疗保险参保率指城镇职工医疗保险参保人数占城镇就业人数比重，主要用于反映城市社会保障覆盖情况；D2 本专科以上在校生占城镇人口比重指城市人口中本专科生和研究生占比，反映高学历水平人口覆盖比重；D3 高中升学率指城市高中教育中最终获得升学的人数比重，同 D2 一同反映城市教育水平；D4 单位城市人口拥有卫生技术人员数反映城市医疗条件；D5 城镇人均公共图书馆藏书量等于公共图书馆藏书量除以城市人口数，反映城市文化公共服务供给水平；D6 城镇万人拥有公共交通车辆数主要反映城市居民出行公交供给能力水平；D7 单位城市人口拥有公共厕所数反映居民卫生方便公共服务覆盖程度。上述指标均属于正向指标（见表 2 - 22）。

表 2 - 22 城市公共服务指标体系

目标层	指标层	与目标关系
城市社会事业	D1 城镇职工医疗保险参保率	+
	D2 本专科以上在校生占城镇人口比重	+
	D3 高中升学率	+
	D4 单位城市人口拥有卫生技术人员数	+
	D5 城镇人均公共图书馆藏书量	+
	D6 城镇万人拥有公共交通车辆数	+
	D7 单位城市人口拥有公共厕所数	+

通过收集和分析上述指标数据发现，1996～2013 年，城镇职工医疗保

险参保率从 4.30% 提升到 71.77%，年均增长率为 18.02%；本专科以上在校生占城镇人口比重从 0.85% 提升到 3.62%，年均增长率为 8.87%；高中升学率从 51.00% 上升到 87.60%，年均增长率为 3.23%；单位城市人口拥有卫生技术人员数从 5.35 人/千人提升到 9.18 人/千人，年均增长率为 3.23%；城镇人均公共图书馆藏书量从 0.88 册/人提升到 1.02 册/人，年均增长率为 0.87%；城镇万人拥有公共交通车辆从 4.02 辆/万人增加至 6.31 辆/万人，年均增长率为 2.68%；单位城市人口拥有公共厕所数从 3.02 座/万人下降至 2.83 座/万人，年均增长率为 -0.38%。与这段时间城市化率水平相比较，仅有城镇职工医疗保险参保率和本专科以上在校生占城镇人口比重超过城市化率增长水平，其余均表现出相对滞后（见表 2-23）。

表 2-23　1996~2013 年城市公共服务指标实际值

年　份	城镇职工医疗保险参保率（%）	本专科以上在校生占城镇人口比重（%）	高中升学率（%）	单位城市人口拥有卫生技术人员数（人/千人）	城镇人均公共图书馆藏书量（册/人）	城镇万人拥有公共交通车辆数（辆/万人）	单位城市人口拥有公共厕所数（座/万人）
1996	4.30	0.85	51.00	5.35	0.88	4.02	3.02
1997	8.48	0.85	48.60	5.34	0.86	4.31	2.95
1998	8.69	0.87	46.10	5.30	0.84	4.54	5.40
1999	9.22	1.00	63.80	5.24	0.90	4.80	5.31
2000	16.36	1.28	73.20	5.17	0.89	4.92	2.74
2001	30.20	1.58	78.80	5.15	0.88	4.78	3.01
2002	37.37	1.90	83.50	5.10	0.85	4.90	3.15
2003	41.56	2.24	83.40	4.88	0.84	5.05	3.19
2004	45.45	2.61	82.54	4.99	0.85	5.19	3.21
2005	48.55	2.95	76.30	5.82	0.85	5.57	3.20
2006	53.09	3.17	75.10	6.09	0.86	5.41	2.89
2007	58.22	3.31	70.30	6.44	0.86	5.74	3.04
2008	62.29	3.44	72.68	6.68	0.88	5.96	3.11
2009	65.83	3.54	77.60	7.15	0.91	5.74	3.15
2010	68.43	3.56	83.30	7.62	0.92	5.72	3.02
2011	70.24	3.58	86.50	6.68	1.01	5.97	2.95

年 份	城镇职工医疗保险参保率（%）	本专科以上在校生占城镇人口比重（%）	高中升学率（%）	单位城市人口拥有卫生技术人员数（人/千人）	城镇人均公共图书馆藏书量（册/人）	城镇万人拥有公共交通车辆数（辆/万人）	单位城市人口拥有公共厕所数（座/万人）
2012	71.39	3.60	87.00	8.54	1.11	6.07	2.89
2013	71.77	3.62	87.60	9.18	1.02	6.31	2.83
年均增长率（%）	18.02	8.87	3.23	3.23	0.87	2.68	-0.38
偏离城市化水平（%）	14.63	5.48	-0.16	-0.16	-2.52	-0.71	-3.77
平均值	42.86	2.44	73.74	6.15	0.90	5.28	3.28
离散系数	0.57	0.46	0.18	0.21	0.08	0.12	0.23

以城市化率作为投入，以城市公共服务所涉及的七个指标作为产出，采用 C^2R、B^2C 和 FG 模型分别测算 1996～2013 年我国城市化率对城市公共服务促进作用的总技术效率、纯技术效率及规模报酬效率（见表 2 - 24）。

表 2 - 24　1996～2013 年城市化进程中城市公共服务配置效率比较

年 份	总技术效率	纯技术效率		规模报酬效率	
		效率值	效率状态	效率值	效率状态
1996	1.00	1.00	技术有效	1.00	规模有效
1997	1.00	1.00	技术有效	1.00	规模有效
1998	1.00	1.00	技术有效	1.00	规模有效
1999	1.00	1.00	技术有效	1.00	规模有效
2000	1.00	1.00	技术有效	1.00	规模有效
2001	1.00	1.00	技术有效	1.00	规模有效
2002	1.00	1.00	技术有效	1.00	规模有效
2003	0.98	1.00	技术有效	0.98	规模无效
2004	0.95	1.00	技术有效	0.96	规模无效
2005	0.94	1.00	技术有效	0.94	规模无效
2006	0.90	0.94	技术无效	0.96	规模无效

续表

年　份	总技术效率	纯技术效率		规模报酬效率	
		效率值	效率状态	效率值	效率状态
2007	0.91	0.97	技术无效	0.93	规模无效
2008	0.92	1.00	技术有效	0.92	规模无效
2009	0.90	0.95	技术无效	0.94	规模无效
2010	0.93	0.95	技术无效	0.98	规模无效
2011	0.87	1.00	技术有效	0.87	规模无效
2012	0.96	1.00	技术有效	0.96	规模无效
2013	0.97	1.00	技术有效	0.97	规模无效

从城市化率对城市公共服务配置的总技术效率来看，1996～2002年保持在"1"的最优效率状态，说明这一阶段城镇化对公共服务的促进作用较优，无论是纯技术效率还是规模报酬效率也均处于有效状态。但是，从2003年开始总技术效率出现下降，在2011年最低降为0.87，说明从2003年以来城市化对城市居民公共服务供给的促进作用没有达到最优，具体来看，纯技术效率在2006～2007年、2009～2010年也出现偏离最优水平状态，说明在制度运行上出现滞后；规模报酬效率在2003～2013年就一直处于规模报酬无效状态，且属于规模报酬递减的无效，说明相对于现有公共服务供给水平和状态，城市化率水平表现出相对过快的趋势，政府公共服务供给滞后（见图2－15）。

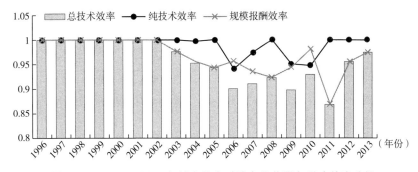

图2－15　1996～2013年城市化率对城市公共服务影响效率分解

五　城市资源环境：UDOE 经历"U"形后下滑，UDSS 呈现城市化率过快

城市化在促进经济社会发展的同时，也在不断利用资源并对城市环境造成污染，城市资源环境被损耗程度较高，反过来会影响到城市经济社会发展，因此，城市资源环境优劣也是城市发展的一个重要方面。围绕城市资源环境，我们主要选择单位城市人口建成区面积、单位城市人口道路面积、单位城市人口生活用水供给量、单位城市人口天然气供给量、单位城市人口集中供热面积、单位城市人口绿地面积、单位城市人口公园面积、城市污水日处理能力、城市人均道路清扫保洁面积、城市人均生活垃圾清运量和城市粪便清运量 11 个指标。E1 ~ E5 主要从土地使用、供水、供气和供热等方面衡量城市相关资源供给能力，均属于正向指标；E6 - E11 主要从绿化、污水处理、道路清扫、生活垃圾等方面衡量城市环境保护能力和效率，也均属于正向指标（见表 2 - 25）。

表 2 - 25　城市资源环境指标体系

目标层	指标层	与目标关系
城市资源环境	E1 单位城市人口建成区面积	+
	E2 单位城市人口道路面积	+
	E3 单位城市人口生活用水供给量	+
	E4 单位城市人口天然气供给量	+
	E5 单位城市人口集中供热面积	+
	E6 单位城市人口绿地面积	+
	E7 单位城市人口公园面积	+
	E8 城市污水日处理能力	+
	E9 城市人均道路清扫保洁面积	+
	E10 城市人均生活垃圾清运量	+
	E11 城市粪便清运量	+

通过收集和分析上述指标数据发现，1996 ~ 2013 年单位城市人口生活用水供给量、城市人均生活垃圾清运量和城市人均粪便清运量三项指标出现负增长，其余指标均出现正向增长，但是，单位城市人口建成区面积和单位城市人口绿地面积年均增幅低于同期城市化率增幅，其余均超过城市化率增长（见表 2 - 26）。

表2-26 1996~2013年城市资源环境指标实际值

年份	单位城市人口建成区面积（平方公里/万人）	单位城市人口道路面积（平方米/万人）	单位城市人口生活用水供给量（立方米/人）	单位城市人口天然气供给量（立方米/人）	单位城市人口集中供热面积（平方米/人）	单位城市人口绿地面积（顷/万人）	单位城市人口公园面积（顷/万人）	城市污水日处理能力（立方米/人）	城市人均道路清扫保洁面积（平方米/人）	城市人均生活垃圾清运量（吨/人）	城市人均粪便清运量（吨/万人）
1996	0.51	4.96	70.18	17.10	1.97	19.03	1.90	786.16	3.48	0.2902	737.19
1997	0.51	5.22	65.28	16.81	2.05	18.25	1.83	830.57	3.42	0.2784	684.43
1998	0.51	5.51	60.00	16.54	2.08	17.92	1.76	905.86	3.36	0.2716	700.59
1999	0.49	8.80	54.05	18.30	2.21	17.79	1.76	606.77	3.62	0.2609	650.02
2000	0.49	6.13	49.65	17.90	2.41	18.85	1.79	1032.76	3.62	0.2575	616.23
2001	0.50	6.98	45.98	20.71	3.04	19.69	1.88	1293.16	3.83	0.2803	622.11
2002	0.52	7.87	41.54	25.08	3.10	21.35	1.99	1225.43	4.25	0.2718	629.23
2003	0.54	9.34	39.51	27.04	3.61	23.13	2.17	1265.15	4.73	0.2837	663.45
2004	0.56	10.34	38.94	31.20	3.98	24.35	2.46	1360.88	5.08	0.2857	658.83
2005	0.58	10.92	37.32	37.45	4.48	26.12	2.81	1421.36	5.53	0.2771	676.83
2006	0.58	11.04	43.34	41.99	4.56	22.67	3.57	1669.98	5.57	0.2546	365.51
2007	0.58	11.43	30.16	50.90	4.96	28.19	3.33	1704.76	6.26	0.2509	413.35
2008	0.58	12.21	28.47	58.98	5.59	28.00	3.50	1790.38	7.51	0.2474	373.49
2009	0.59	12.79	29.61	62.79	5.88	30.90	3.66	1888.63	6.93	0.2439	331.87
2010	0.60	13.21	29.15	72.80	6.51	31.87	3.85	1999.60	7.24	0.2360	291.22
2011	0.63	13.75	23.11	98.26	6.86	32.47	4.14	1925.93	9.13	0.2373	284.15
2012	0.64	14.39	22.38	111.69	7.28	33.26	4.30	1923.65	8.06	0.2400	254.53
2013	0.65	14.87	22.12	123.24	7.82	33.20	4.51	2004.17	8.84	0.2358	230.12
年均增长率（%）	1.49	6.67	-6.57	12.32	8.46	3.33	5.21	5.66	5.63	-1.21	-6.62
偏离城市化率水平（%）	-1.90	3.28	-9.96	8.93	5.07	-0.06	1.82	2.27	2.24	-4.60	-10.01
平均值	0.56	9.99	40.60	47.15	4.36	24.84	2.85	1424.18	5.58	0.26	510.17
离散系数	0.09	0.33	0.36	0.73	0.45	0.23	0.35	0.32	0.35	0.07	0.36

以城市化率作为投入，以城市资源环境所涉及的 11 个指标作为产出，采用 C^2R、B^2C 和 FG 模型分别测算 1996～2013 年我国城市化率对城市资源环境促进作用的总技术效率、纯技术效率及规模报酬效率（见表2－27）。

表 2－27　1996～2013 年城市化进程中城市资源环境配置效率比较

年　份	总技术效率	纯技术效率		规模报酬效率	
		效率值	效率状态	效率值	效率状态
1996	1.00	1.00	技术有效	1.00	规模有效
1997	0.95	0.96	技术无效	1.00	规模递增
1998	0.92	0.94	技术无效	0.99	规模递减
1999	0.85	0.88	技术无效	0.97	规模递增
2000	0.83	0.84	技术无效	0.99	规模递增
2001	0.83	0.84	技术无效	1.00	规模递增
2002	0.87	0.87	技术无效	1.00	规模递增
2003	0.91	0.94	技术无效	0.96	规模递减
2004	0.92	1.00	技术有效	0.92	规模递减
2005	0.96	1.00	技术有效	0.96	规模递减
2006	0.82	0.93	技术无效	0.87	规模递减
2007	0.97	0.97	技术无效	1.00	规模递减
2008	0.94	0.94	技术无效	1.00	规模递减
2009	1.00	1.00	技术有效	1.00	规模有效
2010	1.00	1.00	技术有效	1.00	规模递减
2011	0.99	1.00	技术有效	0.99	规模递减
2012	0.99	1.00	技术有效	0.99	规模递减
2013	0.97	1.00	技术有效	0.97	规模递减

从城市化进程对城市资源环境影响的总技术效率来看，1996～2009 年间总体上呈现出"U"形趋势，尤其在 2001 年和 2006 年总技术效率已经下降到 0.83 和 0.82。从结构分布来看，这一段时间的总技术效率变化与纯技术效率有直接关系，除了 1996 年、2004～2005 年、2009～2013 年外，

其余年份纯技术效率均远离最优效率值"1",这充分说明城市化进程中资源和环境保护制度和机制尚不完善,忽视了城市资源环境承载力问题。同时,规模报酬效率也有一定影响,1999~2002年表现为规模报酬效率递增,说明城市化率相对较低,也就是还没有构成调整城市资源环境机制的规模,2003~2008年却表现为规模报酬效率递减,表现出城市人口规模相对较高。2009年和2010年两年表现为总技术效率、纯技术效率和规模报酬效率均达到最优值"1",但2011年以后总技术效率又出现下降,这次下降并不是纯技术效率问题,而是规模报酬效率问题,直接表现为规模报酬递减,即城市化率水平相对于资源环境承载能力提升相对较快(见图2-16)。

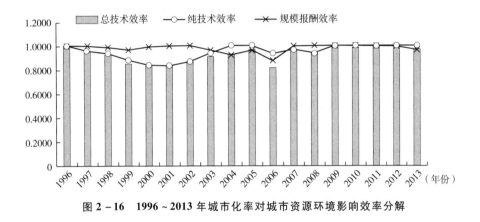

图2-16 1996~2013年城市化率对城市资源环境影响效率分解

六 城乡统筹发展:UDOE逐年下降,UDSS呈现城市化率相对较快

新型城镇化的最终目标是实现城乡统筹发展,因此城乡统筹也是城市化进程中城市发展评价的重要内容。围绕城乡统筹目标,我们主要选择城乡人均收入比、城乡人均消费比、城乡恩格尔系数比和城乡单位人口拥有卫生技术人员比四个指标,其中城乡人均收入比、城乡人均消费比和城乡单位人口拥有卫生技术人员比,属于反向指标,即城乡差距越小,说明城乡统筹程度越高。城乡恩格尔系数比属于正向指标。(见表2-28)。

表 2-28 城乡统筹发展指标体系

目标层	指标层	与目标关系
城市居民生活	F1 城乡人均收入比	-
	F2 城乡人均消费比	-
	F3 城乡恩格尔系数比	+
	F4 城乡单位人口拥有卫生技术人员比	-

通过收集和分析上述指标数据发现，1996~2013 年城乡人均收入比和城乡单位人口拥有卫生技术人员比在不断提高，远离城乡统筹发展；城乡人均消费在下降、城乡恩格尔系数比在提升，说明这两个指标在向城乡统筹靠近，但与城市化率提升程度相比，统筹速度相对缓慢（见表 2-29）。

表 2-29 1996~2013 年城乡统筹发展指标实际值

年 份	城乡人均收入比	城乡人均消费比	城乡恩格尔系数比	城乡单位人口拥有卫生技术人员比
1996	1.70	3.40	0.87	2.28
1997	1.80	3.38	0.85	2.27
1998	1.82	3.53	0.84	2.26
1999	1.97	3.63	0.80	2.20
2000	2.00	3.68	0.80	2.15
2001	2.08	3.64	0.80	2.16
2002	2.37	3.63	0.82	2.17
2003	2.53	3.83	0.81	2.16
2004	2.51	3.84	0.80	2.23
2005	2.44	3.61	0.81	2.16
2006	2.53	3.60	0.83	2.26
2007	2.57	3.62	0.84	2.39
2008	2.55	3.50	0.87	2.39
2009	2.65	3.58	0.89	2.43
2010	2.59	3.52	0.87	2.51
2011	2.44	3.25	0.90	2.51
2012	2.45	3.17	0.92	2.50
2013	2.46	3.09	0.93	2.52
年均增长率（%）	2.20	-0.57	0.42	0.60
偏离城市化率水平（%）	-5.59	-2.82	-2.97	-3.99
平均值	2.30	3.53	0.85	2.31
离散系数	0.14	0.06	0.05	0.06

在对负向指标进行正向化处理的基础上，以城市化率作为投入，以城乡统筹发展所涉及的四个指标作为产出，采用 C^2R、B^2C 和 FG 模型分别测算 1996～2013 年我国城市化率对城乡统筹发展促进作用的总技术效率、纯技术效率及规模报酬效率（见表 2 – 30）。

表 2 – 30　1996～2013 年城市化进程中城乡统筹发展配置效率比较

年　份	总技术效率	纯技术效率		规模报酬效率	
		效率值	效率状态	效率值	效率状态
1996	1.00	1.00	技术有效	1.00	规模有效
1997	0.96	1.00	技术有效	0.96	规模无效
1998	0.92	0.94	技术无效	0.98	规模无效
1999	0.91	0.97	技术无效	0.94	规模无效
2000	0.89	1.00	技术有效	0.89	规模无效
2001	0.85	0.94	技术无效	0.91	规模无效
2002	0.82	0.89	技术无效	0.91	规模无效
2003	0.79	1.00	技术有效	0.79	规模无效
2004	0.75	0.78	技术无效	0.96	规模无效
2005	0.75	1.00	技术有效	0.75	规模无效
2006	0.69	0.71	技术无效	0.98	规模无效
2007	0.65	0.66	技术无效	0.97	规模无效
2008	0.65	0.67	技术无效	0.98	规模无效
2009	0.65	0.82	技术无效	0.79	规模无效
2010	0.61	0.63	技术无效	0.97	规模无效
2011	0.62	0.83	技术无效	0.75	规模无效
2012	0.62	0.96	技术无效	0.65	规模无效
2013	0.62	1.00	技术有效	0.62	规模无效

从城市化进程对城乡统筹发展影响的总技术效率来看，1996～2013 年呈现逐年下滑，从 1 一直下滑到 0.62，说明城市化进程中城乡统筹方面的作用效率没有得到发挥。从城市化进程对城乡统筹发展影响的纯技术效率来看，几乎与总技术效率保持一致，但从 2010 年出现转机，即总技术效率在不断下降，纯技术效率开始上升，说明 2010 年以后城市化对城乡统筹的机制和制度在不断完善。从城市化进程对城乡统筹发展影响的规模报酬效率来看，除 1996 年为规模报酬有效外，其余年份均属于规模报酬无效，且

属于规模报酬递减，也就是说，城市化率的提升速度相对较快，远远超越城乡统筹发展的水平（见图 2 - 17）。

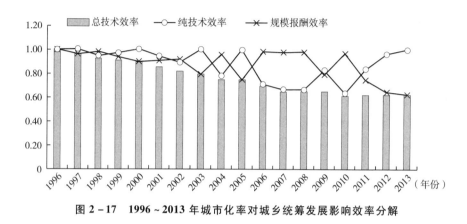

图 2 - 17　1996～2013 年城市化率对城乡统筹发展影响效率分解

第四节　城市化与城市发展问题：基于城乡居民微观调研的基本判断

上述研究已从文献调研和宏观分析层面揭示出我国城市化进程中城市发展面临的经济、社会、资源与环境等问题，为了进一步对相关问题进行深入了解，本文基于城乡居民微观调研数据对城市化与城市发展问题进行分析。分析数据来源于 2014 年 10 月至 2015 年 2 月对全国主要地区城乡居民关于城市发展问题认识的调研数据。调研选取的地区包括东部 11 个地区（北京、福建、广东、海南、河北、江苏、辽宁、山东、上海、天津、浙江）、中部 8 个地区（安徽、河南、黑龙江、湖北、湖南、吉林、江西和山西）、西部 10 个地区（甘肃、广西、内蒙古、宁夏、青海、陕西、四川、新疆、云南和重庆）。根据问题研究需要，调研主要针对城市化及所在城市发展状况展开，具体包括四个方面：（1）城市人口规模：总体上对所在城市人口数量的认知，人口拥挤表现的内容，人口较少表现的内容。（2）城市发展变化：总体上对所在城市发展变化的认知，变化大且好的表现方面，变化大且差的表现方面，变化不大的表现方面。（3）城市居住偏好：对城市居住和农村居住的意向选择，偏向居住城市的原因，偏向居住农村的原因。（4）城市生活条件：城市给个人和社会带来哪些好处，目前城市生活面临哪些问题，未来城市化进程中哪些需要进行改善。本次调研主要采取问卷调查与分析的方式，总共发放 1000 份问卷，收回有效问卷 642 份。表 2-31 显示了全部调查对象的基本情况，在此基础上分别就城市人口规模、城市发展变化、城市居住偏好、城市生活条件四个方面展开分析，以此揭示我国城市化与城市发展的问题（见表 2-31）。

表 2-31　调查样本基本情况

统计指标		比例（%）	统计指标		比例（%）
性　别	男	42.80	所在区域	东部	24.00
	女	57.20		中部	23.70
民　族	汉族	85.00		西部	52.40
	非汉族	15.00	收入水平	0.5 万元以下	44.40
年　龄	20 岁以下	19.90		0.5~1 万元	9.90
	21~29 岁	49.40		1~2 万元	8.20
	30~39 岁	10.00		2~3 万元	9.60
	40~49 岁	10.00		3~4 万元	8.30
	50~59 岁	5.80		4 万元以上	19.70
	60 岁以上	4.90	生活态度	很满意	10.70
户口性质	城市户口	53.40		比较满意	37.00
	农村户口	46.60		一般	42.30
文化程度	小学	4.50		不太满意	8.00
	初中	10.50		很不满意	2.00
	高中	12.40	城市化认知	听说过并且很了解	11.80
	大专	9.60		听说过且较为了解	32.60
	本科	44.00		听说过但不是很了解	38.70
	硕士	18.50		听说过但不了解	12.10
	博士	0.50		没听说过	4.90

一　城市人口规模：挤不挤

城市人口数量多少是居民对城市发展问题最直观的反映，城市人口太多、规模太大都表现为人口的拥挤，间接反映出城市人口边际消费能力大于边际生产能力，经济、社会、资源和环境等供给短缺和不足，相反则表现为上述资源供给较为充裕。以下基于调查收集到的 642 份问卷，对我国城市人口规模多少及表现等问题进行分析。

（一）我国城市人口规模的基本判断

（1）从城市人口数量规模的判断来看，绝大部分问卷都认为目前我国城市人口较多或拥挤。具体来看，调查样本中 18.80% 的居民认为城市人口数量较为拥挤，40.30% 的居民认为城市人口数量较多，两项合计占比达 59.10%，另外还有 33.70% 的居民认为城市人口数量一般，只有 6.40% 的居民认为城市人口数量较少（见图 2 – 18）。

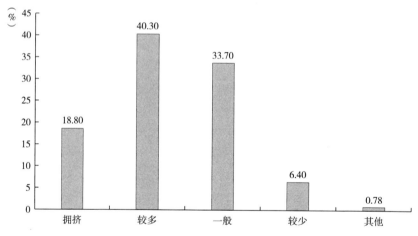

图 2 – 18　我国城市人口数量总体观点调查情况

（2）从城市人口数量规模程度的区域分布来看，东部主要表现为较多和拥挤，中西部主要表现为一般和较多，东部地区人口拥挤问题较为突出。具体来看，调查样本中东部地区分别有 39.22% 和 28.10% 的居民认为城市人口较多和拥挤，共计 67.32%，有 25.49% 的居民认为城市人口一般；中部地区分别有 46.36% 和 37.09% 的居民认为城市人口一般和较多，共计 83.45%，只有 8.61% 的居民认为城市人口拥挤；西部地区有 42.22% 和 31.74% 的居民认为城市人口较多和一般，共计 73.96%，只有 19.16% 的居民认为城市人口拥挤（见图 2 – 19）。

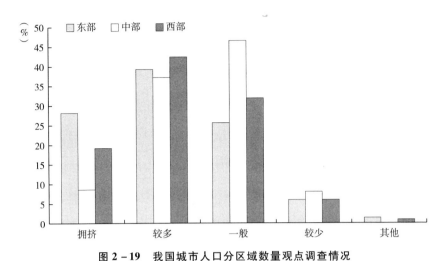

图 2-19　我国城市人口分区域数量观点调查情况

（二）我国城市人口规模判断的主要表现

从上述分析可知，占有 59.10% 的问卷认为我国城市人口数量较多甚至拥挤，通过进一步的调查分析发现，大部分问卷认为城市人口规模较多表现为交通拥堵、房价高、找工作难、看病难等方面，其中：认为人口拥挤表现为交通拥堵的占 62.10%，认为是房价高的占 47.30%，认为找工作难的占 39.70%，认为看病难的占 31.70%（见图 2-20）。

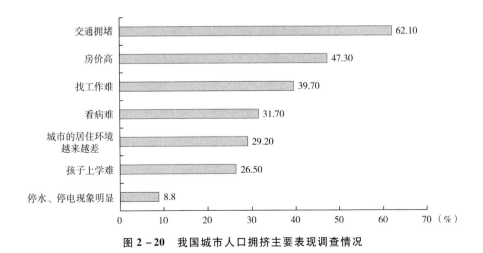

图 2-20　我国城市人口拥挤主要表现调查情况

二　城市发展变化：大不大

城市发展变化是从动态上观察和判断城市发展情况，如果城市往好的发展，说明城市发展在不断进步；如果城市往差的发展，说明城市发展在不断落后；如果城市变化不大，说明城市发展处于停滞状态。以下基于调查收集到的642份问卷答案，对我国城市发展变化及主要方面等问题进行分析。

（一）我国城市发展变化的基本判断

（1）从总体上来看，一半以上的问卷认为我国城市发展变化较大。具体来看，调查样本中认为我国城市变化非常大的占14.26%，认为变化较大的占42.26%，合计达到56.52%，此外，还有29.31%的居民认为我国城市变化一般。（见图2-21）

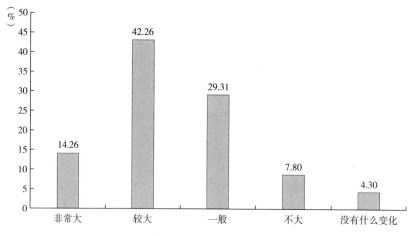

图2-21　我国城市发展变化观点调查情况

（2）从区域上来看，东部、中部和西部地区大部分问卷认为城市发展变化较大，其次是一般，再者是非常大。具体来看，在东部地区认为城市发展变化较大和非常大的共占52.94%，中部地区该比例为49.67%，西部地区该比例为63.17%（见图2-22）。

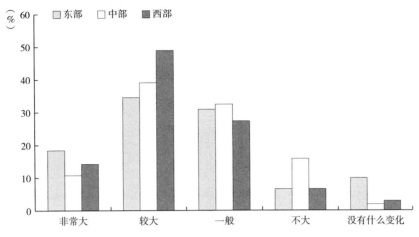

图 2 - 22　我国城市发展变化区域观点调查情况

（二）我国城市发展变化的主要表现

分析可知，有接近60%的问卷认为我国城市发展变化较大，具体来看：认为城市发展变好的依次为城市交通工具种类（34.30%）、房价（22.60%）、城市治安环境（22.40%）、大型购物中心的数量（21.30%）、超市的数量（20.70%）、医生的技术（19.30%）学校的教育水平（18.20%）、城市公园的数量（17.10%）、等等；认为城市发展变差的依次为城市交通拥堵情况（23.20%）、空气质量（17.10%）、气候变化（11.00%）、看病花费的时间（10.70%），等等（见表2-32）。

表 2 - 32　我国城市发展变化主要表现调查情况

单位%

主要内容	变化大：好（高、多）	主要内容	变化大：差（低、少）
B 城市的交通工具种类	34.30	A 城市的交通拥堵情况	23.20
C 房价	22.60	e 空气质量	17.10
D 城市治安环境	22.40	f 气候变化	11.00
P 大型购物中心的数量	21.30	E 看病花费的时间	10.70
Q 超市的数量	20.70	C 房价	9.60
F 医生的技术	19.30	G 看病的花销	8.80
I 学校的教育水平	18.20	H 孩子入学的难易程度	8.80

主要内容	变化大：好（高、多）	主要内容	变化大：差（低、少）
M 城市公园的数量	17.10	h 人口数量	8.00
J 工资收入	16.30	a 生活用水的质量	7.80
S 娱乐场所的数量	15.80	L 城市的总体卫生状况	7.70
T 饭店的数量	15.40	D 城市的治安环境	6.40
R 超市商品的种类	15.00	b 停水、停电现象	6.30
U 个人的消费水平	14.30	K 找工作的难易程度	5.80
O 道路两旁垃圾桶的数量	13.20	c 水电费价格	5.80
G 看病的花销	12.90	F 医生的技术	4.50
A 城市的交通拥堵情况	12.70	d 煤气、液化气、天然气的价格	4.50
E 看病花费的时间	12.70	i 个人修养	3.60
Y 与周围城市的交通便利程度	12.50	g 私家车数量	2.40
N 城市公共卫生间的数量	12.40	J 工资收入	2.20
L 城市的总体卫生状况	11.90	M 城市公园的数量	2.20
W 道路的宽窄度和平整程度	11.90	B 城市的交通工具种类	1.90
X 高速公路的数量	10.50	I 学校的教育水平	1.70
g 私家车数量	9.70	W 道路的宽窄度和平整程度	1.70
V 图书馆的数量和规模	9.10	N 城市公共卫生间的数量	1.40
Z 高层和超高层居民住宅楼和商务楼的数量	8.60	V 图书馆的数量和规模	1.40
H 孩子入学的难易程度	8.20	k 路灯数量	1.40
K 找工作的难易程度	6.70	Z 高层和超高层居民住宅楼和商务楼的数量	1.30
h 人口数量	5.80	O 道路两旁垃圾桶的数量	1.10
j 商业区规模	4.90	Q 超市的数量	1.10
l 网络的便利	4.10	X 高速公路的数量	1.10
i 个人修养	3.90	Y 与周围城市的交通便利程度	1.10
k 路灯数量	3.90	j 商业区规模	0.90
c 水电费价格	2.80	P 大型购物中心的数量	0.80
d 煤气、液化气、天然气的价格	2.80	U 个人的消费水平	0.60
a 生活用水的质量	2.70	T 饭店的数量	0.50

主要内容	变化大：好（高、多）	主要内容	变化大：差（低、少）
b 停水、停电现象	2.20	l 网络的便利	0.50
e 空气质量	1.10	R 超市商品的种类	0.30
f 气候变化	0.90	S 娱乐场所的数量	0.30

三　城市居住偏好：强不强

城市居住偏好属于城乡居民是否愿意到城市居住的选择行为，通过城市居住偏好行为的判断，一方面可以间接反映城市发展好与差，如果城市发展较好，当然更多的人愿意居住在城市，反之不愿意居住在城市；另一方面，通过城市居住偏好的调查分析，还可以揭示出选择居住城市的原因，以及选择居住农村的原因，从而有利于对城市发展的进一步优化。以下基于调查收集到的 642 份问卷，对我国城市居住偏好及不同偏好下的原因进行分析。

（一）我国城市居住偏好的基本判断

（1）总体上看，大部分居民还是喜欢居住在城市。具体来看，在所统计的样本中，选择喜欢居住在城市的占 65.20%，选择喜欢居住在农村的占 34.80%（见图 2–23）。

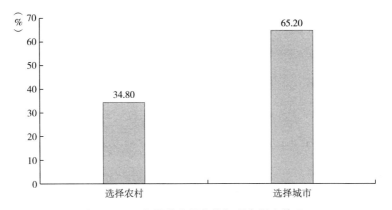

图 2–23　我国城市居住偏好观点调查情况

（2）从分户口类型来看，农村户口居民选择居住农村和居住城市各占一半，城市户口大部分还是选择居住城市。具体来看，所统计的样本中，具有农村户口的居民中占 50.50% 的人选择居住农村，占 49.50% 的人选择居住城市；具有城市户口的居民中占 21.10% 的人选择居住农村，占 78.90% 的人选择居住城市。这在一定程度上揭示出，农村居民中一半左右愿意迁移城市，城市居民中大部分还是愿意在城市生活（见图 2 - 24）。

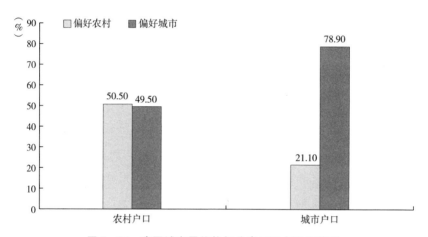

图 2 - 24　我国城市居住偏好分户口观点调查情况

（二）我国城市居住偏好的主要表现

分析可知，占 65.20% 的问卷均具有城市居住的偏好，通过进一步调查分析发现，居民选择城市居住的首要原因是交通便利和出行方便，选择该选项的占 52%，排名第一；其次是因为医疗条件好和教育水平高，分别占 35% 和 34%；再者是娱乐、购物场所多和就业机会多，分别均占 21%；之后还有部分选择因为工资水平高、繁华时尚气息浓等选项（见表 2 - 33）。

表 2 - 33　居住城市偏好的原因调查情况

单位:%

主要原因	第一偏好	第二偏好	第三偏好	累计最优
A 交通便利、出行方便	36.21	9.56	6.43	52
C 医疗条件好	6.90	12.07	15.67	35

续表

主要原因	第一偏好	第二偏好	第三偏好	累计最优
B 教育水平高	9.25	18.65	6.27	34
E 娱乐、购物场所多	2.35	6.58	11.76	21
G 就业机会多	5.49	5.80	9.25	21
H 工资水平高	3.76	5.96	8.62	18
F 繁华、时尚气息浓厚	2.82	5.64	7.37	16
D 生活节奏快	1.10	3.45	1.88	6

分析还调查出，34.80%的问卷选择喜欢居住在农村，通过进一步调查分析发现，之所以存在选择居住在农村，其原因主要包括：农村空气较好，选择比例占24%，排名第一；认为农村吃的东西较为生态、消费水平低、竞争力小、房价低，等等（见表2-34）。

表2-34 居住农村偏好的原因调查情况

单位:%

主要原因	第一偏好	第二偏好	第三偏好	累计最优
D 空气好	15.05	5.49	3.29	24
E 吃的东西较生态	2.19	11.91	4.86	19
A 消费水平低	6.58	5.33	3.45	15
C 竞争力小	2.51	2.82	5.64	11
B 房价低	3.76	3.92	2.66	10
G 养老	1.88	2.04	5.64	10
I 父母或子女在农村	2.66	2.04	4.39	9
H 留有耕地土地	1.10	2.04	4.86	8

四 城市生活条件：好不好

上述已从城市人口规模、城市发展变化和城市居住偏好三方面揭示了我国城市发展运行情况，无论是人口拥挤，还是城市变化以及是否愿意居住在城市，假设已选择城市生活，就目前城市生活条件而言面临哪些问题，这些问题也将构成未来我国城市发展需要及时解决的重点方面。因此，以下基于调查收集到的 642 份问卷，对我国城市生活面临的问题以及在未来城市化进程中需要进行改善的方面进行分析。

（一）我国城市生活面临的问题分析

从样本调查统计分析发现，我国城市生活面临的问题主要依次表现为房价高（65.67%）、消费高（54.70%）、交通拥堵（47.81%）、空气质量差（47.34%）、就业困难（30.56%）、社会治安差（15.99%）、人口密集（15.36%）、食品不安全（12.54%）和水电气等生活资源短缺（5.64%），由此可以看出，我国城市生活面临的主要问题，首先是生活成本压力问题，表现为房价高和消费高；其次是交通堵塞问题；再次是城市环境问题，表现为空气质量差；另外还包括工作就业、社会治安等问题（见表 2-35）。

表 2-35 我国城市生活面临的问题调查情况

单位:%

问题类型	第一问题	第二问题	第三问题	累计问题
A 房价高	46.39	10.03	9.25	65.67
B 消费高	18.34	26.80	9.56	54.70
C 交通拥堵	12.70	19.28	15.83	47.81
D 空气质量差	8.78	12.85	25.71	47.34
E 就业困难	7.52	13.17	9.87	30.56
F 社会治安差	1.88	7.05	7.05	15.99
H 人口密集	2.19	4.55	8.62	15.36
I 食品不安全	0.63	2.66	9.25	12.54
G 水电气等生活资源短缺	0.78	1.88	2.98	5.64

（二）城市化进程中，未来城市发展改善重点分析

通过样本调研分析发现，在我国城市化进程中未来城市发展改善重点首先是道路拥堵情况的改善，尽管该问题排在第三层次，但有 52.04% 的问卷认为应该首先解决，主要原因是交通拥堵直接影响到城市居民生活；其次是就业状况的改善，该问题排在第五层次，但有 43.26% 的问卷认为应该重点解决，因为这直接影响到居民收入问题，从居民收入增加来应对高房价和高

消费问题；再次是房价下降，这是问题分析中的第一层次，一方面通过提高收入来予以解决，另一方面也要求政府通过各种手段和政策调控房价；接下来是环境及空气质量改善、工资待遇提高、社会治安改善等（见表2-36）。

表 2-36　我国城市发展需要改善的重点调查情况

单位：%

改善内容	第一需要改善	第二需要改善	第三需要改善	累计需要改善
A 道路拥堵情况的改善	26.33	10.03	15.67	52.04
B 就业状况的改善	16.77	18.81	7.68	43.26
I 房价下降	13.01	9.72	14.42	37.15
D 城市环境的改善	8.78	16.46	10.19	35.42
E 空气质量的改善	6.43	11.76	15.99	34.17
H 工资待遇的提高	8.62	11.60	8.46	28.68
C 社会治安的改善	10.66	7.99	5.49	24.14
F 就医环境和医疗条件的改善	4.86	5.96	10.19	21.00
G 教育水平的改善	1.72	3.13	4.08	8.93
J 生活用水质量的提高	1.41	2.19	4.70	8.31
K 水、电、气等资源的高效利用	0.47	0.78	1.57	2.82

第五节　实现我国城市可持续发展的意义与路径：城市适度人口选择

上述研究充分揭示出我国城市化进程中城市发展面临的经济、社会、资源与环境等各类问题，这些问题的有效解决必须选择走城市可持续发展道路，而就目前情况而言实现城市可持续发展的可行路径是实现城市适度人口。

一　城市可持续发展的内涵思考

1987年，世界环境与发展委员会（WCED）发表《我们共同的未来》[①] 的报告，首次明确了可持续发展的含义，即"可持续发展是既满足

① 李琼：《世界经济百科辞典》，经济科学出版社，1994，第290页。

当代人的需要，又不对后代人满足其需求构成危害的发展"。城市作为人类生存与发展的重要构成，在地球上表现为人口和经济的集聚，其可持续发展是人类社会可持续发展的一个重要因素。因此，在城市化进程中必须始终坚持城市可持续发展目标。

（一）可持续发展与城市化

可持续发展理论紧紧围绕人口与经济、生态、资源、环境的关系，从发展、协调和公平等视角提出了较高层次的社会经济发展范式，对我国转变经济发展方式尤其是在城市化进程中协调人口、资源与环境间关系具有很强的启发性。一方面，可持续发展理论的核心是发展，而城市化本身就是推动我国经济发展的一种动力模式，因此必须坚持城市化道路，尤其是针对落后的地区更应该快速推进城市化，但是不能够仅仅注重城市化速度，还需要兼顾城市化质量，实现具有可持续意义上的城市化；另一方面，可持续发展的关键是要有限度，而作为城市化行为就是要实现城市人口增加和空间扩张的适度，其关键是要以合理利用城市资源为基础，并同城市环境承载力相协调。城市化进程及实现的经济发展不能超越资源环境的承载能力，这就需要通过提高人口素质、转变经济发展方式、改变资源利用方式来提升资源环境承载能力，实现可持续发展理论对城市化进程的引导。

（二）城市可持续发展

城市发展的核心是"人"，城市可持续发展实际上是将"为了人"和"依靠人"统一于城市发展，"为了人"是在城市发展中提供让人满意的经济、社会和生态成果，"依靠人"是人在城市发展中不断创造更多的经济、社会和生态成果。因此，城市可持续发展可以具体从生态、经济和社会三个层面来理解：生态视角下的城市可持续发展是城市经济和社会发展的底线，社会视角下的城市可持续发展是城市发展的目标，就经济视角下的城市可持续发展而言，一方面依赖于生态发展可持续性，另一方面又决定着社会发展可持续性（见图2-25）。

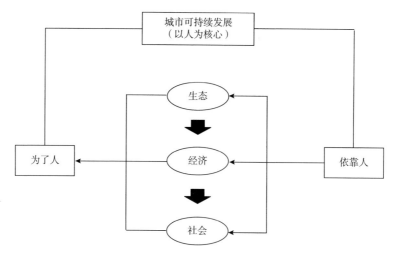

图 2 - 25　城市可持续发展的核心内涵

1. 生态视角下的城市可持续发展

城市是人类生产生活与生态环境最容易产生冲击的区域，人类在进行生产生活中不断利用生态资源，同时通过技术改造和生产方式的转变也在不断更新和修复生态环境。可见，城市发展必须以生态环境作为支撑，同时城市发展又受制于生态环境的制约。总之，城市可持续发展就是指城市经济社会发展不能超过生态资源和环境承载能力，只能在生态容量范围内进行生产和生活。生态视角下的城市可持续发展主要体现为可持续发展中的可持续性原则。

2. 经济视角下的城市可持续发展

在生态资源和环境承载力范围内，人类进行生产活动，要最大限度地提升人类生产能力，即城市经济增长的净收益力争最大化。这种最大化实际上是依赖于生产方式和生产技术创新，通过最小的成本投入得出最大的经济产出，成本投入不仅包括劳动力等要素，还包括对自然资源的利用。经济视角下的城市可持续发展主要体现为可持续发展中的发展性原则。

3. 社会视角下的城市可持续发展

城市可持续发展在社会视角下应该追求社会福利水平和社会文明程度的最大限度的提升，社会福利和社会文明直接对人的发展产生有益作用，包括城市居民生活水平、公共服务满意度、社会和谐稳定、人类社会文明等各方面的提升，这都需要建立在经济发展成果基础上，需要城市居民的参与和努力才能实现。社会视角下的城市可持续发展主要体现为可持续发展的公平性和共同性原则。

二 城市可持续发展的重要意义

当前，在我国城市化进程中时时保持实现城市可持续发展目标，是构建社会主义和谐社会的核心内容，是落实科学发展观的重要体现，是实现党中央关于"四个全面"的客观要求，是推进新型城镇化和城乡一体化的根本保障。

一是构建社会主义和谐社会的核心内容。早在 2004 年，中共十六届四中全会就明确提出，要"把和谐社会建设摆在重要位置"，中共十六届六中全会提出了全面建设小康社会的发展目标中也更加强调"社会更加和谐"。社会主义和谐社会是民主法治、公平正义、诚信友爱、充满活力、安定有序、人与自然和谐相处的社会，核心就是要在经济、政治、文化、社会和生态等各个方面解决突出问题，所要达到的目标是实现人与人、人与自然、人与社会的和谐发展，要遵循公平和公正的核心价值取向，形成一种大体均衡的利益格局。实现城市可持续发展是构建社会主义和谐社会的核心环节，城市可持续发展包含的生态、经济和社会都应该体现和谐的内涵，而和谐社会建立又要通过城市可持续发展来体现，和谐社会和城市可持续发展最终要统一于实现我国全面建设小康社会的目标。

二是深入落实科学发展观的重要体现。科学发展观的本质和核心是"以人为本"，就是要把人民的利益作为一切工作的出发点和落脚点，不断满足人民群众多方面的需求和促进人的全面发展。科学发展观与城市可持续发展的出发点是一致的，都是以人的可持续发展作为出发点，只有实现人的可持续发展，才能实现城市生态、经济和社会的可持续发展，实现这些发展中需要解决的最大问题是城市中人与生态、人与经济、人与社会的关系。

三是实现党中央关于"四个全面"的客观要求。党的十八大至今，党中央提出并形成"四个全面"治国理政的总体思路，包括"全面建成小康社会、全面深化改革、全面依法治国、全面从严治党"。全面建设小康社会为城市可持续发展提供了发展目标，实现城市可持续发展又是全面建设小康社会的必然要求。全面深化改革和全面依法治国为实现城市可持续发展目标提供制度和政策上的保障。城市建设和发展离不开党的领导，全面从严治党为城市可持续发展提供了政治保障。

四是推进新型城镇化和城乡一体化的根本保障。新型城镇化就是依托城镇作为内生动力，提升城镇化的质量内涵，促进产业和人口的高效集聚，走全面协调可持续的城镇化发展新道路。党的十八届三中全会以及2013年12月12日召开的"中央城镇化工作会议"都强调了以人为核心的新型城镇化方向，因此，新型城镇化不能脱离人的发展，要真正把"为了人"和"依靠人"贯穿其中。新型城镇化是城市可持续发展的阶段性目标，城市可持续发展是新型城镇化发展的最终结果。新型城镇化主要强调的是实现农村人口向城镇人口转移的过程，促进城乡经济社会的全面发展，通过新型城镇化战略，最终实现城乡一体化的发展。因此，城市可持续发展就是城乡一体化发展的延伸，也是城乡一体化目标的最终归属。新型城镇化和城乡一体化最终将归属于城市可持续发展目标的实现。

三　城市可持续发展的路径选择：城市适度人口的测度与制度规范

（一）城市可持续发展与城市适度人口

综合上述对城市可持续性的理解，无论是基于生态环境视角还是基于经济社会视角，其核心都是要处理好人与资源、人与环境、人与经济、人与社会之间的关系，也可以理解为在城市资源、环境、经济和社会等各个方面都要保持人的消费能力不能超越人的创造能力，否则将不可持续。在我国城市化进程中，农村人口不断向城市人口转变，直接表现为城市人口的增加，这种城市人口的增加存在正反两方面的效应。从正向效应来看，城市人口作为"生产者"将创造更多的"边际社会收益"，包括通过劳动力和人力资本要素集聚，形成产业集群，进一步促进资本积累和拉动经济增长，同时，通过学习和技术创新形成更高的资源开发和利用效率，以及环境改善能力。从负向效应来看，城市人口作为"消费者"将产生更多的"边际社会成本"，包括对经济社会产出及自然资源的消耗，以及在生产和生活过程中对环境的污染等。因此，城市可持续发展目标的实现就是要保持城市适度人口（见图 2-26）。

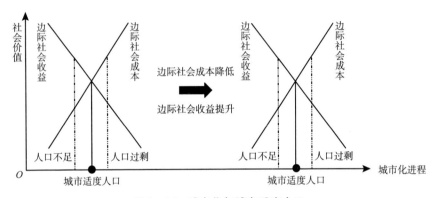

图 2-26　城市化与城市适度人口

城市化进程中的适度人口是城市人口"边际社会收益＝边际社会成本"时所对应的人口数量，是基于城市可持续发展目标客观存在的一个城市人口数量标准，也是一个可以动态变动的城市人口数量标准，更是一个可以改善城市化行为的目标导向。具体来看：（1）城市适度人口是城市化进程中的目标所在，如果城市实际人口小于城市适度人口，说明城市人口的"边际社会收益＞边际社会成本"，需要继续增加城市人口；如果城市实际人口大于城市适度人口，说明城市人口的"边际社会收益＜边际社会成本"，需要控制城市人口。（2）城市化进程中的城市适度人口也是一个动态的概念，伴随着城市人口"边际社会收益"的提升和"边际社会成本"的降低，会使得城市适度人口目标变得更高，这取决于城市人口作为"生产者"的创造能力和作为"消费者"的节约能力，实际上是技术提高和创新的问题。（3）实现城市"适度人口"更是规范和约束城市化进程中城市人口行为的过程，包括激励城市人口作为"生产者"形成更高的生产能力，抑制城市人口作为"消费者"过度浪费资源和污染环境。

（二）城市适度人口的实现路径比较与选择

如上所述，保持城市适度人口可以实现城市可持续发展，针对如何保持城市适度人口，理论上存在多种路径，包括自我意识提升、人口自由流动、政府主导规划等，但这些路径在我国当前存在不同条件的制约，均需要通过对城市适度人口的测度，并在制度上予以规范才能得以实现。

1. 自我意识提升的实现路径：不现实且较为漫长

城市适度人口是实现城市可持续发展的关键，但这种适度人口从根本上来看是建立在人口对资源、环境、经济和社会的消耗和生产行为基础上的，即只要人类对资源、环境、经济和社会的消耗能够保持在供给能力范围之内，城市发展将实现可持续，相反则不可持续。但作为整个城市的居民个人，其消耗行为均建立在个人利益基础上，而实现城市可持续发展本身属于社会利益范畴，根据"公地悲剧"原理，其常态上均衡是城市居民都在不断消耗资源环境和经济社会资源，从而超越城市发展的承载能力。唯独能够避免这一行为的是自我意识的提升，即城市居民的个人利益不断向城市可持续发展的社会利益靠近，人人都具有可持续发展意识，这样大家都会自觉地保持对资源环境和经济社会资源消耗与生产上的行为平衡。这是我们实现城市可持续发展的根本，也是保持城市可持续发展的前提，但引导人的行为改变本身却是一个漫长的过程，这要取决于经济基础和上层建筑的提升。

2. 人口自由流动的实现路径：制度上存在障碍

城市可持续发展直接表现为城市人口作用于资源、环境、经济和社会行为的边际社会收益等于边际社会成本，即出现城市人口的适度。否则，要么表现为边际社会收益大于边际社会成本，即城市人口不足；要么表现为边际社会收益小于边际社会成本，即城市人口过剩。这种边际社会收益和边际社会成本的不等可以表现为城市生产生活的状态，比如边际社会收益大于边际社会成本时，城市资源、环境、经济和社会等各方面均表现出过剩，这时应该自发地吸引人口的流入，相反城市人口会自发地流出。通过这种城市生产生活条件及状态可以自发地调节城市人口数量，即通过对城市的"用脚投票"可以实现其城市人口适度。但就我国而言，受现行户籍制度以及文化传统等因素的制约，人口自由流动存在较大的难度。具体来看，早在1958年以《中华人民共和国户籍登记条例》为标志，我国政府就开始对人口自由流动实行严格限制和政府管制，如今虽然逐步放开户籍制度，但在城乡之间、城市之间的人口流动仍难以真正享受流入地区的公共服务，这在一定程度上抑制了人口自由流动。另外，渗透于民间的社会习惯、风俗等传统文化对我国人口自由流动也产生了抑制。因此，试图通过人口自由流动进行的"用脚投票"方式来实现城市适度人口，存在制度及习俗上的障碍。

3. 政府主导规划的实现路径：缺乏科学的依据

既然在客观上存在实现城市可持续发展的城市适度人口，那么可以通过各地政府进行"自上而下"的规划来完成。但从实际来看，政府进行城市及人口规划往往缺乏科学依据，主要表现为：第一，政府在进行城市人口规划过程中，往往延续上一阶段人口发展、响应上级政府政策导向、和其他城市比较等，进行大致的城市人口规模确定，缺乏合理的科学测算；第二，各地政府出于完成经济发展政绩，在城市人口规划上进行"高大上"的设计，比如在我国地方政府长期追求高经济增长政绩目标下，单纯强调数量上的城镇化率提升，地区间还广泛兴起"城镇化率竞赛"，有的地方政府提出城镇化率"两年翻番"等口号；第三，城市适度人口不仅表现为数量上的适度，更表现质量上的适度，很多政府在确定规划城市人口数量后，就不顾城市人口的质量，尤其是资源环境利用、经济发展方式、社会公共服务供给等方面均处于滞后和不足态势。因此，在现行地方政府政绩利益驱动和发展环境下，单纯的政府主导规划难以真正实现城市人口的适度，更难以实现城市可持续发展。

4. 城市适度人口的实现路径：测度并进行规范

上述关于城市适度人口实现的路径均存在各种障碍，实际上这种障碍依赖于城市适度人口的第三方测度，即不存在利益驱动的城市人口测度，尤其是政府对城市人口规划应该建立在科学的城市人口测度和制度规范基础之上，而不是带有利益导向的"自上而下"的人口规划，唯有这样才能实现城市可持续发展。具体来看：（1）应该基于城市人口对资源、环境、经济和社会的边际社会收益等于边际社会成本的原则确定城市适度人口，从数量上为政府进行城市人口规划提供依据；（2）数量上的适度人口需要建立在质量规范基础上，也就是说，数量上实现城市人口适度，还需要通过制度进行规范人口的行为，包括引导城市人口资源环境利用模式和经济社会发展模式的转变来保证边际社会成本与边际社会收益相等。针对实现城市适度人口，唯有将数量上的适度人口测度和质量上的制度行为规范相结合，才能真正实现城市可持续发展的目标。

第三章

适度人口理论再认识：兼论中国城市化进程中的城市适度人口

　　理论是实践研究的基础，理论创新往往又来源于实践。城市适度人口本身属于适度人口的概念范畴，这就决定了塑造城市适度人口理念必须首先从已有的适度人口思想和理论出发；另外，城市适度人口在实践中又取决于城市经济、社会和生态等发展形态，包括基本的生产方式和消费模式，所以理解中国城市适度人口还必须和中国城市化进程相结合。本章首先对国内外适度人口思想、理论及研究进展等进行回顾，从而对适度人口本质进行抽象和再认识，重点重构适度人口的基本理论框架。在此基础上，结合我国当前城市化发展进程，对城市适度人口概念进行重塑，为本研究测度和实现城市适度人口奠定理论基础。

第一节　国内外适度人口理论回顾与再认识

　　在《现代汉语词典》中"适度"被解释为"适合要求的程度"①，说某一事物要保持适度就要根据特定要求保持这一事物的程度，即事物存在的"要求"和"程度"形成对应。"适度"一词适用于人类社会的各个领域，只要有行为主体和行为环境就一定有客观上存在的"适度"。人口也不例外，人口增减行为本身在于人口主体，同时人口也是置身于特定的社

---

① 《现代汉语词典》，商务印书馆，1978。

会经济和生态资源环境，客观上也存在人口的"适度"，适度人口是与人类的出现与发展相伴随，是人类社会发展的客观规律。在《现代经济辞典》中，适度人口被理解为"最优人口"，具体为产生社会最大效益的最优人口。① 实际上，适度人口主要是指人口行为应该保持的某种程度，通常所指的主要是数量、结构等行为，什么样的程度主要由人口行为环境对应的要求决定，比如经济产出最大化要求、社会福利最大化要求、生态环境破坏最小化要求等，包括后来提出的经济适度人口、福利适度人口、生态适度人口等，从存在形态上看还可以分为静态适度人口和动态适度人口。比如：在人类社会早期，因为社会生产力水平低下，所需要的与生产资料相结合的劳动力数量有限，同时由于生活资料和生产能力的局限又会影响人口的供养能力，这样就出现了人口数量生存与供养能力之间的适度。人口数量符合人口供养能力就被视为"适度人口"，生存下来并进行人口的再生产；反之，超过了人口供养能力的人口数量被视为"超适度人口"，最后通过饥饿、贫穷、疾病、遗弃等自然和人为因素又回到"适度"的人口数量。因此，无论何种概念下的适度人口，都与人口所处的特定环境条件紧密相关，因此研究中国当前城市化进程中的城市适度人口，最重要的两个内容包括：一是要找到人口本身与行为环境间的关系，二是要发现当前我国城市人口所处的城市发展环境。以下主要针对前者，通过对国内外适度人口理论回顾和分析，抽象出人口与人口行为环境间的关系，探讨适度人口的一般理论机制。②

一　国外适度人口思想及理论回顾

通过对前人关于适度人口理论研究的归纳和整理发现，国外适度人口

① 刘树成：《现代经济辞典》，江苏古籍出版社，2005。

② 需要说明的是，关于国内外适度人口理论在很多研究中都进行了相关阐述，比如《适度人口与控制》（毛志锋，1995）、《可持续适度人口的理论构想》（原新，1999）、《基于人口、资源、环境约束的人口发展战略规划研究——以嘉兴市为例》（米红，2011）、《城市适度人口容量——理论、方法与应用》（张海峰，2013）等，本研究主要延续上述关于这一理论梳理的主要线索，并以此为主线针对具体内容再查找相关资料进行丰富和拓展，形成适度人口理论发展逻辑框架。当然，重要的还是要为本研究在后文构建适度人口的一般理论机制提供历史线索和演进规律支撑。

理论可以追溯到 2000 多年前的古希腊文明时期。最早，古希腊文明时期的柏拉图提出人口与土地间的适度，相反古罗马重商主义者强调人口增加的好处，提出"实力适度人口"，再后来以魁奈为代表的重农主义学派提出人口与物质财富的均衡发展。在此基础上，古典学派对早期的适度人口思想进行修正，包括亚当·斯密在其《国富论》中提出以土地报酬递减规律为前提，认为"劳动报酬优厚是财富增加的结果，同时，也是人口增加的原因"；在此理论基础上，马尔萨斯利用其"两个公理"、"两个极数"和"两个限制"分析适度人口；进一步，穆勒对其进行延续和拓展，提出技术进步在适度人口中的作用。在上述适度人口思想基础上，新古典学派正式提出适度人口理论，包括坎南将古典学派仅仅局限于农业领域的适度人口拓展到各个产业，并在此基础上提出社会综合生产能力的最优状态作为适度人口规模确定和变化的重要依据。同时，维克赛尔利用"边际生产力理论"和"边际效用价值论"提出"人口边际生产力"，并正式对"适度人口"进行定义，即"人口达到其数量稍许增加就会导致繁荣不再增加而是减少的那一点"。马克思和恩格斯进一步对新古典学派提出的适度人口理论进行拓展，除了赞同从社会总供给和社会总需求角度研究适度人口外，他们更注重从物质财富的社会分配中去探索适度人口。现代欧美及苏联等相关学者对适度人口理论进行延续和发展，1927 年日内瓦第一次国际人口学会和 1937 年巴黎国际人口学会上，适度人口都成为讨论的热点问题，尤其是在 1937 年巴黎国际人口学会中，兰德里将适度人口与资源相联系；1938 年国际联盟出版《适度人口》丛刊，费伦奇考虑从个人收入最大化衡量适度人口；1952 年索维出版了《人口通论》，第一次系统地阐述了适度人口的概念和理论，并将适度人口从经济领域拓展到非经济领域；美国学者赫茨勒提出人口压力理论，并以此为基础从消费角度阐述了适度人口应该是满足人们最优经济生活水平时的人口；苏联克瓦挚提出了区别于欧美的适度人口理论，即"人口再生产最优类型"理论。伴随着福利经济学、社会学等学科向人口学的渗透，适度人口理论发展不断地从经济增长向社会福利、资源环境拓展（见图 3－1）。

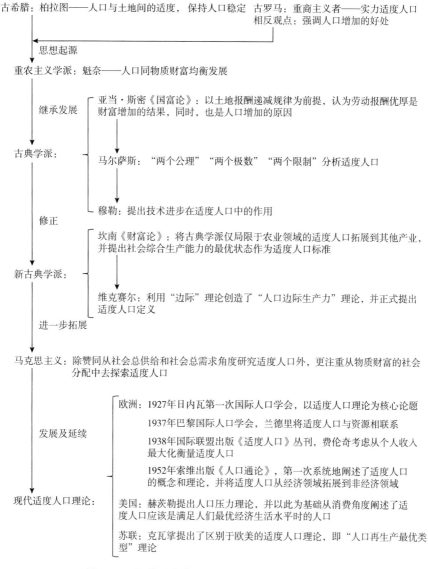

图 3 – 1　国外适度人口思想及理论发展线索示意图

（一）古希腊时期：西方适度人口思想的起源

古希腊时期，欧洲国家政治体制是建立在奴隶制基础上的小国寡民的城邦制度。因此，当时伟大的哲学家柏拉图在他的著作《国家论》中提出了"国家论"的假说，并抛出了"人口静止论"的观点，认为一个国家的人口规模应该保持不变，只有静止不变的人口规模才能保持国家的稳定、和谐，形成一个理想的完美集团。① 在其另一部著作《法律论》中，柏拉图通过测算得出 5040 人为一个城邦的"适度"人口规模，并主张通过法律手段来调控人口数量，使之达到 5040 人的"适度"规模。② 柏拉图的弟子亚里士多德在其论著《政治论》和《伦理学》中，认为"最完美最美丽的国家，就是能够维持人口数目使之不超过一定限度的国家"③。他通过一个国家的领土和人口规模的相适应诠释了人口的"适度"规模，既反对人口相对过剩，也不主张人口的相对不足，他提出"适度"的标准就是既能够在经济上满足人们的需求，又能够在政治体制上实现统治者的管理。

简评：古希腊时期适度人口思想认为，国家领土应该与人口规模相适应，这样有利于在既定生产资料条件下满足人口生产和生活消费，同时也有利于国家的统治和管理。

（二）古罗马时期：重商主义学派提出"实力适度人口"思想

重商主义产生于西欧的封建制度向资本主义制度过渡时期，即资本的原始积累时期，是 15～18 世纪欧洲普遍推崇的一种经济哲学。重商主义学派认为人口是国力和财富的源泉，他们将人口作为一种发展国家经济的要素和体现军事实力的象征。意大利的人口思想家、早期重商主义者乔万尼·博太罗（Giovanni Botero，1544—1617）在其著作《关于城市伟大的原因》中，通过"两种能力"（即人口的"生殖能力"和影响"生殖能力"的"营养能力"）分析了无限的"生殖能力"在有限的"营养能力"的约束下，人口数量是不会无限增长的，因此，他认为应该通过"正义、和平及丰富人们食物及商品"的方法来维持城市的人口数量。④ 实际上，博太罗的观点认为人口要素比国家领土和资本要素更重要，因此他的人口思想更多体现的是"实力适度人口"理论。英国的空想社会主义者托马

---

① 张海峰：《城市适度人口容量——理论、方法与应用》，气象出版社，2013，第 9 页。
② 杨中新：《柏拉图的人口静止论》，《人口学刊》1981 年第 4 期。
③ 毛志锋：《适度人口与控制》，陕西人民出版社，1995。
④ 杨中新：《博太罗的人口思想》，《人口学刊》1986 年第 4 期。

斯·莫尔（St. Thomas More，1478—1535）继承了博太罗的"实力适度人口"的思想，并在其论著《乌托邦》中试图通过消除私有制来实现财富的公平分配。然而，由于当时的社会背景和条件的限制，破除私有制而推行公有制想法只能是"空想"，但他已经预期到人口的空间分布可能会帮助实现人口的适度规模。[①]

简评：重商主义适度人口思想的核心前提是肯定了人口发挥的生产创造作用，即人口增加不仅能够增强国家生产能力，实现国际收支盈余，还能在军事和战争方面占有优势。针对人口增长超过支撑人口的"营养力"限额时，重商主义提倡地区间人口互动迁移调整，保持合理人口密度。

（三）重农主义学派：人口与农业生产等物质资料间要保持均衡

18 世纪 50～70 年代，继重商主义学派之后，在法国出现了资产阶级古典政治经济学学派，即重农主义学派。该学派的观点与重商主义刚好相反，认为人口并不是财富增加的源泉，而是财富增加的结果，转而将农业视为财富发展的唯一来源和社会一切收入的基础。弗朗斯瓦·魁奈（Francois Quesnay，1694—1774）是重农主义学派的创始人和主要代表，他在其著作《农业国经济统治的一般准则》中明确强调了土地和农业在财富积累中的重要地位，同时也表示"人们收入的增加比人口数量的增加更重要"。魁奈看到了国民财富的增长会带动人口数量的变化，并提出人口数量与财富数量必须保持适当的比例，人口既不能太多也不能太少，否则都会影响国民财富的积累。[②]

简评：重农主义适度人口思想的重要前提是农业生产等物质资料是国家富裕的重要源泉，只有农业生产等物质资料的财富增长才能带来人口数量的增长，在此条件下人口增长应该与物质财富增长一致，否则将会减少人类财富的积累。

[①]　J. Overbeek, *History of Population Theories*（Netherlands：Rottedam University Press，1974），p. 13.

[②]　陈幼其：《试论魁奈的人口思想》，《人口学刊》1982 年第 4 期。

（四）经济学古典学派：构架适度人口思想的均衡体系和基于技术变动的比较静态体系

1776 年，亚当·斯密（Adam Smith，1723—1790）的巨著《国富论》的出版标志着经济学古典学派正式产生。古典学派所塑造的适度人口思想充分吸纳了重农主义学派的土地报酬递减规律，同时又加入了"均衡原理"。斯密一方面认为任何一个物种的生殖都要受到生活资料的制约；另一方面认为财富的增加能够提高劳动报酬，进而推动人口的增长。当这一"制约"和"增长"的力量达到均衡时，就实现了"适度"状态。这一均衡思想为马尔萨斯"人口原理"的产生奠定了重要的理论基础。[①] 托马斯·罗伯特·马尔萨斯（Thomas Robert Malthus，1766—1834）《人口学原理》的出版，真正开启了现代人口学理论的研究。他通过"两个公理"、"两个极数"和"两个限制"阐述了什么是"适度"的人口规模以及如何达到和保持"适度"的人口规模。马尔萨斯认为人口增长阻碍了生产力的发展，生活资料的增长也远不及人口增长的速度，因此，要控制人口的增长。他从生产和消费两个角度论述了"适度"人口，并且主张通过"两个限制"的方法控制人口的增长。另外具有重要影响的是穆勒，约翰·斯图亚特·穆勒（1806—1873）是英国著名的哲学家和经济学家，也是经济学古典学派主要代表人物。他同意马尔萨斯关于"适度人口"的观点，并在其著作《政治经济学原理》中进行了拓展和深化，将马尔萨斯的"适度人口"思想从静态拓展为动态，同时将技术进步引入到"适度人口"研究，认为"适度"的人口规模不应该是静态的概念，而是随着技术的改良发生"适度"的变化。

简评：包括亚当·斯密、马尔萨斯等在内的古典学派针对适度人口建立起了适度人口理论的均衡体系思想，包括人口增长行为受到的生活资料"制约"和财富带来劳动报酬提升的"促进"间的均衡，这种均衡实际上就是以人口为中心的"生产"和"消费"间的均衡，该均衡下的人口就是适度人

[①] 南亮三郎：《人口论史——通向人口学的道路》，张毓宝译，中国人民大学出版社，1984，第 52 页。

口，但这种均衡是以人口为中心的宏观生产和宏观消费均衡，无论是生产还是消费都属于广义范畴。而穆勒在这种均衡体系下，指出技术能够改变甚至优化这种均衡，使得适度人口成为技术决定下的动态变量。

（五）新古典学派：将适度人口在均衡体系中定位到具体确定目标，并发现边际条件

新古典学派关于适度人口理论的代表人物有坎南、维克赛尔、卡尔·桑德斯等。埃德温·坎南（Edwin Cannan，1861—1935）是近代资产阶级适度人口理论的鼻祖，他针对之前的古典学派关于适度人口的观点进行了修正，开创了早期的经济适度人口理论。在 1888 年出版的《基础政治经济学》和 1914 年出版的《财富论》中，他正式明确了适度人口的概念和理论，真正将适度人口的思想升华为一种研究理论。[①] 坎南把适度人口定义为"在任何时期，在一定的土地上生存的、达到产业最大生产率的人口是一定的"[②]。言外之意，坎南在假定其他条件不变的前提下，将产业的最大收益点作为衡量适度人口的标准，当人口数量达到"最大收益点"之前，边际收益是递增的，一旦超过了"最大收益点"，边际收益就变成递减的了，因此，达到"最大收益点"的人口就是最佳的人口规模。随后，坎南又进一步解释了适度人口是否可变的问题。他认为"如果假设无论是整个产业，还是一种产业，最大的收益点是固定长久不变的，那是极为荒谬的。随着知识的进步和其他条件的变化，最大收益点的位置是经常变动的"[③]。由于适度人口是产业达到最大收益点时的人口，所以最大收益点的变动自然会带动适度人口的变化。换言之，技术的进步和其他假设条件的放开，推动产业的发展，最大收益点上移，适度人口也自然会向着更有利的方向移动。除此之外，坎南还考虑到了人口的自身发展对适度人口的影响，"我们在考虑某一特定时点的适度人口时，不能只拘泥于那个时期。应该记住，这一代人口是前一代人口存在的结果，并且又是后一代人口出

---

① 彭松建：《评坎南的适度人口理论》，《经济科学》1984 年第 5 期。
② 坎南：《基础政治经济学》，1888 年英文版，第 22 页。
③ 坎南：《财富论》，1928 年英文版，第 41 页。

现的原因；还要记住，适度人口，就是从长远来看的最适度人口"①。代际关系也是影响适度人口的内生影响因素，坎南将外生的产业发展因素和内生的代际关系相结合，刻画了长期的运动过程中的适度人口。克努特·维克赛尔（Knut Wicksell, 1851—1926）是瑞典的经济学家、著名的适度人口学家。他正式地提出和使用了"适度人口"一词，并于1910年出版了《论适度人口》一书。他眼中的适度人口是"人口达到其数量稍许增加就会导致繁荣不再增加而是减少的那一点"②，并且主张通过降低人口出生率的方法控制人口数量，提高人们的生活水平。他认为如果把人口作为消费者看待，那么人口的增长就会带来土地和自然资源的减少，进而导致劳动生产率的下降；相反，如果把人口作为生产者看待，那么人口的增长会带来劳动力要素的增加，进一步促进产业的分工和合作。当两种力量相互抵消时，就达到了人口规模的"适度点"。与此同时，他也明确提出这一"适度点"并不是固定不变的，随着知识的积累和科技的进步，会推动工农业的向前发展，国家的经济水平不断提高，人口规模的"适度点"必然会随之发生变化。③ 另外，维克赛尔的人口边际生产理论也是在继承了前人关于极限理论的基础上提出来的，这一理论对于后来分析人口与经济间关系以及对适度人口规模的预测和计算都具有重要的启示作用和应用价值。英国的人口学家亚历山大·莫里斯·卡尔·桑德斯（A. M. Carr - Saunders）是继坎南之后，在适度人口理论方面较具影响力的学者。他认为适度人口是能够"提供按人平均的最大收益"的人口，是人口数量的概念。④ 他的最大贡献是继承前人的理论，提出了"适度人口密度"的概念。适度人口密度是在资源既定的条件下能使居民获得最高生活水平的人口密度。⑤

简评：新古典学派创建的适度人口理论，吸取了之前各种适度人口思想，尤其是古典学派构建的适度人口均衡思想，将一种适度人口思想发展

① 坎南：《经济理论评述》，1930年英文版，第82页。
② 维克赛尔：《论适度人口》，1910年英文版，第831页。
③ 崔功豪、魏清泉、刘科伟：《区域分析与区域规划》，高等教育出版社，2006，第37页。
④ 卡尔·桑德斯：《人口问题：人类进化的研究》，1929年英文版，第476页。
⑤ 卡尔·桑德斯：《人口》，1925年英文版。

为能够基于某一具体目标进行测度和实现的适度人口理论。比如，坎南将适度人口定位为达到产业最大生产力的人口，就是将新古典学派提出的人口生产和消费行为具体到产业收益最大化目标，其中人口生产创造收益，人口消费产生成本，当且仅当人口增加带来的生产收益大于消费成本时，还可以继续增加人口，直到两者相等达到适度人口，不同的是人口生产和消费仅针对产业发展目标而言。维克赛尔同样将人口既当成生产者又当成消费者，结合已有的"边际生产力理论"和"边际效用价值理论"提出"人口边际生产力"，进一步将适度人口的目标极限条件转化为边际相等条件。卡尔·桑德斯将适度人口数量拓展到适度人口密度，实际上是将土地等资源作为人口生产和人口消费的内生变量，土地等资源的多少影响人口的生产能力，同时也影响人口的消费效用，因为土地等都是生产和消费的资料。另外，上述适度人口都是基于以人口为中心的均衡体系下的边际思想，差别在于不断拓展生产成本和消费效用的范畴，但同时都考虑了知识积累、科技进步等对适度人口的动态影响。

（六）马克思主义：适度人口不仅要考虑社会总供需，还要考虑物质财富社会分配结构

马克思主义视野下的适度人口是一种"两种生产"相互制约的"适度"，是相对于"过剩"的"适度"。马克思对"适度人口"的理解是"在特定的时间和空间范围内，生产条件是有限的，有限的生产条件只能供养有限的人口，一旦人口数量超过了这个限度就形成了过剩人口"[①]。可见，马克思和恩格斯已经在理论上承认了人口再生产存在"适度"的界限，同时也揭示了人类自身的再生产与物质资料再生产的"适度"关系。"过剩人口"是相对"适度人口"而言的，实际上，并不存在绝对过剩的人口规模。马克思认为过剩人口"同并不存在的生存资料绝对量根本没有关系，而是同再生产的条件，同这些生存资料的生产条件有关，而这种生产条件同样也包括人的再生产条件"，"这种过剩纯粹是相对的，它同整个

---

① 张海峰：《城市适度人口容量——理论、方法与应用》，第13页。

生存资料没有任何关系，而同生存资料的生产方式有关"。① 这说明，满足物质资料生产的适度人口不仅仅指人口的数量，还包含了人口结构、人口质量和人口的空间分布等。马克思和恩格斯极力反对古典学派关于人口压迫生产力发展的论断，他们认为是生产力低下压迫人口导致人口迁移，形成相对过剩的人口。在衡量适度人口时，马克思和恩格斯打破了仅从社会总供需的角度考虑，而是从物质财富的社会分配角度考虑，真正做到了从人类自身的利益出发，去寻求真正的适合人类发展的适度人口。

简评：马克思、恩格斯指出人类生产包括物质资料生产和人类自身生产，适度人口就是要保持物质资料生产和人类自身生产相互适应。但是，物质资料生产不仅取决于人口利用物质资料进行生产的条件和能力，如人口结构、人口质量、空间分布等，还取决于物质资料及产品本身在不同人口中的分配关系和方式等。实际上，马克思主义思想下的适度人口理论，更加深入地从人口本身和生产资料结合方式等剖析了影响生产能力的技术因素，同时打破了古典主义将人口作为"平等"个体的综合考虑，并在不同社会关系下区分了生产和消费对应的人口结构分布问题，比如马克思说的因为生产资料的分配不公导致需要被抚养的人口出现相对过剩，在此情况下使得生产能力越高就要求人口越少，因为生产能力集中在生产资料所有者手中。

（七）现代西方适度人口理论：开始从生产目标向人的需求转变，并构建多目标决定体系

进入 20 世纪，西方的人口理论研究得到了蓬勃的发展，达到了前所未有的鼎盛时期。现代西方人口理论主要指的是"第二次世界大战以后流行于西方工业发达国家的人口学说"②。法国著名的人口学家 A. 兰德里（A. Landry，1874—1956）是人口转变论的创始人，由于受到当时的福利经济思潮的影响，他对于适度人口理论的界定源于福利经济学视角。兰德里定义适度人口为"能保证人种的最大幸福的'适度人口'，即应确定资源与人口之间最恰当的比例"，并且明确指出"人口学的主要任务在于确

---

① 马克思、恩格斯：《马克思恩格斯全集》第 46 卷，人民出版社，2006，第 118 页。
② 李竞能、李建民：《当代西方人口学说的源流》，《中国人口科学》1992 年第 4 期。

定适度人口"。① 美国的社会学家沃伦·汤普森（Warren Thompson，1887—1973）是人口转变论的奠基人，他特别强调社会福利的变化对人口数量的影响，"不能离开人类现在和未来的福利"研究适度人口问题。同时，他也反对用"纯经济观点"来衡量适度人口，其实影响人口数量变化的因素很多，包括人口结构、生活习惯、宗教信仰等。② 另外，法国著名的人口学家阿尔弗雷·索维（Alfred Sauvy，1898—1990）是现代适度人口理论的主要代表人物。他的巨著《人口通论》对于适度人口理论具有里程碑式的意义。该书全面、系统地论述了适度人口概念及理论，"适度人口就是一个以最令人满意的方式，达到某项特定目标之人口"③，即目标不同，"适度"的标准也不同，第一次将适度人口定义为多目标概念。索维对适度人口理论的贡献主要有五个方面：第一，给出了最接近适度人口本质的定义，用不同的目标刻画不同的"适度"人口；第二，提出了具体衡量"适度"的目标，涵盖了经济目标、社会目标和军事目标等九个一级指标；第三，将实力适度人口和经济适度人口进行了区分，一个是在封闭系统中的军事实力适度人口，一个是在开放系统中随着经济的发展不断变化的适度人口，并提出了"适度人口增长率"；第四，正式提出了"静态适度人口"和"动态适度人口"的思想，认为技术的进步和经济的发展会增加适度人口，即提高人口的承载能力；第五，索维认为"适度人口不过是一个使用方便的概念而已。人口学家可以把它作为一个过渡性的工具使用"④。索维聪明地跳出了"适度"的陷阱，揭示出了"适度人口"本身难以量化的局限性。诚然，索维的适度人口也存在令人遗憾的地方，没有考虑"生态适度人口"，没有将生态目标纳入具体指标当中。

简评：现代西方适度人口理论较为明显的变化是，开始跳出纯经济范畴，逐步开始注重以人为核心，体现人口转变意愿的主动性，比如兰德里

① 斯姆列维奇：《资产阶级人口论和人口政策的批判》，三联书店，1960，第63页。
② 汤普森：《人口问题》，1942年英文版，第5页。
③ 阿尔弗雷·索维：《人口通论》（上），北京经济学院经济研究所人口研究室译，商务印书馆，1983，第53页。
④ 阿尔弗雷·索维：《人口通论》（上），第54~55页。

定义的"最大幸福"、汤普森所关注的人的福利以及影响人口行为的诸多因素，索维也是将目标界定为"令人满意的方式"。同时，索维明确指出适度人口与目标相对应，不同的目标对应不同的适度人口，包括经济目标、社会目标、军事目标等，同时，他也认为技术进步和经济发展方式转变等能增加适度人口，从而正式提出"静态适度人口"和"动态适度人口"思想。

二　中国适度人口思想及研究回顾

回顾我国的人口思想发展史，适度人口经历了从"思想观点"提出到"测度体系"构建和判断的长足发展历程。伴随着我国社会经济的发展和历史文化的变迁，适度人口思想观点渗透到不同的领域范畴。在古代，很多哲学家、思想家主要从人口思想中表达对人口多少的观点判断，为适度人口的提出奠定了基础；随后到近现代，社会学家、人口学家等逐步提出人口需要控制并保持适度观点，但新中国成立后"适度人口"论遭到极左理论干预，被判为"马尔萨斯人口论"变种，沦为"反马克思主义学说"；直到改革开放以后，"适度人口"这个命题在中国的讨论才再度兴起。

（一）古代：中国适度人口思想萌芽

中国的适度人口思想也可以追溯到原始社会的"生殖崇拜"，到了封建社会，这种思想得到了发展，在商周时期青铜器上随处可以看到"万寿无疆""子孙永昌"等铭文。[①] 到了春秋时期，孔子提出"地有余而民不足，君子耻之"[②]，孟子提出"广土众民，君子欲之"[③] "不孝有三，无后为大"[④] 等，这些都体现了这一时期的人口增殖思想，即希望人口越多越好，并成为人的伦理道德观念，对后来的人口思想发展影响较大。与之相反的是主张控制人口，比如战国时期的韩非（公元前280—前233）与马

---

① 聂志红：《中国经济思想史撮要》，中国民主法制出版社，2012，第198页。
② 章培恒：《礼记选译》，巴蜀书社，1990，第159页。
③ 司马志：《诸子百家大讲堂》，中国纺织出版社，2012，第342页。
④ 李修生、朱安群：《四书五经辞典》，中国文联出版公司，1998，第73页。

尔萨斯观点一致，他认为人口将呈现几何级数增长，这样将会导致老百姓为了财货而斗争，他在《韩非子·五蠹》中说："今人有五子不为多，子又有五子，大父未死而有二十五孙，是以人民众而财货寡，事力劳而供养博，故民争。"① 商鞅（约公元前390—前338）也提出过"民过地则国功寡而兵力少，地过民则山泽财物不为用"②，上述思想都体现出人口要与财物、土地等保持适度。秦汉时期甚至到了唐朝，由于那时主要是地广人多，虽然像东汉的王符等仍然继承了人口与土地适应的思想，但多数思想家还是呼吁人口增殖。到了宋代和清代，部分较早开发的地区开始出现人口压力，比如康熙将米贵的原因归结为人多，他说："如此丰年而米粟尚贵，皆由人多故耳。"③ 洪亮吉在其《意言》中指出人口的问题在于人口增长过快，但土地、房屋等难以增至之，他说："增三倍五倍而止矣，而户口则增至十倍二十倍，是田与屋之数常处其不足，而户与口之数常处其有余也。"④

（二）近代：中国适度人口观点正式提出

清代后期的汪士铎（1802—1889）提出"人满为患"论，把农民革命的原因归结为"人多为患"，他主张一个国家的人口需要适量，即"民不可过少，也不容过多"⑤。到了20世纪20年代，中国著名的社会学家陈长衡1918年在《中国人口论》中提出他对人口的主张，其中一条就是"适中人口"，即认为人口应当适度，并提出适度人口密度概念，"在适当的人口密度下，才能提高我们国民全体的一般生活标准。而使我们国家民族永久适于生存"，他同时指出中国当时的人口已经超过"适中的人口密度"⑥。新中国成立以后，著名社会学家孙本文从人口与生活资料、人口与就业问

---

① 葛瑞汉：《论道者——中国古代哲学论辩》，张海晏译，中国社会科学出版社，2003，第314页。
② 《商君书》，河南大学出版社，2012，第154页。
③ 复旦大学经济系人口理论研究室：《人口问题与理论》，复旦大学出版社，1983，第169页。
④ 孙本文：《孙本文文集》第6卷，社会科学文献出版社，2012，第216页。
⑤ 袁宝华：《中国改革大辞典》，海南出版社，1992，第1136页。
⑥ 彭立荣：《婚姻家庭大辞典》，上海社会科学院出版社，1988，第31页。

题两个方面提出"八亿人口是我国最适宜的人口数量"①。同时，马寅初在1957年出版《新人口论》，提出"我国人口增长过快"的命题，指出不但要控制人口总量，还要注重人口素质结构、人口与生产就业、人口与资源环境等相关问题，也提出实行人口普查并建立人口统计等措施。② 但不幸的是，当时适度人口理论被当成"马尔萨斯主义的幽灵"被全盘否定，适度人口问题整整停滞了20年。③

（三）现代：中国适度人口研究再度兴起

改革开放初期，我国适度人口问题的研究和讨论再度兴起。1981年田雪原和陈玉光指出：适度人口就是带来最大社会效益，主要是最大经济效益的稳定人口，强调人口与物质资料生产的适应，包括消费资料和生产资料对人口的决定作用。④ 金志指出：适度人口研究都强调适度人口数量的存在；都用福利最大或最高作为标准；都注重自然、经济与人的福利关系分析；适度人口研究的合理成分包括从保持自然生态平衡、联系经济发展状况、联系人口发展质量、动态发展视角四个方面看人口适度。⑤ 1984年战捷提出：适度人口就是与物质资料生产相适应的，并能产生最大社会效益的一定数量的人口，因此适度人口的存在是客观的，确定和实现适度人口目标是社会发展的必然趋势。⑥ 王冰梳理和归纳了当时适度人口理论的研究，认为适度人口理论问题，当时更多的是讨论适度人口的社会制度性质以及对我国是否具有借鉴作用，包括经济发展水平、粮食及整个食物资源发展状况、环境生态平衡和淡水资源等的探讨。⑦ 彭松建评述了坎南关于适度人口的思想，包括人口与土地的关系、达到产业最大收益点的人口为适度人口、适度人口不是固定不变的等，并指出其最大的错误是脱离社

① 孙本文：《孙本文文集》，社会科学文献出版社，2012，第76~78页。
② 马寅初：《新人口论》，北京出版社，1979。
③ 王声多：《马尔萨斯人口论述评》，中国财政经济出版社，1986，第158页。
④ 田雪原、陈玉光：《经济发展和理想适度人口》，《人口与经济》1981年第3期。
⑤ 金志：《试析"适度人口论"》，《上海师范大学学报》（哲学社会科学版）1981年第3期。
⑥ 战捷：《浅析适度人口》，《人口与经济》1984年第2期。
⑦ 王冰：《近年来我国对适度人口理论的研究》，《人口学刊》1984年第5期。

会生产方式和唯物史来考察人口问题。① 1985 年伍晓鹰对索维适度人口理论进行评述，指出尽管其观点存在资产阶级思想，但其"动态适度人口论"仍然值得借鉴，一是就国内关于"两种生产"应该引入定量分析，二是要用发展经济、推动技术进步方法解决人口问题。同时针对索维适度人口理论的评论还有，杜亚军（1988）② 认为索维提出适度增长节律观点，并构建人口生态理论；左牧华（1990）③ 通过深入分析认为索维的适度人口理论并非"马尔萨斯人口论的变种"，认为索维适度人口论批判和超越马尔萨斯人口论，尤其是动态适度人口思想对放大我国适度人口的容量具有借鉴意义，一是努力发展新技术、引进和利用先进技术，提高劳动生产率；二是引导人们追求合理的生活标准和生活方式；三是提高经济开放度；四是不断完善社会主义生产关系；五是提高人口质量。1998 年毛锋和叶文虎开始探索适度人口与可持续发展的关系，重点论述了控制人口与解决就业、贫困等问题的紧迫性。④ 1999 年原新系统地将适度人口演进分为三个阶段：一是早期的适度人口论，即基于经济因素的静态分析；二是现代适度人口论，即将社会因素纳入其中，并进行动态规模和速度分析；三是可持续适度人口论，即充分考虑经济、社会和环境关系系统，同时从动态上考虑人口的规模、速度、质量和结构等问题。⑤ 2000 年以后，我国关于适度人口研究内容更加丰富，尤其是伴随着社会经济的发展和进步，对适度人口理念及目标的认识也不断升华，在适度人口测度的影响因素选择、技术方法构建等方面都有充分的体现。⑥

简评：第一，中国适度人口思想从原始社会开始就早已有所体现，尽管没有明确提出人口适度，但在相关史料中已经有人口过多或人口过少观点的交锋，支持人口增长的观点更多的是出于道德观念和增强国家实力，而提倡控制人口的观点则是从人口增长与物质财富、生产资料等

---

① 彭松建：《评坎南的适度人口理论》，《经济科学》1984 年第 5 期。
② 杜亚军：《索维的适度人口及其人口生态理论体系》，《人口学刊》1988 年第 4 期。
③ 左牧华：《评索维的适度人口理论》，《中国社会科学》1990 年第 6 期。
④ 毛锋、叶文虎：《论适度人口与可持续发展》，《中国人口科学》1998 年第 3 期。
⑤ 原新：《可持续适度人口的理论构想》，《人口与经济》1999 年第 4 期。
⑥ 关于我国适度人口理念及思想变化视角下的测度方法（包括技术模型和影响因素）在第三章进行系统回顾和评述。

增长的角度得出的，这些观点为控制人口数量奠定了思想基础。第二，到清代后期，我国实际上已经提出适度人口概念，随后陈长衡、孙本文和马寅初等陆续发展适度人口的标准，不仅包括人口增长与生产资料、经济发展、社会福利、生态环境等之间的适度，还提出了人口结构、素质等自身问题。但不幸的是中国适度人口当时被当成"马尔萨斯主义的幽灵"，被全盘否定，整整停滞了20余年。第三，改革开放以后，我国适度人口研究和讨论再度兴起，从适度人口发展来看既传承中国传统适度人口思想和理论，同时又严格坚持马克思主义适度人口观点，通过对生产资料所有制条件的界定将中国适度人口思想理论与西方资本主义适度人口理论严格区分。第四，中国现代适度人口研究也在不断借鉴和吸取西方适度人口理论的有益方面，比如索维的动态适度人口理论，这时期的学者提出通过技术进步、完善社会生产关系、提高人口质量等来提升适度人口容量空间，对我国人口管理和控制提供有益支持。第五，伴随着社会经济发展，适度人口研究也不断从早期的经济适度人口逐步向可持续发展的适度人口过渡，在测度方法、实现模式等诸多方面也在不断丰富和完善。

三　适度人口决定机制再认识："依靠人"和"为了人"的统一

通过上述对国内外适度人口思想、理论及相关研究的回顾和评述，形成适度人口决定的一般理论机制。从西方资本主义制度体现的适度人口决定机制来看，重点强调以人口为中心的生产和消费间的均衡；从马克思主义思想下的适度人口决定机制来看，重点强调物质资料生产和人类自身生产的相互适应。这两种思想下的适度人口决定机制从表面上看并没有矛盾，都是从人的生产和人的消费两种视角来找到一种平衡，这种平衡也受到外生技术等因素变化的动态影响，甚至在这种平衡中还找到了确定适度人口的定量边际均等条件。但是，西方资本主义制度下的适度人口确定将人口当成一个总体，掩饰了人口生产和人口消费的内部结构，尤其是在生产资料私有制条件下生产资料归少部分人所有，更多地强调经济生产的最大化目标。尽管也强调人的消费，但在按要素分配条件下，人的消费及满足受制于要素收入和社会发展的制约，实质上存在人的生产和人的消费不平衡，这种不平衡的根源在于生产资料所有制形式和生活资料分配方式。而马克思主义的适度人口决定机制充分考虑了这一问题，将适度人口的决定因素归结为物质资料生产和人类自身生产的相互适应，其本质是人生产和生育意愿及行为，这种意愿和行为本身受制于生产方式的社会形式影响，包括生产资料所有制形式、人在生产中的地位和关系、生产产品分配的形式等。当然，西方资本主义适度人口决定机制中的技术创新、制度创新等影响下的动态适度人口，实现人的幸福、人的最大满意目标及可持续发展目标等思想，均为适度人口决定机制构建提供了较大贡献。根据上述适度人口相关思想及理论，本研究构建了如图3-2所示的适度人口决定的理论机制。

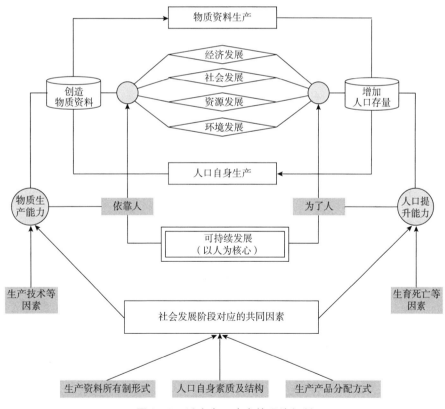

图 3-2　适度人口决定的理论机制

根据马克思历史唯物主义观点，社会生产包括物质资料生产和人口自身生产，即"两种生产"，但无论是经济社会发展目标，还是资源环境发展目标，都需要保持物质资料生产与人口自身生产一致或相适应。再根据既定适度人口内涵可知，这两种生产的一致或相适应对应着既定目标条件的人口数量，即适度人口。

第一，所谓既定目标条件包括经济发展目标、社会发展目标、资源发展目标、环境发展目标等，这实际上是取决于可持续发展的内涵，更具体来讲就是以人为核心的发展内涵，充分体现"依靠人"和"为了人"的发展理念，其中"依靠人"实际上是围绕经济、社会、资源和环境等，依靠人来进行创造和发展，属于物质资料生产的环节和范畴。"为了人"实际上是围绕经济、社会、资源和环境等，实现人的需求和满足，属于人口自身生产的环节和范畴。更具体来讲，适度人口就是要在可持续发展目标条件下实现"为了人"和"依靠人"的统一。

第二，"依靠人"的内涵是以人口为生产要素创造和生产物质资料，追求的目标是生产效益最大化，即在既定人口水平下得到最大化产出，核心取决于广义上的生产技术，包括人口与生产资料的结合方式。"为了人"的内涵是以物质资料为基础推进人口数量提升，追求的是生存满意度最大化，即在既定物质资料条件下得到最大化的人口生存意愿，核心取决于影响生育、生活、死亡等相关因素。因此，在确定可持续发展目标范畴条件下，从生产资料生产环节来看，适度人口追求人口边际生产能力最大化；从人口自身生产环节来看，适度人口追求产出边际满意度最大化。

第三，无论是"依靠人"还是"为了人"，在不同的社会发展阶段条件下还存在着同时影响物质资料生产和人口自身生产的相关因素，这些因素包括三点：一是生产资料所有制形式，即哪些人拥有生产资料，从而决定有效生产人口数量；二是人口自身素质及结构，包括文化技术等专业素质结构等，这一方面决定生产能力水平，另一方面也决定人口生活需求满意标准层次；三是生产产品分配方式，即哪些人真正参与了社会生产产品分配，从而决定有效的生存消费人口数量。这些因素在不同的社会发展阶段具有差异，共同决定着"为了人"和"依靠人"的统一和平衡。

第四，在可持续发展目标条件下，适度人口确定的目标条件要充分考虑人口与经济、社会、资源、环境等之间的内在关系，其中基本条件是经济发展，一方面创造出经济产出，包括产品及服务；另一方面这些产品和服务用以满足人的生活和再生产；最终目标是社会发展，即在物质条件保障基础上追求社会福利和社会文明程度的提升，根本在于实现人的发展，包括基本生活水平、公共服务满意程度、人类社会文明等；基础底线是生态发展，即保持资源和环境发展的可持续性，一方面要利用资源环境创造经济社会产出；另一方面也要实现资源环境的修复和再生。当然，在不同的社会发展阶段，适度人口目标应该与之对应。确定适度人口，关键在于找准可持续发展目标中的短板，并围绕"依靠人"和"为了人"提升既定模式下的适应度。

第二节　中国城市化进程中的城市适度人口概念框架

本研究将中国城市化进程中的适度人口定位为城市适度人口。与一般适度人口决定机制一致的是，都需要围绕人口找到一种平衡关系，包括物质资料生产和人口自身生产的协调，以及"为了人"和"依靠人"之间的统一；与一般适度人口决定机制不同的是，城市适度人口仅定位于城市，作为人口自身生产而言，其核心并不在于人口的出生和死亡，而在于人口在城市和农村间流动。另外最重要的是，适度人口目标定位及实现要受制于特定的历史发展阶段，尤其是不同阶段对应的生产模式和消费偏好。同样，就城市适度人口而言，也需要同城市化进程对应的生产模式及消费偏好等发展形态相互适应，具体来讲就是要针对目前城市化发展存在的问题，通过适度人口测度与实现来对应，最终推动城市化进程的升级。因此，本研究塑造城市适度人口概念框架，不仅不能脱离国内外适度人口理论，而且必须要与中国城市化进程相联系。以下主要通过基本内涵、依赖条件、运行目标、测度关键、实现重点和保障核心六个方面构建中国城市化进程中的城市适度人口概念框架，为本课题研究城市适度人口测度和实现提供基本理论和概念的支撑。

一 基本内涵：以人为核心的物质生产与消费满意间平衡

根据上述对适度人口决定机制的再认识，将城市适度人口基本内涵界定为：以人为核心的物质生产和人口消费之间的平衡，如图 3 - 3 所示。

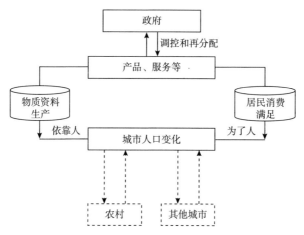

图 3 - 3 城市适度人口内涵界定的均衡体系

具体包括四个方面内容：（1）以人为核心就是要体现城市化进程和城市发展中的"为了人"和"依靠人"的核心思想，其中"为了人"是从消费视角体现城市人口生产出的社会产品要以人的需要偏好和满意程度作为核心标准，要实现人的基本生活和再生产保障，以及人的发展和人类社会的发展；"依靠人"是从生产视角体现城市人口利用物质资料进行再生产，以创造出更多社会产品作为标准，实现生产技术的不断提升。（2）按照马克思历史唯物主义思想，人类社会生产包括物质资料生产和人口自身生产，针对以人口为核心的城市发展也是如此，要保持物质生产和人口消费间的平衡，其中物质生产就是指城市人口利用资源和生产资料创造物质产品；人口消费主要指城市人口对创造的物质产品的消费，在特定消费偏好条件下决定着城市人口是否满意，如果满意则导致更多的人口进入城市，如果不满意将导致人口离开城市，当然这种满意是相对于农村或其他城市而言。（3）适度人口是以人为核心的物质生产和消费满意之间的平衡，这种平衡主要指宏观上的平衡。宏观上的平衡主要将人口作为总体来看，具有生产能力或生产能力较高的人群将创造出更多的社会产出，相反，其他人群不能进行生产或生产能力较弱，技术能力较差等都会导致这种格局，但通过生产要素分配、家庭亲属关系、政府再分配调控等手段在一定程度上可以实现这种宏观上的平衡，这种平衡并非相等。微观上的平衡主要指人口个体生产和消费之间的平衡，如果出现该个体做出的社会贡献大于其消费受益，这必然导致该个体存在离开城市的动机，在这种情况下政府需要进行相关公共服务进行调节，这种微观上的生产与消费的不平衡将难以保证宏观上的平衡。（4）这种物质生产和消费满意平衡的背后是存在城市化进程中人口在城乡间流动的自然选择，如果出现大量人口涌入城市，那一定是微观人口个体的物质生产小于消费满意度，当进入城市人口创造小于消费，会继续加快吸引人口的流入，相反就会导致人口流入的放缓，或者具有较高创造能力的人口流出……直到城市人口保持相对静止状态，此时的人口就为宏观上的适度人口。

二　依赖条件：与城市化进程中的生产及消费模式相适应

国内外适度人口理论的演进逻辑告诉我们，适度人口确定与实现和特定社会历史条件保持一致。同样，属于城市化进程范畴的城市适度人口确定与实现，也要和城市化进程阶段保持一致。换句话说，城市化进程决定着城市人口的生产模式和消费模式，而这种生产模式和消费模式间相互协调又是确定适度人口的根本和关键。具体来讲：生产模式包括生产关系和生产技术，在不同城市化发展阶段，产业分工、要素分配等都具有差异，同时技术创新、生产能力等也不同，这在城市适度人口确定中直接影响"依靠人"的物质资料生产能力。换句话说，物质资料生产能力可以提升，但特定物质资料生产能力条件下对应着特定数量的城市适度人口。消费模式主要指城市居民的消费偏好和满意度等，同样在不同城市化发展阶段，人口在城乡间转换程度及时间长短，以及物质资料满足和对人口的文明素质促进等，都将改变着人们对产品和服务的不同价值判断，这在城市适度人口确定中直接影响"为了人"的物质产品服务满意程度。同样，人的偏好和满意度也可以变化，但特定消费模式下将对应着特定数量的城市适度人口。因此，城市化进程中的城市适度人口确定一定依赖于城市化进程阶段所对应的生产模式和消费模式，不能脱离城市化阶段笼统测度城市适度人口。

三 运行目标：解决城市化存在的问题并推进城市化升级

实际上，城市人口适度与否是城市化进程的不同表现，同时城市人口适度又是与特定城市化阶段生产模式和消费模式相对应的。因此，实现和保持城市人口适度，不仅仅是数量上的人口增减变化，更重要的是解决城市化进程中的问题，而解决问题的关键就是要不断改变生产模式和消费模式，进而不断实现更多的城市人口对应更高的城市发展模式，实现城市化进程的不断升级。

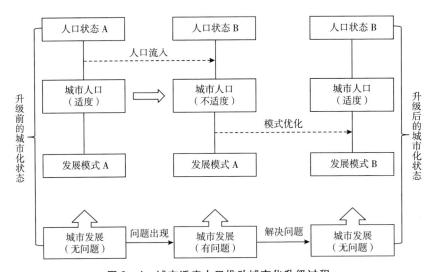

图 3-4 城市适度人口推动城市化升级过程

如图 3-4 所示，我们将人口状态 A 和发展模式 A 对应的城市人口假定为适度，在该状态下城市发展也假定不存在问题，即城市化的原始状态。但伴随着人口不断流入城市，从人口状态 A 转变为人口状态 B，但发展模式没有改变，仍然是发展模式 A，这时表现的城市人口将出现不适度，同时城市发展也出现相应问题。在这种状态下，要么减少城市人口，要么改变发展模式，前者减少人口将回到原来的适度人口状态，后者通过模式优化为发展模式 B 与人口状态 B 相对应，保持新的城市适度人口状态，从而解决城市发展问题。更为关键的是，通过发展模式优化，提升了城市人口适度的容量和空间，实现了城市化进程的升级。因此，我们将城市适度人口的实现过程定位为解决城市化进程中的问题，并推动城市化进程不断升级。测度和实现城市适度人口的基础是要分析目前我国城市化进程中存在的问题，并针对存在的问题找到测度和实现依据。

四　测度关键：合理确定范畴及目标并找到相对应的短板

测度城市适度人口是本课题研究城市化进程中城市适度人口的重要内容和基础。测度是要得出城市人口应该是多少，因此，就要寻找到相应的参照标准，在本研究中参照标准主要是依据同等条件下具有并实现了更高承载能力的地区。所以，城市适度人口测度的关键内容是，合理确定范畴及目标并找到相对应的短板，具体而言：第一，合理确定范畴。从城市适度人口的依赖条件和运行目标可知，城市适度人口测度要与城市化进程紧密结合，在城市适度人口测度的范畴确定上，需要分析目前我国城市化进程中存在哪些问题。从前文的城市化发展分析可以发现，目前我国城市化发展在经济运行、社会发展、资源利用和环境污染等方面都存在突出问题，因此，可持续发展思想可以从经济、社会、资源和环境方面确定城市适度人口测度的目标范畴。第二，合理确定目标。城市适度人口目标是在确定测度范畴的基础上应该达到的程度，实际上是提出一个可行的提升城市人口适度容量的空间。因此，本研究将城市适度人口测度目标定位为同等条件样本范围内，将平均城市人口承载能力作为静态基准，将 3/4 分位标准城市人口承载能力作为动态上限，换句话说，就是把同等条件的城市都能达到的承载力标准作为较低承载力城市追赶的目标。第三，合理确定短板。不同城市的城市化进程面临的经济运行、社会发展、资源利用和环境污染等问题程度不一致，从而对应的城市人口承载力水平也不一致，比如有的城市经济运行对应的城市人口承载能力标准较高，但是环境和资源对应的城市人口承载力标准较低，即便这样也不能允许其存在经济运行对应的城市适度人口。因此，需要找到城市化进程中的适度人口短板，只有短板对应的最小适度人口才是应该保持的城市适度人口。

五　实现重点：通过降低成本和提升收益来增加适度容量

城市适度人口测度仅仅得到的是该城市应该能达到的城市人口标准，根据测度关键分析可知，这个标准是参考同类城市已经达到的水平，但实际上的标准还需要针对城市自身提升其城市人口承载能力，即城市适度人口的容量和空间。因此，我们说通过城市适度人口测度来解决城市化存在的问题并推进城市化进程升级，关键就在于如何实现城市适度人口。从城市适度人口测度思想可以看出，实现城市适度人口关键并非改变实际人口，而是提升城市人口承载能力或者说适度的容量。从城市适度人口基本内涵来看，围绕经济运行、社会发展、资源利用和环境污染四个目标范畴，一方面是要降低依靠人的边际生产成本，包括提升物质资料的生产技术等因素；另一方面是要提升"为了人"的边际消费收益，即尽可能提升城市人口对社会提供的各项服务及产品的满意度。由于生产和消费存在城市人口结构差异，在消费上要尽可能发挥政府调控和再分配作用，另外也要引导城市人口生活标准与城市化发展阶段相适应。从降低边际生产成本和提升边际消费收益来看，提升和改善城市人口自身素质结构、完善生产资料所有制形式和生产产品及服务分配方式也至关重要。当然，不同的适度人口短板，对应的因素也具有差异，需要合理调整和完善与之密切相关的因素才能真正实现城市适度人口。

六　保障核心：政府推动人口流动转向创造条件引导流动

对于中国城市化进程中的城市适度人口实现，政府公共服务供给行为尤为关键。但是，上述对城市化进程的分析已经揭示出，我国城市化根本上是政策等相关利益诱导下地方政府主导的自上而下的强制性变迁过程。换句话说，是地方政府在主动推动着人口流动，即通过征地、拆迁等行政手段将人口从农村赶入城市，加上在人口不断流入城市过程中，城市发展还缺乏相应的公共服务供给和社会服务生产能力改善，最终出现的结果便是城市人口失调，同时城市化进程中城市发展问题出现。从本质上来讲，马克思关于适度人口的论述中人口再生产实际上是出于一种自愿行为，同样在城市化进程中人口是否进出城市也应该是一种自愿行为，这种自愿行为是建立在基于微观视角的消费满意收益大于物质生产成本的基础上，即便是选择离开城市也属于城市人口发展上的自然适度。因此，在推进城市化进程和实现城市化可持续发展中，地方政府需要转变职能，由原来的"自上而下"推动人口流动转变为"自下而上"地引导城市人口流动，这就需要在公共服务供给上寻找存在短板的领域并进行有效供给，这样就能合理实现城市适度人口，并解决城市化发展问题，推动城市化进程不断升级。

第四章

城市适度人口测度方法构建：从静态走向动态

在上述城市适度人口理论指导下，科学合理地选择和确定城市适度人口测度方法不仅是为从实证层面测度我国城市适度人口提供技术支撑，而且还为深入把握实现我国城市适度人口实现的路径机制以及如何制定合理的政策提供理论依据。实际上，早在 20 世纪 70 年代我国就已经形成较为完善的适度人口测度体系，随着影响城市人口的因素变得多元化，适度人口的测度方法也在不断发展与创新。但遗憾的是，已有的对适度人口的理解更多着眼于数量上的适度，使得测度适度人口的方法主要还停留于静态层面，即在现有社会经济发展方式和资源环境利用模式下确定适度人口数量。如果仍然基于静态视角测度我国城市适度人口，必然会导致"城市实际人口远远大于城市适度人口"的结果，从而阻碍我国城市化进程的推进。一个重要的原因在于这种静态的测度没有考虑城市社会经济和资源环境的承载能力提升，而影响城市适度人口的外生因素存在的潜在作用必须加以考虑。因此，在城市适度人口从数量向质量的转变过程中，测度城市适度人口的方法也必须从静态转向动态。本章首先回顾与评述国内外适度人口测度方法，包括测度适度人口的主要技术模型和影响城市适度人口的主要因素，在此基础上构建我国城市适度人口测度的理论框架和方法模型。

第一节　适度人口测度方法：回顾、评述与启示

城市适度人口测度本身属于区域适度人口测度的范畴，在理论技

术上具有共性特征，两者的差异主要取决于适度人口的影响因素，城市适度人口主要从城市环境角度选择，而区域适度人口包含了城市和农村，主要从整体区域角度进行选择。相比于区域适度人口而言，专门针对城市适度人口的研究相对较少。有鉴于此，本章在总体回顾适度人口测度方法的基础上，分别从适度人口测度的技术模型和影响因素两个层面进行评述和分析，其中技术模型主要从区域适度人口测度研究入手，当然也包括城市适度人口测度；影响因素主要从城市适度人口测度研究入手，体现影响和决定城市适度人口的相关因素。在此基础上，提出我国城市适度人口动态测度方法的主要借鉴与基本定位。

一 适度人口测度方法：不同目标视角下的回顾

无论是广义上的区域还是狭义上的城市，人口均分别与经济、社会、资源、环境等各方面发生联系，包括"生产"和"消费"两个方面，适度人口就是要保持人的边际生产能力和边际消费能力平衡，测度适度人口就是要考虑这些因素对人的边际生产能力和边际消费能力的影响。同时，在不同的发展阶段，确定适度人口的经济、社会、资源与环境目标选择也不同，这主要取决于构成对人的"生产"行为和"消费"行为影响在不同阶段的短板，比如，在发展的早期，生态环境容量较大，人的经济活动还没有受到生态的威胁，同时更加关心基本生活保障问题，人们主要关注经济产出，适度人口测度就主要基于经济发展目标；随着经济产出的不断增加，人们开始注重人的生活质量，因此适度人口测度需要考虑社会福利目标；随着经济发展行为的不断深化，生态环境遭到破坏并威胁到人的生产和生活活动，这一阶段的适度人口测度就需要考虑资源或环境目标等。回顾国内外适度人口的测度方法，主要是遵循从单一经济目标向经济、社会和生态等多元目标发展。

（一）单一经济目标视角下的适度人口测度研究回顾

国内外学者从单一经济目标视角研究适度人口的成果较多：国外早期

对适度人口的研究主要开始于经济适度人口，测度适度人口的方法也主要是建立在经济增长目标的基础上，就像维克赛尔所提出的：一个国家拥有的适度人口应该考虑工农业生产能力和供养能力。[1] 基于经济增长目标的适度人口测度不考虑人的社会福利，也不考虑人的行为对生态环境的创造和利用，重点在于创造产出和产出服务于人的边际平衡进行衡量，核心是人的生产能力及技术。最具代表性的经济适度人口测度方法是萨缪尔森（Samuelson）1970 年建立的人均产量与人口数量间的二次函数关系 $y = A + aP - bP^2$，并以最大化人均产出为目标计算最优即适度人口规模。[2] 进一步，杨克（Yunker）1973 年指出以上适度人口的最优公式不适用于其他时期的适度人口测算，公式中的系数应该有一个时间函数，由此提出了包含时间变量在内的适度人口测度模型 $y = A + (m + m^2) p - bp^2$。[3] 相关的研究还包括纳拉亚纳（Narayana）1988 年从区域经济发展与人口数量关系构建的区域人口适度模型[4]；达斯古普塔（Dasgupta）1999 年将经济增长目标拓展到全球经济增长和全球经济承载能力视角来确定人力可持续性人口数量[5]；耶格和库勒（Jaeger & Kuhle）2009 年将人口因素置于新古典经济增长两阶段交替模型中，通过求解得出人口内生最优增长率的一般条件，即不同的人口动态增长路径对应经济发展增长水平的差异[6]；伦斯托姆和斯帕塔罗（Renström & Spataro）2011 年[7]将经济增长路径细化为消费和资本拉动，通过最优消费和最优资本目标计算出最优人口增长率。国内学者

---

[1] 李仲生：《人口经济学》，清华大学出版社，2009，第 138 页。

[2] Samuelson, Paul A, *Economics* (New York: McGrow - Hill, 1970), p. 550.

[3] James A. Yunker, "A Statistical Estimate of Optimum Population in the United States", *Nebraska Journal of Economics & Business*, 12 (1973): 3 - 11.

[4] M. R. Narayana, "Optimum Population Size for a Regional Economy: An Analytical Approach", *Indian Journal of Quantitative Economics* 4 (1988): 77 - 83.

[5] P. S. Dasgupta, "On the Concept of Optimum Population", *Global aspects of the environment* 2 (1999): 343 - 366.

[6] Klaus Jaeger, Wolfgang Kuhle, "The Optimum Growth Rate for Population Rreconsidered", *Journal of Population Economics* 22 (2009): 23 - 41.

[7] Thomas Renström, Luca Spataro, "The Optimum Growth Rate for Population under Critical - Level Utilitarianism", *Journal of Population Economics* 24 (2011): 1181 - 1201.

专门针对经济适度人口的研究相对较少，包括吴瑞君等（2003）[①]、李卢霞等（2005）[②]、彭宇柯（2011）[③]，原因是适度人口研究在国内广泛兴起时，我国经济发展已经开始面临社会压力和环境压力。尽管如此，这些研究在适度人口确定方式上又有所拓展，比如吴瑞君等 2003 年将人口与经济的关系置于开放视角予以考虑。李卢霞等 2005 年着重强调技术进步对经济适度人口的影响。彭宇柯 2011 年将经济视角的适度人口规模拓展到人口增长、人口结构、人口质量和人口分布上的适度。

综合来看，单一经济目标视角下的适度人口测度适合于经济发展的早期或起步阶段，主要针对实现经济的最优增长，核心是生产技术决定既定经济发展目标下的人口数量。通过对上述研究的归纳，可以拓展的方向大致包括三项。一是考虑时间上的动态测度，这实际上就需要考虑不同时间上的生产能力技术和人们满足要求的变化及相对匹配关系，尤其是技术进步带来对适度人口的影响。二是确定经济适度人口，前提是要合理建立人口和经济增长的路径模型，需要采取更有效的方法实现两者的拟合度最优，从而使得出的适度人口数量更加准确，包括拟合模型选择、技术方法选择、空间关联选择等。三是就适度人口本身而言，除了考虑适度人口规模外，还需要更加细化地考虑人口增长、结构、质量和分布等问题。这些均为本文确定城市化进程中的城市适度人口测度提供了借鉴和支持。

（二）多元发展目标视角下的适度人口测度研究回顾

如前所述，人口不仅存在于经济体系，还存在于社会和生态体系。换句话说，人口在进行经济创造的过程中，需要不断地利用生态资源和社会资源，同时在受益于经济发展中又需要不断创造生态资源和社会资源。这样，适度人口确定就从单一的经济平衡演化为多元的经济、社会和生态等

[①] 吴瑞君、朱宝树、王大犇：《开放型区域经济适度人口的研究方法及其应用》，《人口研究》2003 年第 5 期。

[②] 李卢霞、孙晓燕、梁冬：《技术进步与经济适度人口》，《南京人口管理干部学院学报》2005 年第 3 期。

[③] 彭宇柯：《经济适度人口规模研究——以湖南省为例》，《生产力研究》2011 年第 9 期。

系统平衡，为此测度适度人口就需要考虑多元发展目标。

1. 考虑社会福利目标的适度人口测度

比如霍根（Hogan）1974 年提出一定时期的适度人口存在一个有约束的社会福利最大化问题，因此在杨克 1973 年[①]研究经济适度人口的基础上，建立了取决于人均产出带来社会福利最大化目标的适度人口确定模型。[②] 杨克（1974）[③] 又针对霍根（1974）[④] 所构建的社会福利目标确定适度人口模型，指出社会福利函数除了受到人均产出影响外，还受到与人口数量相关的"公益产品"和"公害产品"的影响，从而优化了社会福利视角下的适度人口测度模型。吴瑞君等 2003 年将就业水平考虑为社会福利的一个重要方面，提出就业水平是制约人口容量乃至适度人口规模的重要因素，即在一个社会平均抚养系数下，一个地区可以提供的就业岗位数量和质量决定该地区适度人口，因此区域适度人口等于就业需求量乘以 1 加上平均抚养系数。[⑤] 王颖等 2011 年从人的满意度出发，从吃、用、国家实力等方面选择指标，采用"可能—满意度"方法对中国适度人口规模和结构进行测度。[⑥] 彭宇柯 2011 年在此基础上进一步将人口适度规模拓展到人口数量、质量、结构等关系上。[⑦]

2. 考虑资源环境条件下的适度人口测度

在我国适度人口研究早期，更多是考虑土地、石油、水等资源对人口行为的制约，进而以此为依据确定最优人口规模，比如朱国宏 1995 年所研究的"人地关系论"，通过人口增长和土地面积的简单对比揭示出一定土

①　James A. Yunker, "An Empirical Estimate of Optimum Population：Reply，" *Nebraska Journal of Economics & Business* 13（1974）：63 – 72.

②　Hogan，Timothy D，"A Note on Empirical Estimation of Optimum Population，" *Nebraska Journal of Economics & Business* 13（1974）：70 – 73.

③　James A. Yunker, "An Empirical Estimate of Optimum Population：Reply，" *Nebraska Journal of Economics & Business* 13（1974）：63 – 72.

④　Hogan，Timothy D，"A Note on Empirical Estimation of Optimum Population，" *Nebraska Journal of Economics & Business* 13（1974）：70 – 73.

⑤　吴瑞君、朱宝树、王大犇：《开放型区域经济适度人口的研究方法及其应用》，《人口研究》2003 年第 5 期。

⑥　王颖、黄进、赵娟莹：《多目标决策视角下中国适度人口规模预测》，《人口学刊》2011 年第 4 期。

⑦　彭宇柯：《经济适度人口规模研究——以湖南省为例》，《生产力研究》2011 年第 9 期。

地面积上拥有适度人口的核算方法[①]；徐亲知和徐大鹏 2000 年将人均石油储备等资源型因素纳入适度人口确定中[②]；张帆和王新心 2001 年通过分析秦皇岛城市性质和功能定位，并挖掘该城市的短板因素，得出城市适度人口主要取决于水资源，并通过历史水资源承载人口标准作为未来适度人口的判断[③]；徐琳瑜等 2003 年在考虑生活舒适度基础上，将资源承载能力纳入适度人口确定的考虑[④]；曾勇等 2004 年以人均建设用地和用地结构为标准，通过不同类型的地区建设用地总有效供给和人均建设用地指标值来求出浦东新区不同类型地区的适度人口[⑤]；刘雅轩等（2007）[⑥]、刘雁和刘春艳（2009）[⑦] 均采用 P－R－E 模型来分析适度人口，P－R－E 模型主要是通过计算经济—资源人口容量，来求得各地区人口经济—资源压力系数，用以评价区域人口与经济—资源的协调度，其实质是以人均 GDP、人均粮食产量作为计算标准。

3. 综合考虑各种条件下的适度人口测度

主要是指在适度人口测度中将经济、社会、资源与环境等各种因素综合考虑，以此确定适度人口。比如王爱民和尹向东 2006 年不仅考虑经济适度人口，而且考虑资源适度人口、生态适度人口和空间适度人口，构建多目标的适度人口测度体系，[⑧] 其中：经济适度人口主要采用不同时期 GDP 的预测和居民预期生活水平来测算；资源适度人口主要根据不同供水条件和供水定额，采用多目标分析模型确定水资源适度人口；生态适度人口主要将生态用地换算成生态林地，再根据人均占有森林面积标准确定生态适

---

① 朱国宏：《人地关系论》，《人口与经济》1995 年第 1 期。
② 徐亲知、徐大鹏：《关于大庆适度人口问题的研究及其意义》，《工业技术经济》2000 年第 5 期。
③ 张帆、王新心：《秦皇岛市适度人口规模研究》，《城市问题》2001 年第 6 期。
④ 徐琳瑜、杨志峰、毛显强：《城市适度人口分析方法及其应用》，《环境科学学报》2003 年第 3 期。
⑤ 曾勇、吴永兴、俞小明、蒋晔：《上海市浦东新区土地利用与适度人口规模研究》，《人文地理》2004 年第 6 期。
⑥ 刘雅轩、张小雷、雷军：《新疆适度人口初步研究》，《干旱区资源与环境》2007 年第 5 期。
⑦ 刘雁、刘春艳：《基于 P－R－E 模型的区域适度人口研究》，《社会科学战线》2009 年第 11 期。
⑧ 王爱民、尹向东：《城市化地区多目标约束下的适度人口探析——以深圳为例》，《中山大学学报》（自然科学版）2006 年第 1 期。

度人口；空间适度人口主要将区域分为高度城市化区、次城市化区、生态敏感区进行分类测算。除此之外，潘竟虎 2013 年从用地空间、可供水量、绿地指标、生态足迹和生态敏感性五个方面测算兰州市的生态适度人口与最大人口规模。[①]

从上述研究可知，多元发展目标视角下的适度人口测度实际上是在单一经济目标视角下进行拓展，本质是考虑人口影响的多维特征，试图尽可能全面和准确地刻画适度人口规模问题。无论是社会福利目标下的适度人口还是资源环境目标下的适度人口，以及多目标综合条件下的适度人口都离不开经济适度人口这一基础，原因是社会福利和资源环境等都是建立在人与经济发展关系基础上的。基于上述思想，本研究确定城市适度人口测度方法，需要考虑当前城市化进程中人口面临的各种关系，可能就包括经济、社会、环境和资源等，当然这也取决于城市化发展阶段面临的问题，即人口在城市发展过程中面临的短板，这也是本研究在城市化进程中测度城市适度人口应该体现出的特征和差异。

二 区域适度人口测度的技术模型：比较与评价

技术模型是测度城市适度人口的一个重要方面，本研究通过对收集的 49 篇关于适度人口测度的中文文献整理发现，区域适度人口测度的技术模型较多，均是基于"最优"思想，但"最优"的侧重点不同。本研究主要将其分为三种类型：一是基于最优条件的适度人口确定技术模型，如供需均衡模型、可能满意度模型；二是基于最优目标的适度人口确定技术模型，如基于生态适度人口的生态足迹模型、基于经济适度人口的 EOM - PP 模型、基于经济和资源适度人口的 P - R - E 模型、多目标决策模型等；三是基于最优过程的适度人口确定技术模型，如系统仿真适度人口测度模型、EFL 动态适度人口测度模型（见表 4 - 1）。

[①] 潘竟虎：《多指标约束的兰州市生态适度人口测度》，《人口与发展》2013 年第 2 期。

表 4 - 1　区域适度人口测度的主要技术模型比较

类　型	主要模型	基本思想借鉴	主要缺陷
基于最优条件	供需均衡模型	基于人口作为内生变量的某一条件供给和需求均衡，以此计算适度人口	第一，难以基于人口分别预测供给和需求；第二，均衡条件对应的目标因素单一
	可能满意度模型	以最令人满意的方式来达到某项特定目标的人口，即通过与人口有关的可能度和满意度耦合来计算适度人口	第一，可能度的能力及条件指标难以确定；第二，满意度的目标标准难以确定
基于最优目标	生态足迹模型	一个区域的生态适度人口取决于区域的生态承载能力和区域人口对生态资源的需求	仅考虑生态资源，忽视经济、社会发展对人口的作用
	EOM - PP 模型	将人口与经济的关系拓展到人口与具体的产业、人口与劳动生产率大小、人口与年龄结构贡献、人口与社会福利贡献等领域，实际上是以细化后经济增长作为参考标准确定适度人口	第一，仅考虑经济因素对人口的制约作用，忽视了其他因素；第二，模型对适度人口测度主要依赖于相关参数的预测值，如果预测值不准将导致适度人口测度偏误较大
	P - R - E 模型	采用 P - R - E 模型测度适度人口主要是考虑经济发展水平和资源利用水平两大关键因素	第一，没有合理区分经济与资源间的内生关系；第二，参考地区人均经济标准和人均资源标注如何选择是假设在参考地区的经济和资源静态人口承载力基础上考虑，缺乏将动态上的变化因素纳入到承载力标准上
	多目标决策模型	多目标决策模型测度适度人口是考虑人口不仅与社会经济发展相联系，而且还与资源环境的生产能力和供给能力相互协调，换句话说，适度人口是由经济因素、社会因素、环境因素等共同决定，取决于经济、社会和环境的综合承载能力	人口与经济、社会、资源和环境的内生关系没有得到体现，独立地考虑人口与经济、人口与社会等关系

类　型	主要模型	基本思想借鉴	主要缺陷
基于最优过程	系统仿真适度人口测度模型	构建经济发展与人口间的系统仿真系统，基于经济发展对人口需求和资源、环境及社会发展对人口制约确定适度人口的动态均衡体系，核心是需求与制约间的均衡，逻辑是当经济发展规划导致人口变化出现异常，即触及上下临界值时，系统出现危机信号，进而要求决策系统调整政策变量，保证既定目标下的均衡，进而确定新的适度人口规模	第一，随着人口关联因素的越加复杂，这样一个仿真系统的构建难度将增大；第二，需要更多去假设关系变量，从而使得仿真系统模拟的实际特征性变弱
	EFL 动态适度人口测度模型	EFL 指人口、环境、功能和区位共同构成的有机、协调和共生的生态体系，在此系统中人口作为动力因素。不同条件下，除了人口以外的上述因素决定了特定条件的适度人口，而该定义下的适度人口随着环境变化、政策功能定位变化、规划区位变化等发生变化	尽管 EFL 理清了适度人口的确定逻辑，但是如何构建政策到人口的均衡体系及定量测度仍然是一个尚未解决的问题

（一）基于最优条件的适度人口测度模型

最优条件是指确定适度人口的准则，即按照什么准则确定适度人口，目前围绕准则形成的适度人口测度模型包括供需均衡模型和可能满意度模型，前者是以人口为自变量衡量供给函数与需求函数相等来确定最优适度人口，后者是围绕人口承载力形成的承载可能度和消费满意度的耦合决定的最优适度人口。

1. 供需均衡模型

（1）基本原理

利用供需均衡模型测度适度人口的基本思想是：由人口因素决定的某一变量在不同时点保持均衡，比如包含人口因素的劳动力总供给等于劳动力总需求（李小平，1990[①]），决定的最优人口数量就是适度人口。除此之外，还有选择以人口为内生变量的其他供求均衡的相关恒等标准，比如，王艳和李俭富 2008 年以水资源的供给和需求相等来确定适度人口规模。[②]

其基本模型为：

$$
\begin{aligned}
&\max \quad P_t \\
&\text{s.t.} \quad D_t = S_t \\
&\quad D_t = D_t(X_1,\ X_2,\ \cdots,X_n,\ P_t(g)) \\
&\quad S_t = S_t(Y_1,\ Y_2,\ \cdots,Y_n,\ P_t(g))
\end{aligned}
\qquad 4.1.1
$$

其中 $P_t(g)$ 代表作为内生变量的人口数，该变量分别影响均衡变量的需求和供给，D_t 代表构成均衡条件的需求变量，X_1，X_2，$\cdots$，X_n 表示影响需求的其他因素，S_t 代表构成均衡条件的供给变量，Y_1，Y_2，$\cdots$，Y_n 表示影响供给的其他因素。从相关研究来看，这种均衡可以包括劳动力、水资源等变量的供求均衡。

（2）主要评述

该模型实质是考虑人口与相关均衡变量的双重内生关系，一方面人口对均衡变量的供给产生作用；另一方面人口对均衡变量的需求产生作用，而这两种作用一定是相反，这样能够在产生不同方向作用基础上形成均衡和交叉，找到最优适度人口。这种方法具有较强的理论和逻辑依据，但是也存在两个问题：一是对均衡变量的供给和需求在同一人口维度下进行预测是较为困难的，二是该方法由于基于某一变量的均衡，所以仅仅是衡量了单一影响因素均衡，比如劳动力、土地、水等，缺乏对城市系统多目标因素的考虑。

2. 可能满意度模型

（1）基本原理

可能满意度模型是基于"需要"与"可能"两方面进行考虑，"需要"更多指主观意愿和期望，"可能"更多指客观上的条件或可行性。就

[①] 李小平：《论宏观与微观两种适度人口规模的矛盾冲突与缓冲对策》，《中国人口科学》1990 年第 5 期。

[②] 王艳、李俭富：《成都市适度人口容量研究：基于水资源约束的视角》，《城市发展研究》2008 年第 5 期。

人口而言，一方面要实现自身的协调；另一方面还要保持与经济、社会、资源环境等外生条件的协调，基于可能满意度测度的适度人口可以理解为以最令人满意的方式来达到某项特定目标的人口。[①]

具体思路是：首先基于单一指标确定和分析可能满意度曲线。设某一特定指标的属性 r，其可能度曲线为 $P(r)$，另一属性 s，其满意度曲线为 $Q(s)$。假设某一特定指标的属性 r 和 s 同另外的属性 a 满足某一关系，即 $f(r, s, a) = 0$，a 通常指人口规模。通过一定规则可以将 $P(r)$ 和 $Q(s)$ 合并成一条相对于 a 的可能满意曲线，该曲线既描述了该特定指标的可能性，又描述了其满意度。比如王颖等 2011 年分别描述了粮食、土地、水资源、GDP 等具体指标的可能度和满意度。[②] 另外采用多目标优化决策系统，可以将单一指标的可能满意曲线合成并求解适度人口目标规模。

（2）主要评述

基于可能满意度的适度人口测度模型，主要基于可能度与满意度的耦合确定适度人口，从单一目标拓展到多目标分析。这一方法在可能度方面主要基于一种客观条件和能力，在满意度方面主要基于特定目标标准或人的观点表达，由此在确定满意度中具有较大的主观性，且有的指标的满意度难以量化。

（二）基于最优目标的适度人口测度模型

最优目标是指确定适度人口的目标依据，即以什么目标为导向确定适度人口，不同目标导向下对应的适度人口具有差异。比如，生态足迹模型主要以生态承载能力为导向确定生态适度人口；EOM-PP 模型主要以经济发展为导向确定经济适度人口；P-R-E 模型分别以经济和资源因素为导向确定适度人口；多目标决策主要将多个因素或目标作为确定适度人口的依据。

1. 生态足迹模型及其拓展

（1）基本原理

利用生态足迹模型测度适度人口，其基本思想为：一个区域的生态适

① 王颖、黄进、赵娟莹：《多目标决策视角下中国适度人口规模预测》，《人口学刊》2011年第4期。
② 同上。

度人口取决于区域的生态承载能力和区域人口对生态资源的需求①②③④⑤⑥。张建坤等 2010 年在生态足迹模型基础上构建了产业生态足迹和产业生态承载能力的产业适度人口模型。⑦ 代富强等 2012 年将生态足迹模型引用到"可能—满意度"中来研究适度人口，形成生态承载能力的"可能度"和人们对生态产品和服务消费的"满意度"。⑧ 李成英2014年将通常使用的"全球公顷"生态足迹模型修正为"国家公顷"生态足迹模型。⑨

基于生态足迹模型测度生态适度人口主要包括三个步骤：

第一步：生态足迹（生态需求）计算

$$EF = N \times ef = N \times \sum_{j=1}^{6} r_j A_j = N \times \sum_{j=1}^{6} \sum_{i=1}^{n} r_j \times \frac{c_i}{p_i} \qquad 4.1.2$$

其中 EF 表示总生态足迹，N 为人口数，ef 为人均生态足迹，j 为生态生产性土地类型，r_j 为均衡因子，A_j 为折算的人均占有第 j 类生态生产性土地面积，i 为消费项目类型，c_i 为第 i 种消费项目的人均消费量，p_i 为第 i 种消费项目的全球平均产量。

第二步：生态承载力（生态供给）计算

$$EC = N \times ec = N \times \sum_{j=1}^{6} \alpha_j r_j \gamma_j \qquad 4.1.3$$

① 彭希哲、刘宇辉：《生态足迹与区域生态适度人口——以西部12省市为例》，《市场与人口分析》2004年第4期。
② 吕晓军：《基于生态足迹的区域生态适度人口研究——以新疆生产建设兵团为例》，《地域研究与开发》2012年第4期。
③ 唐湘玲、吕新、薛峰：《基于生态足迹的新疆适度人口研究》，《干旱区资源与环境》2012年第7期。
④ 张民侠、郑怀兵：《基于生态足迹分析的经济发达地区生态适度人口研究——以无锡市为例》，《林业经济》2013年第2期。
⑤ 刘峻：《基于生态足迹理论的青海适度人口研究》，《青海社会科学》2013年第5期。
⑥ 赵玲：《城镇化进程中青藏高原城市适度人口容量分析》，《生态经济》2014年第8期。
⑦ 张建坤、王朝阳、王彪：《基于生态足迹的产业适度人口分析——以南京市为例》，《人文地理》2010年第6期。
⑧ 代富强、吕志强、周启刚：《生态承载力约束下的重庆市适度人口规模情景预测》，《人口与经济》2012年第5期。
⑨ 李成英：《基于"国家公顷"生态足迹的青海省适度人口规模透析》，《生态经济》2014年第8期。

其中 EC 表示生态承载能力，N 为人口数，ec 为人均生态承载能力，α_j 为人均实际占有的第 j 类生态生产性土地面积，r_j 为均衡因子，γ_j 为产量因子。

第三步：计算基于生态足迹的适度人口

$$P = N \times ec/ef \qquad\qquad 4.1.4$$

其中 P 为生态适度人口。

（2）主要拓展

拓展模型一：基于生态足迹模型的产业适度人口

产业适度人口实质是分产业计算生态足迹和生态承载能力，第 k 产业的适度人口为：

$$P_k = EC_k/ef_k \qquad\qquad 4.1.5$$

EC_k 为第 k 产业的生态承载能力，ef_k 为第 k 产业的人均生态足迹。

拓展模型二：基于生态足迹的"可能—满意度"适度人口

基于生态足迹的"可能—满意度"适度人口模型，一是从生态承载能力的"可能度"出发，得出一定区域提供生产产品及服务能够承载的最大人口数量；二是从生态足迹的"满意度"出发，分析人们对生态产品和服务消费的满意程度。通过两者的耦合，找到区域生态承载力"可能度"和生态足迹"满意度"达到均衡点的人口数量，即适度人口。

第一步：计算生态承载力 r 可能度曲线

$$p(r) = \cfrac{1}{1 + \exp(2 - 4 \times \cfrac{r - r_B}{r_A - r_B})} \qquad\qquad 4.1.6$$

其中 r 表示生态承载力，最大生态承载力为 r_A，最小生态承载力为 r_B。

第二步：计算人均生态足迹 s 的满意度曲线

$$q(s) = \cfrac{1}{1 + \exp(2 - 4 \times \cfrac{s - s_B}{s_A - s_B})} \qquad\qquad 4.1.7$$

其中 s 表示人均生态足迹，s_A 表示人们满意的最小的人均生态足迹，s_B 表示肯定不满意的最大的人均生态足迹。

第三步：计算适度人口

$$\begin{cases} w(a) = \max\min\{p(r)\ ,\ q(s)\} \\ s.t.\quad \dfrac{r}{s} - a = 0 \end{cases} \qquad 4.1.8$$

计算得到

$$w(a) = \cfrac{1}{1 + \exp(2 - 4 \times \cfrac{-r_B + as_b}{(r_A - r_b) - a(s_A - s_B)})} \qquad 4.1.9$$

其中 a 表示人口规模。

拓展模型三："国家公顷"生态足迹的适度人口模型

该模型主要在计算生态承载力中，将均衡因子和产量因子改变为评价地区的当量因子和产量因子。同时，类推经济适度人口的计算方法：

$$E = n \times \frac{GDP_{qy}}{RGDP_{qg}} \qquad 4.1.10$$

其中 GDP_{qy} 表示区域 GDP，$RGDP_{qg}$ 表示全国人均 GDP。

（3）主要评述

采用生态足迹模型测度适度人口的出发点是考虑人类对自然生态系统的依赖，协调人类进行经济发展和保护生态环境的关系，最终实现人类的可持续发展。所测度的适度人口主要是生态适度人口，即将生态资源当成发展面临的短板，尤其是随着发展强度增大，人地关系日益紧张，测度生态适度人口具有重要的意义和价值。其测度的基本思想是以本地区的生态承载能力为供给能力，以人均生态足迹为标准参考值，计算本地区的生态适度人口。该模型存在的局限是仅考虑生态资源，从而得出的是生态适度人口，忽视了经济、社会发展对人口的影响。

2. EOM – PP 模型

（1）基本原理

应用 EOM – PP 模型测度经济适度人口最早由毛志锋[1]提出，其基本思想是将人口与经济的关系拓展到人口与具体的产业、人口与劳动生产率大小、人口与年龄结构贡献、人口与社会福利贡献等领域，实际上是以经济

---

[1]　毛志锋：《适度人口与控制》，陕西人民出版社，1995。

增长作为参考标准，并将经济增长标准进行纵向细化与分解，更加精确地刻画适度人口。随后相关研究分别采用该模型测度各地经济适度人口，比如基于 EOM – PP 模型，陈家华等 2002 年用于测度浦东新区经济适度人口，[①] 彭宇柯用于测度湖南省的经济适度人口，[②] 李丹霞用于测度陕西省经济适度人口等[③]。

　　基于 EOM – PP 的经济适度人口模型主要是通过人口平衡方程，再结合三次产业劳动生产率和 GDP 的关系导出：

$$p(t) = P(t_0) \times \left[\frac{y(t_0)}{y(t)}\right] \times \left[\frac{P_u(t)}{P_u(t_0)}\right]^{m1} \times \left[\frac{P_o(t)}{P_o(t_0)}\right]^{m2} \times \left[\frac{SHL(t)}{SHL(t_0)}\right]^{m3} \times$$

$$\left[\frac{\theta_1(t)}{\theta_1(t_0)}\right]^{1-\frac{LS(t)}{L(t)}} \times \prod_{i=1}^{3} \left[\frac{X_i(t)}{X_i(t_0)}\right]^{D_i}$$

4.1.11

其中：$P(t_0)$ 表示参考期人口数量；

　　　$y(t_0)$ 和 $y(t)$ 分别表示参考期和预测的人均 GDP；

　　　$P_u(t)$ 和 $P_u(t_0)$ 分别表示预测和参考期的未成年人口，$m1$ 表示未成年人口占比；

　　　$P_o(t)$ 和 $P_o(t_0)$ 分别表示预测和参考期的老年人口，$m2$ 表示老年人口占比；

　　　$SHL(t)$ 和 $SHL(t_0)$ 分别表示预测和参考期劳动适龄人口，$m3$ 表示劳动适龄人口占比；

　　　$\theta_1(t)$ 和 $\theta_1(t_0)$ 分别表示预测期和参考期适龄人口中非在业人口占人力资源总量的比例参数，$LS(t)$ 表示第 t 年的劳动力总量，$L(t)$ 表示第 t 年的经济活动人口；

　　　$X_i(t)$ 和 $X_i(t_0)$ 分别表示第 i 产业的劳动生产率，D_i 表示第 i 产业占 GDP 比重。

[①] 陈家华、文宇翔、李大鹏：《有关区域合理人口规模定量研究方法的讨论》，《人口研究》2002 年第 3 期。

[②] 彭宇柯：《经济适度人口规模研究——以湖南省为例》，《生产力研究》2011 年第 9 期。

[③] 李丹霞：《基于 EOM – PP 模型的陕西省经济适度人口规模研究》，《安康学院学报》2014 年第 4 期。

（2）主要评述

EOM - PP 模型主要用于测度经济适度人口，并围绕人口细分出不同产业、不同的年龄结构和不同的劳动生产率等，使得经济适度人口测度更加细化和准确。但存在的局限包括：一是 EOM - PP 模型仅考虑经济因素对人口的制约作用，忽视了其他因素；二是模型对适度人口测度主要依赖于相关参数的预测值，如果预测值不准将导致适度人口测度偏误较大。

3. P - R - E 模型

（1）基本原理

朱宝树1993年利用人口、经济与环境三大系统的协调关系，提出测度适度人口的 P - R - E 模型，[1] 其中 P 代表现实人口数量，E 代表经济人口容量，R 代表资源人口容量。该模型的基本思想认为，随着人口不断发展，人口数量首先取决于经济发展水平，其次是受到自然资源的制约，因此，采用 P - R - E 模型测度适度人口主要是考虑经济发展水平和资源利用水平两大关键因素。在具体应用上，刘雅轩等、刘雁和刘春艳利用 P - R - E 模型测度了新疆和吉林等地区的适度人口。[2][3]

P - R - E 模型测度适度人口主要有三个步骤。

第一步，测度经济适度人口

$$ME_i = \frac{GDP_i}{GDP_0} \times P_0 \qquad\qquad 4.1.12$$

其中：ME_i 表示需要测度的经济适度人口，GDP_i 表示需要测度地区 GDP，GDP_0 表示参考标准地区 GDP（比如：全国），P_0 表示参考标准地区总人口。

第二步，测度资源适度人口

$$MR_i = \frac{MJ_i}{MJ_0} \times P_0 \qquad\qquad 4.1.13$$

其中：MR_i 表示需要测度的资源适度人口，MJ_i 表示需要测度地区的资源量（比如：粮食、播种面积等），MJ_0 表示参照标准地区资源量（比如：

---

① 朱宝树：《人口与经济——资源承载力区域匹配模式探讨》，《中国人口科学》1993 年第 6 期。

② 刘雅轩、张小雷、雷军：《新疆适度人口初步研究》，《干旱区资源与环境》2007 年第 5 期。

③ 刘雁、刘春艳：《基于 P - R - E 模型的区域适度人口研究》，《社会科学战线》2009 年第 11 期。

全国)，P_0 表示参照标准地区总人口。

第三步，将经济适度人口与资源适度人口加权

$$MP_i = \alpha ME_i + \beta MR_i \qquad 4.1.14$$

其中：α 和 β 分别表示经济适度人口和资源适度人口的权重，一般采用建立计量方程进行回归确定。

（2）主要评述

P – R – E 模型测度适度人口是将经济适度人口和资源适度人口相结合，综合考虑了经济生产能力和资源利用能力对人口的影响，在基于单一因素测度适度人口基础上迈进了一步，其基本原理是以被测地区的经济总量和资源容量为基础，以参考地区的人均经济和人均资源量为标准进行测度。主要的局限是没有合理区分经济与资源间的内生关系，同时经济和资源方面考虑的因素较为局限，仅选择了 GDP、粮食资源等；另外，如何选择参考地区人均经济量标准和人均资源量标准也缺乏相关说明，更多的是假设在参考地区经济和资源静态人口承载力的基础上加以考虑，缺乏将动态上的变化因素纳入到承载力标准上。

4. 多目标决策模型

（1）基本原理

多目标决策模型测度适度人口是考虑人口不仅与社会经济发展相联系，而且还与资源环境的生产能力和供给能力相互协调（李秀霞和刘春艳，2008[①]），换句话说，适度人口是由经济因素、社会因素、环境因素等共同决定，取决于经济、社会和环境的综合承载能力，其基本公式表示为：

$$OP = f(e, s, ev, u) \qquad 4.1.15$$

其中 OP 表示适度人口，e 表示经济因素，s 表示社会因素，ev 表示环境因素，u 表示其他扰动因子。

多目标的适度人口测度一般都是从各个目标去寻找标准承载力指数，再用相关因素去计算标准承载力条件下的适度人口。李秀霞和刘春艳分别从生

---

① 李秀霞，刘春艳：《基于综合承载力的区域适度人口研究》，《干旱区资源与环境》2008 年第 5 期。

态承载人口、经济承载人口和土地承载人口三个方面计算综合承载力的适度人口，当然假设三个方面的权重相等。潘竟虎 2013 年从用地空间、可供水量、绿地指标、生态足迹和生态敏感性五个方面计算各因素对应的适度人口，并按照短板原理确定影响适度人口的最短板为生态敏感性因素。[①]

（2）主要评述

多目标决策模型确定适度人口考虑了经济、社会、生态环境等多维因素，体现了人口在整合社会经济和生态资源系统中的内生作用，弥补了前面几种方法面临的单一因素决定适度人口的不足，同时该方法还提出了短板原理在确定适度人口中的作用，为本研究分析城市适度人口提供借鉴。但是，该方法存在的一个主要问题是没有对人口与经济、社会、资源和环境的内生关系进行有效刻画，尤其是没有将经济、社会、资源和环境作为一个系统体系，大多数研究都将这些因素当成独立的影响因素，且目前这些方面的研究具有局限性。

（三）基于最优过程的适度人口测度模型

最优过程是指影响适度人口的各种因素间通过何种机制进行关联，即适度人口确定体系的系统机制，核心问题是解决多因素条件下的适度人口确定的动力系统，以下就系统仿真适度人口测度模型和 EFL 动态适度人口测度模型进行简要介绍和评价。

1. 系统仿真适度人口测度模型

（1）基本原理

通过上述分析发现，多目标决策的适度人口确定模型解决了因素选择的单一化问题，但存在的不足是这些纷繁复杂的因素间如何进行内生关联，而系统仿真测度适度人口的核心思想就是要把经济发展等与人口形成内生均衡系统。周海春和许江萍通过构建城市经济发展与人口间的系统仿真系统，基于经济发展对人口的需求和资源、环境及社会发展对人口的制约来确定适度人口的动态均衡体系，核心是需求与制约间的均衡。[②] 具体

① 潘竟虎：《多指标约束的兰州市生态适度人口测度》，《人口与发展》2013 年第 2 期。
② 周海春、许江萍：《城市适度人口规模研究》，《数量经济技术经济研究》2001 年第 11 期。

仿真逻辑为：当经济发展规划导致人口变化出现异常，即触及上下临界值时，系统出现危机信号，进而要求决策系统调整政策变量，保证既定目标下的均衡，进而确定新的适度人口规模。

（2）主要评述

系统仿真适度人口测度模型试图模拟一个真实的人口与经济等多要素关系的系统，在保证系统均衡时，所对应的人口便是适度人口，原因是系统均衡意味着既定目标实现的常态。但随着系统外生变量的变化，比如政策等调整，将打破原有人口经济系统的均衡，出现新的均衡，此时又对应着一个新的均衡体系下的适度人口。系统仿真将经济学中均衡思想引入，着重解决人口与经济等因素的内生关系，但随着人口关联因素的越加复杂，这样一个仿真系统的构建将难以实现，需要更多地去假设关系变量，从而使得模型的实际特征性变弱。

2. EFL 动态适度人口测度模型

（1）基本原理

任远 2005 年利用城市生态学 POET 模型构建了人口、环境、功能和区位动态均衡生态系统，这个系统主要是指人口、环境、功能和区位共同构成的有机、协调和共生的生态体系，称为 EFL 动态系统，在此系统中人口作为动力因素。[①] 不同条件下，除了人口以外的上述因素决定了特定条件的适度人口，而该定义下的适度人口随着环境变化、政策功能定位变化、规划区位变化等发生变化。因此，EFL 概念性框架提出城市适度人口规模不是一个固定的值，而是在动态演变过程中，受资源环境变动、城市功能变迁，及城市与区域空间格局演变等诸多因素确定的动态值。具体来看，EFL 动态适度人口测度模型认为：人口适度首先要取决于资源环境对人口的约束，并且人口适度是一种过程，是在特定资源环境条件下人口动态地适应资源环境的过程，这些资源不仅包括自然资源，还应该包括公共服务等社会资源。一方面资源减少或者环境污染增加，必然会降低人口选择居住的意愿，但随着技术、资源生产能力和环境处理能力的提升又能够增加地区人口

---

① 任远：《城市生态学视野下的动态适度人口规模——兼论上海人口发展的基本态势》，《市场与人口分析》2005 年第 1 期。

的容纳能力。此外，随着城市或地区功能变化，区位要素的空间演化等，适度人口也会随之而变化。因此，EFL 适度人口动态地取决于与之相关联的因素变化，而这些因素的变化又要受到政策及规划的影响。

（2）主要评述

EFL 动态测度适度人口体系从路径上理顺了适度人口确定的逻辑机制，即人口本身与资源环境间存在动态均衡关系，这种动态均衡决定适度人口动态上取决于资源环境因素的动态变化，打破了系统仿真仅仅考虑人口经济关系系统的局限。进一步，人口与资源环境的动态均衡又受到地区区位和功能的外生影响，这种影响又要受到政策规划的制约。换句话说，适度人口处于内生动态均衡系统中，同时外生地受到政策等变换的影响。尽管EFL 理清了适度人口的确定逻辑，但是如何构建政策到人口的均衡体系及定量测度仍然是一个尚未解决的问题。

三　城市适度人口测度的影响因素：比较与评价

测度城市适度人口除了在技术模型上需要有所突破外，更重要的是合理确定影响城市适度人口的因素。本研究从中国知网（CNKI）专门针对城市适度人口的研究进行检索，共收集到 19 篇相关文献，经过筛选发现有17 篇文章涉及城市适度人口影响因素选择，这为本研究进行城市适度人口动态测度模型中的影响因素选择提供了借鉴（见表 4 - 2）。

表 4 - 2　城市适度人口测度的主要影响因素比较

序　号	适度人口确定的影响因素	应用原理	文章题目
1	（1）人均公共绿地面积； （2）人均 GDP； （3）人均住房面积； （4）人均生活用水量； （5）人均生活用电量； （6）人均道路面积	基于承载力和满意度的双向寻优	城市适度人口分析方法及其应用①

---

① 徐琳瑜、杨志峰、毛显强：《城市适度人口分析方法及其应用》，《环境科学学报》2003年第 3 期。

续表

序　号	适度人口确定的影响因素	应用原理	文章题目
2	（1）资源环境因素：生态足迹相关指标； （2）区位要素及空间演化因素：地理位置、交通条件、区位分工、交通运输技术； （3）社会经济因素：就业岗位、生活水平、产业结构、城市功能定位	通过生态足迹和生态承载能力计算	基于生态足迹模型的城市适度人口规模研究——以南京为例①
3	（1）城市功能定位和城市发展战略目标； （2）经济发展水平； （3）产业结构和产业劳动生产率； （4）资源和环境承载力：城市污染状况、人均住房面积、人均绿地面积、交通等	基于人口是否直接影响城市经济发展水平	城市适度人口与可持续发展②
4	（1）经济发展：生产总值（地区生产总值、人均可支配收入），就业（从业人数、就业率）； （2）社会生活：社会保险（社保财政投入、人均社保投入），交通（交通道路面积，人均交通道路面积），供水（自来水供水能力、人均综合用水量），住房（居住用地面积、人均住房面积），供电（电力供应量、人均综合用电量）； （3）生态环境：绿化（公共绿地面积、人均公共绿地面积）、环卫（生活垃圾日处理量、人均日产生活垃圾）、生活污水（生活污水处理能力、人均日产生活污水）	基于多目标因素分析可能供给和需求满意共同制约人口规模	城市适度人口规模的多目标决策方法及应用③

---

① 包正君、赵和生：《基于生态足迹模型的城市适度人口规模研究——以南京为例》，《华中科技大学学报》（城市科学版）2009 年第 2 期。
② 杨帆、马晓丽：《城市适度人口与可持续发展》，《消费导刊》2009 年第 14 期。
③ 靳玮、徐琳瑜、杨志峰：《城市适度人口规模的多目标决策方法及应用》，《环境科学学报》2010 年第 2 期。

续表

序　号	适度人口确定的影响因素	应用原理	文章题目
5	(1) 资源环境因素：积极性因素（资源禀赋的丰富程度、城市生态体系和资源供给、投资、技术进步、规模经济、循环经济等）；抑制性因素（资源供给成本、工业化与环境污染、城市化与环境问题、环境风险与环境质量等） (2) 功能因素：积极性因素（经济发展、经济收入、投资、就业吸纳等）；抑制性因素（区域性产业分工、产业扩散和产业转移、土地价格及劳动力成本等） (3) 区位与演化因素：积极性因素（城市化、交通体系、城市体系等）；抑制性因素（郊区化与逆城市化、城际交通体系等）	通过对生态足迹消费和生态承载力分析	基于生态足迹分析的长株潭城市群适度人口容量预测①
6	(1) 年均 GDP； (2) 产业结构； (3) 劳动生产率； (4) 人口规模和年龄结构	通过应用 EOM－PP 模型测算经济适度人口	南宁市经济适度人口与城市发展浅议②
7	(1) 资源环境因素（土地资源、绿地、水资源、生态容量等自然资源；幼儿园、敬老院、医院、交通等社会资源）；积极性因素（资源禀赋的丰富程度、城市生态体系和资源供给、投资、技术进步、规模经济、社会资源供给能力、循环经济等）；抑制性因素（资源供给成本、非流动性的资源、工业化与环境污染、城市化与环境问题、环境风险与环境质量等） (2) 功能因素：积极性因素（经济发展、经济收入、投资、就业吸纳等）；	基于生态系统的变动研究动态适度人口规模	城市生态学视野下的动态适度人口规模——兼论上海人口发展的基本态势③

① 谭子粉、刘桂菊、张旺、周跃云：《基于生态足迹分析的长株潭城市群适度人口容量预测》，《武陵学刊》2010 年第 1 期。
② 徐勤诗、朱仕朋：《南宁市经济适度人口与城市发展浅议》，《大众科技》2010 年第 3 期。
③ 任远：《城市生态学视野下的动态适度人口规模——兼论上海人口发展的基本态势》，《市场与人口分析》2005 年第 1 期。

续表

序　号	适度人口确定的影响因素	应用原理	文章题目
	抑制性因素（区域性产业分工、产业扩散和产业转移、土地价格及劳动力成本等） （3）区位与演化因素：积极性因素（城市化、交通体系、城市体系等）；抑制性因素（郊区化与逆城市化、城际交通体系等）		
8	（1）经济发展水平：产业结构、劳动生产率、人均 GDP、第三产业就业比重； （2）社会生活水平：交通、用水、住房、教育情况； （3）资源环境：人均用地面积、人均能源消费、人均公共绿地面积、人均垃圾产出	运用"可能—满意度"法进行多目标决策	城市适度人口规模的"可能—满意度"（P－S）分析——以济南市为例①
9	（1）生态承载力指标（耕地面积、草地面积、林地面积、水域面积、CO_2 吸收、建筑面积）； （2）生态足迹指标（粮食、棉花、蔬菜、茶叶、猪肉、牛肉、羊肉、奶类、水果、木材、水产品、原煤、汽油、天然气、热力、电力等）	基于生态足迹和生态承载能力的计算	基于生态足迹法的生态适度人口研究——以皖江城市带为例②
10	（1）自然资源：土地资源、水资源、能源矿产； （2）生态环境：公园绿地、环境污染、环境卫生； （3）经济水平：经济规模、产业结构、财政能力、居民收入； （4）社会进步：养老、医疗、交通、生活水平； （5）人口发展：就业、教育、生活质量、住房	兼顾农民工利益诉求与城市可持续发展的需要，运用多目标决策法和趋势外推法进行人口承载力计算	城市承载力、适度人口规模与农民工城市融入——基于浙江的实证数据③

①　代富强、李新运、郑新奇：《城市适度人口规模的"可能—满意度"（P－S）分析——以济南市为例》，《山东师范大学学报》（自然科学版）2006 年第 1 期。

②　孙中锋、吴晨、周文静：《基于生态足迹法的生态适度人口研究——以皖江城市带为例》，《山西农业大学学报》（社会科学版）2014 年第 12 期。

③　许光：《城市承载力、适度人口规模与农民工城市融入——基于浙江的实证数据》，《桂海论丛》2014 年第 6 期。

续表

序　号	适度人口确定的影响因素	应用原理	文章题目
11	（1）年用水总量； （2）生活用水量	通过对水资源承载能力的定量及定性分析，运用灰色预测模型进行适度人口测度	基于水资源承载能力的城市适度人口分析——以金华市为例①
12	（1）城市现代化及国际都市标准（人均GNP、第三产业比重、恩格尔系数、万人拥有医生数、主要金融中心、跨国公司总部所在地、世界重要交通枢纽等）； （2）生态学标准； （3）政治经济； （4）城市自身承载力（能源、交通、城市基础设施等）	基于城市人口规模直接影响城市发展	省会城市适度人口规模研究——以济南市为例②
13	（1）社会经济因素：经济发展水平、城市各项设施的承载力； （2）经济区位因素：地理位置、交通条件、区域分工； （3）资源环境因素：土地利用、水资源、生态环境容量、城市环境容量	基于水资源总量的约束角度	城市适度人口规模研究③
14	（1）区位要素：城市资源和环境要素禀赋、交通条件、就业、消费结构、土地利用等； （2）环境污染：大气污染、水污染、土壤污染； （3）经济发展：万元GDP生态足迹	通过生态足迹的计算进而测算适度人口容量	城镇化进程中青藏高原城市适度人口容量分析④
15	（1）经济水平：工农业总产值、国民收入； （2）自然资源：耕地面积、可利用能源量、可利用水资源量；	通过多目标动态决策方法进行适度人口测度	山区城市承德适度人口容量研究⑤

① 王艳、冯利华、杨文：《基于水资源承载能力的城市适度人口分析——以金华市为例》，《水资源与水工程学报》2012年第1期。
② 鹿立：《省会城市适度人口规模研究——以济南市为例》，《东岳论丛》2000年第6期。
③ 张帆、王新心：《城市适度人口规模研究》，《中国环境管理干部学院学报》2001年第2期。
④ 赵玲：《城镇化进程中青藏高原城市适度人口容量分析》，《生态经济》2014年第8期。
⑤ 张丽珍：《山区城市承德适度人口容量研究》，《地理学与国土研究》1991年第3期。

序　号	适度人口确定的影响因素	应用原理	文章题目
	（3）合理营养水平：粮食生产量、肉类生产量、蔬菜生产量； （4）社会条件：居住面积、医疗条件； （5）生态环境：公共绿地、森林面积		
16	（1）城市社会效益：城市治安管理、城市人口控制、人才流动、信息传播、劳动力就业； （2）城市经济效益：产业结构、交通、市内通勤时间、供水能力、商业贸易； （3）农副产品需求、城市建筑用地、市容环境	运用层次分析法，定性与定量结合确定城市流动人口的适度规模	运用层次分析方法确定大城市流动人口的适度规模①
17	（1）土地资源：耕地、草地、果园； （2）水资源； （3）农副产品； （4）生育率	运用人口增长离散模型进行适度人口测度	晋城市适度人口与控制预测②

注：通过各篇文章整理所得。

通过对上述各类影响因素进行梳理和归纳，从人口经济、人口社会、人口资源、人口环境等内生性和外生性关系看，目前影响适度人口的因素可以归为两大类：第一大类是规模性因素，主要属于系统内生性变量；第二大类是程度性因素，主要属于系统外生性变量。

1. 规模性因素：系统内生性变量

影响城市适度人口的规模性因素主要针对城市人口在整个社会经济和资源环境体系中，支撑和制约城市人口的相关指标，具体又包括经济、社会、资源和环境四个方面。各个方面均是考虑以人为核心的因素选择理念，即围绕"为了人"和"依靠人"展开，前者反映能否满足城市人口发

① 江小群：《运用层次分析方法确定大城市流动人口的适度规模》，《城市问题》1991年第2期。
② 郭芳华：《晋城市适度人口与控制预测》，《中国人口·资源与环境》1992年第4期。

展的需求，后者反映城市人口的创造和供给能力，在具体因素上可以区分为积极的因素和抑制性的因素。当然，具体选择经济社会还是资源环境，这主要依赖于测度城市适度人口的目标导向。比如：（1）在经济方面，主要选择地区生产总值、人均可支配收入、投资、工农业总产值、财政能力等，综合反映城市人口创造经济产出的能力水平和支撑人口发展的经济发展程度；（2）在社会方面，主要选择道路、住房、社会保障、医疗卫生、教育水平、城市治安、就业水平、城市基础设施和生活水平等，综合反映城市人口创造社会公共服务能力和支撑人口生活与生产的公共服务水平；（3）在资源方面，主要指自然资源情况，包括水电气等生活和生产资源、各种土地资源、生产能源、公园绿地等生态环境资源，综合反映城市人口创造和提升资源利用效率情况，以及这些资源支撑城市人口的能力；（4）在环境方面，主要选择生态足迹、生活垃圾、大气污染等，综合反映城市环境污染对城市人口的承载能力以及人治理污染的能力。在假设上述规模性因素不存在技术能力和发展阶段差异的情况下，考虑直接决定城市人口数量规模的指标，这些指标属于包含人口在内的经济社会和生态资源系统中的内生变量。

2. 程度性因素：系统外生性变量

影响城市适度人口的程度性因素主要指在规模性因素决定城市适度人口基础上，因技术能力、结构状况和发展阶段等差异而导致的城市人口承载能力差异的相关因素。除了上述基础性因素涉及的经济、社会、资源和环境外，还包括城市人口、城市定位等。程度性因素主要用于基础性因素所决定的适度人口规模修正，当然相关研究中也存在将规模性因素与程度性因素混用的情况。比如：（1）在经济社会方面，主要选择了产业结构、产业转移、劳动生产率、技术进步、规模经济、工业化和城镇化程度、恩格尔系数等；（2）在资源环境方面，主要选择资源禀赋丰富程度、循环经济推广、污染物治理能力等；（3）在城市人口方面，主要选择人口规模、年龄结构、人口城乡分布、城市人口消费、居住偏好等；（4）在城市定位方面，主要选择地理位置、交通条件、区位分工、城市功能定位、城市发展战略目标等。上述程度性因素主要考虑系统外的外生性变量影响，均会直接影响系统内生性变量对城市适度人口的决定。

四 我国城市适度人口动态测度的启示

上述研究分别从适度人口测度方法、区域适度人口测度技术模型和城市适度人口影响因素三个方面进行回顾和评述，为本研究构建城市适度人口动态测度体系提供有益借鉴和启示。

1. 城市适度人口测度是建立在既定目标基础上，且要从单一经济目标向经济社会、资源环境等多元化目标拓展，并根据具体情况有针对性地确定城市适度人口的短板因素

城市人口与经济社会、资源环境等诸多因素具有内生关系，如果没有既定目标，实际上是无法确定适度人口规模。就我国而言，伴随着城市化进程的推进，经济发展已经不是早期和初始阶段，开始从追求经济增长逐步过渡到实现人的福利提升、生态环境改善、节约和高效利用资源等目标。因此，城市适度人口的测度不仅需要考虑经济发展承载能力，而且还要考虑社会事业发展、生态资源环境等因素的制约，更加需要根据各地的具体情况挖掘决定城市适度人口的短板因素。在技术模型上，依据多目标条件相应构建多目标决策模型。

2. 就城市适度人口的确定原则来看，借鉴供需均衡和可能满意度等理念，可以考虑以城市人口为核心的边际社会收益和边际社会成本原则

供需均衡模型是将人口作为供给和需求的内生性变量确定供需相等时的最优人口数；可能满意度也是以人口作为基础，考虑人口可能能力供给和人口满意度需求来确定最优人口规模。上述两个模型都可以归结为与供给相伴随的成本和与需求相伴随的收益相等，但从经济学原理来看，确定最优不是通过总量相等而是边际相等。因此，本研究将城市适度人口确定原则定位为城市人口的边际社会收益等于边际社会成本，唯有在此条件下，所对应的城市人口数量才处于适度，否则将会脱离城市化发展的帕累托最优状态。当然，在城市人口边际社会成本中可以考虑与供给及可能度相关的影响因素，在城市边际社会收益中可以考虑与需求及满意度相关的影响因素。

3. 在适度人口确定理念上要从静态适度人口过渡到动态适度人口，尤其是要考虑系统外生性变量对特定条件下的城市适度人口影响

系统仿真模型和 EFL 动态测度模型均试图构建人口与经济社会、资源环境的封闭系统，再考虑系统外生性变量对系统均衡条件下的适度人口影响，进而形成动态适度人口测度，但主要还是停留在理念上的讨论。我们从中发现，如果存在外生性变量影响，适度人口将不是静止的，而是随着外生性变量的变化而变化，且在对策上也可以通过提升外生性变量的作用来实现适度人口规模的提升。就目前很多研究而言，主要还是基于传统的静态适度人口理论，据此，有人甚至因城市实际人口超过适度人口而要求放缓城市化进程，这显然陷入理论误区。实际上，城市适度人口属于动态区间概念范畴，在快速城市化进程中，需要降低城市人口的"边际社会成本"或提高城市人口的"边际社会收益"，实现城市适度人口区间下限不断上移，本质上是提升城市社会经济和资源环境对人口的承载能力。

4. 根据上述多目标条件下动态适度人口测度技术方法，在因素的选择上要围绕经济、社会、资源和环境的边际社会成本和边际社会收益展开，同时要考虑内生规模因素和外生程度因素

既然是多目标条件下测度城市适度人口，因素选取上就要包括经济、社会、资源和环境等多目标内容；既然是在城市人口的边际社会成本等于边际社会收益条件下确定城市适度人口，因素选择就要围绕城市人口在经济、社会、资源和环境上的边际社会收益和边际社会成本展开；既然是考虑动态适度人口，在因素选择上就要将外生变量区分开，同时在既定承载力标准上考虑外生变量变化对适度人口规模的影响。因此，本研究在处理内生因素和外生因素上，拟将内生因素作为决定各类城市适度人口的主要依据，将外生因素用于城市分类，体现在基本相当的外生因素条件下，按照各类城市具有可比性的城市人口承载力标准，结合相关因素进行各地城市适度人口动态测度。

第二节 城市适度人口动态测度思想：基于 社会净收益最大化条件

在上述我国城市适度人口动态测度的启示下，围绕影响城市适度人口的经济、社会、资源和环境等诸多因素，从城市适度人口形成机制出发，基于城市人口社会净收益最大化条件，构建一个既定目标条件下的城市动态适度人口理论框架。

一 城市适度人口动态测度：假设与思路

（一）基本假设

在国内外城市化进程中，城市人口既能创造社会收益又能产生社会成本。就城市化创造社会收益而言，主要指城市化通过要素集聚、产业集群、资本积累等形式对经济发展产生巨大的推动力，并对缩小城乡居民收入差距具有重要的促进作用（拉尼斯和费 Ranis & Fei，1961[①]；托达罗 Todaro，1969[②]；卢卡斯 Lucas，2004[③]；王小鲁，2002[④]；胡鞍钢，2003[⑤]；苏雪串，2004[⑥]；杨波、吴聘奇，2007[⑦]）。例如：卢卡斯 2004 年将来自农村的移民看成是在城市中进行着人力资本积累[⑧]；胡鞍钢指出，中国城镇化进程的不断推进，能够有效促进城乡劳动力的流动，为中国带来巨大的经济利益。[⑨] 就城市化产生社会成本而言，主要指盲目的城市化不仅对资源和环境等产生破坏作用，而且还制约着对经济社会发展的推动作用（皮尔斯

① Gustav Ranis, John C Fei, "A Theory of Economic Development", *American Economic Review* 51 (1961): 533 – 565.

② Michael P. Todaro, "A Model of Labor Migration and Urban Unemployment in Less Developed Countries", *American Economic Review* 59 (1969): 138 – 149.

③ Robert E, Lucas Jr, "Life Earnings and Rural – Urban Migration", *Journal of Political Economy* 112 (2004): 29 – 59.

④ 王小鲁：《城市化与经济增长》，《经济社会体制比较》2002 年第 1 期。

⑤ 胡鞍钢：《城市化是今后中国经济发展的主要推动力》，《中国人口科学》2003 年第 6 期。

⑥ 苏雪串：《城市化进程中的要素集聚、产业集群和城市群发展》，《中央财经大学学报》2004 年第 1 期。

⑦ 杨波、吴聘奇：《城市化进程中城市集中度对经济增长的影响》，《社会科学研究》2007 年第 4 期。

⑧ Robert E, Lucas Jr, "Life Earnings and Rural – Urban Migration", *Journal of Political Economy* 112 (2004): 29 – 59.

⑨ 胡鞍钢：《城市化是今后中国经济发展的主要推动力》，《中国人口科学》2003 年第 6 期。

Pearce，1990[①]；葛斯曼和库格 Grossman & Krueger，1995[②]；哈卜 Hope，1999[③]；安东尼和尼维斯 Andreoni & Levinson，2001[④]；格米 Grimm，2008[⑤]；刘耀彬等，2005[⑥]；杜江、刘渝，2008[⑦]；李双成等，2009[⑧]；宋建波、武春友，2010[⑨]）。例如皮尔斯1990年指出城市发展存在起飞、膨胀、顶峰、下降和低谷等阶段，不同阶段会出现不同类型的城市资源环境问题，如土地过量使用、大气污染、噪音污染、水资源过量消耗和交通堵塞等。[⑩] 李双成等指出，中国城市化带来了显著的生态效应，使得城市生态系统的结构、过程和功能受到影响，甚至发生了不可逆转的变化。[⑪]

在上述文献基础上本研究首先提出两个基本假设。

假设一：在人口城市化进程中，城市人口增加分别对经济、社会、资源和环境产生正反两方面的影响，即城市人口既能够创造收益，又能够产生成本。

假设二：地区间社会经济发展方式和资源环境利用模式存在差异，通过转变经济发展方式和优化资源环境利用模式可以提升对城市人口的承载能力。

---

① Pearce D，"Environmentalism and the Green Economy"，*Environment and Planning A* 22 (1990)：852 – 854.

② Gene M. Grossman, Alan B. Krueger，"Economic Growth and the Environment，" *Quarterly Journal of Economics* 110 (1995)：353～377.

③ Hope, Kempe Ronald, Sr，"Urbanization and the Environment in Southern Africa Towards a Managed Framework for the Sustainability of Cities，" *Journal of Environmental Planning and Management* 42 (1999)：837～859.

④ James Andreoni, Arik Levinson，"The Simple Analytics of the Environmental Kuznets Curve，" *Journal of Public Economics* 80 (2001)：269～286.

⑤ Grimm N B，"Global Change and The Ecology of Cities，" *Science* 319 (2008)：756～760.

⑥ 刘耀彬、李仁东、宋学锋：《城市化与城市生态环境关系研究综述与评价》，《中国人口·资源与环境》2005年第3期。

⑦ 杜江、刘渝：《城市化与环境污染：中国省际面板数据的实证研究》，《长江流域资源与环境》2008年第6期。

⑧ 李双成、赵志强、王仰麟：《中国城市化过程及其资源与生态环境效应机制》，《地理科学进展》2009年第1期。

⑨ 宋建波、武春友：《城市化与生态环境协调发展评价研究——以长江三角洲城市群为例》，《中国软科学》2010年第2期。

⑩ Pearce D，"Environmentalism and the Green Economy"，*Environment and Planning A* 22 (1990)：852 – 854.

⑪ 李双成、赵志强、王仰麟：《中国城市化过程及其资源与生态环境效应机制》，《地理科学进展》2009年第1期。

（二）主要思路

本研究将测度得到的城市适度人口表示为以下区间公式：

$$X^* \in [\ X_{JJ}^* \ X_{DS}^*\ ] \qquad\qquad 4.2.1$$

其中 X^* 表示测度出来的某城市适度人口规模区间，X_{JJ}^* 表示城市适度人口静态基准，即达到城市人口中等或平均承载水平的适度人口规模，X_{DS}^* 表示城市适度人口动态上限，即需要通过转变社会经济发展方式和资源环境利用模式来达到的城市人口高承载水平的适度人口规模。

上述公式表明，城市适度人口规模是由静态基准规模和动态上限规模组成的人口数量区间，该区间主要反映各城市因为社会经济发展方式和资源环境利用模式差异所导致的人口承载力差异。人口承载力高的城市，其城市适度人口数量更加趋近于该区间的上限；人口承载力低的城市，其城市适度人口数量更加趋近于该区间的下限。从区间下限向区间上限移动，就需要提升城市人口承载能力，其实质就是要通过转变社会经济发展方式和资源环境利用模式来提升社会经济发展效率和资源环境利用效率。

二　不变条件下的城市适度人口确定

首先在不考虑静态基准规模和动态上限规模的条件下，基于社会净收益最大化原则构建城市适度人口确定模型，实质上是假设社会经济发展方式和资源环境利用模式既定不变。

设城市化进程人口增加带来的社会收益为 SR ，产生的社会成本为 SC ，根据假设一可以推演出上述社会收益和社会成本均取决于城市人口数量 X ，另外设其他影响因素分别为 μ_1 和 μ_2 ，影响方程表示为：

$$\begin{cases} SR = F_1(X\ ,\ \mu_1) \\ SC = F_2(X\ ,\ \mu_2) \end{cases} \qquad\qquad 4.2.2$$

根据上述公式，城市化导致城市人口增加产生的社会净收益为：

$$NR = SR - SC = F_1(X,\mu_1) - F_2(X,\mu_2) = F(X\ ,\ \mu_1,\ \mu_2) \qquad 4.2.3$$

假设其他影响因素相对恒定的条件下，城市人口增加实现社会净收益最大化的条件是令上述方程一阶导数为零，即：

$$MNR = \frac{dNR}{dX} = \frac{dF(X, \bar{\mu}_1, \bar{\mu}_2)}{dX} = 0 \qquad 4.2.4$$

由此可以得出一个最优的城市人口数量 X^*，即城市适度人口。实际上是城市人口增加带来的边际社会收益与边际社会成本相等所对应的城市人口数量（见图 4-1）。

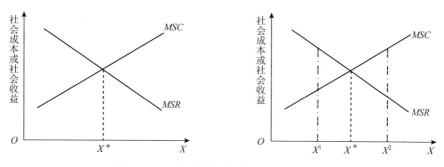

图 4-1 不变条件下的城市适度人口确定

如图 4-1 所示，城市人口增加带来的边际社会收益曲线与边际社会成本曲线相交的点所对应的城市人口数量 X^* 就是城市适度人口。通过与城市实际人口比较可以发现：如果城市实际人口小于城市适度人口，即 X^1 点，则城市人口增加所产生的边际社会收益大于边际社会成本，存在城市人口数量增加的收益空间；如果城市实际人口大于城市适度人口，即 X^2 点，则城市人口增加所产生的边际社会成本大于边际社会收益，城市人口数量已经超越了既定条件的最优水平。

三 可变条件下的城市适度人口确定

可变条件下的城市适度人口确定实质上是假设社会经济发展方式和资源环境利用模式可以通过努力实现优化。因此，需在不变条件下的城市适度人口确定模型中引入社会经济发展方式系数 js 和资源环境利用模式系数 zh，即将影响方程拓展为：

$$\begin{cases} SR = F_1(X, \ js, \ \bar{\mu}_1) \\ SC = F_2(X, \ zh, \bar{\mu}_2) \end{cases} \qquad 4.2.5$$

据此，可以得出城市人口增加实现社会净收益最大化，需要满足边际社会收益与边际社会成本相等的条件，即：

$$\frac{\partial F_1(X, \ js, \ \bar{\mu}_1)}{\partial X} = \frac{\partial F_2(X, zh, \ \bar{\mu}_2)}{\partial X} \qquad 4.2.6$$

城市适度人口静态基准规模确定：假设社会经济发展方式系数和资源环境利用模式系数处于某一既定水平，分别为 js_0 和 zh_0，将上述公式改写为：

$$\frac{\partial F_1(X, \ js_0, \ \bar{\mu}_1)}{\partial X} = \frac{\partial F_2(X, zh_0, \ \bar{\mu}_2)}{\partial X} \qquad 4.2.7$$

在其他条件不变的情况下，求出的是城市适度人口的静态基准规模，用 X_{JJ}^* 表示。

城市适度人口动态上限规模确定：假设社会经济发展方式系数通过转化由原来的 js_0 提升到 js_1，资源环境利用模式系数通过优化由原来的 zh_0 提升到 zh_1，将上述公式改写为：

$$\frac{\partial F_1(X, \ js_1, \ \bar{\mu}_1)}{\partial X} = \frac{\partial F_2(X, zh_1, \ \bar{\mu}_2)}{\partial X} \qquad 4.2.8$$

在其他条件不变的情况下，求出的是城市适度人口的动态上限规模，用 X_{DS}^* 表示（见图 4 - 2）。

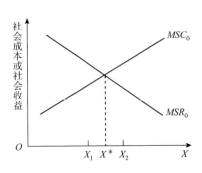
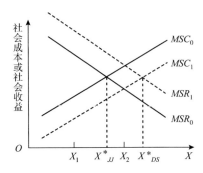

图 4 - 2　可变条件下的城市适度人口确定

如图 4 - 2 所示，在既定社会经济发展方式和资源环境利用模式条件下，所确定的城市适度人口为 X_{JJ}^*，如果城市实际人口小于城市适度人口，即 X_1 点，说明在既定社会经济发展方式和资源环境利用模式下还存在人口增加的空间，可以继续推进城市化进程。但是如果城市实际人口大于城市适度人口，即 X_2 点，在既定社会经济发展方式和资源环境利用模式下不仅不能增加城市人口还将面临城市人口分流，势必阻碍城市化推进。在此情况下，如果考虑社会经济发展方式转变和资源环境利用模式优化，使得城市人口增加带来的边际社会成本和边际社会收益均向左移动，对应的城市适度人口也得到提升，即 X_{DS}^*，从而使得 X_2 对应的城市实际人口有了提升的空间。

因此，可变条件下的城市适度人口确定理念，是建立在转变社会经济发展方式和优化资源环境利用模式基础上，以提升对城市人口承载力为动机而形成的城市动态适度人口区间 $[X_{JJ}^*, X_{DS}^*]$。

第三节　城市适度人口动态测度模型：基于多目标下短板效应决定

如上所述，无论是不变条件还是可变条件，城市适度人口是在城市人口增加带来的边际社会收益与边际社会成本相等条件下确立，影响边际社会收益和边际社会成本的因素也将构成影响城市适度人口的因素。因此，需要构建合适的方法和模型，从影响城市适度人口的因素中计算城市适度人口规模区间。

一　城市适度人口影响因素选择

影响城市适度人口的因素主要包括经济因素（Ec）、社会因素（So）、资源因素（Ro）和环境因素（Ev），城市适度人口的确定公式表示为：

$$X^* = f(Ec, So, Ro, Ev) \tag{4.3.1}$$

围绕方程 4.3.1，我们将从经济、社会、资源和环境四个方面，结合目前城市适度人口影响因素，分别选择各方面的具体因素，保证这些因素与城市人口间具有较高的相关性。

（一）经济方面的影响因素

从经济方面看，城市化能够创造经济，同时经济又是社会发展的物质基础，更是支撑城市人口发展的关键，包括经济总体情况、投资及消费情况、财政情况、金融情况等。因此，影响城市适度人口的经济因素主要选取地区生产总值（$Ec1$）、全社会固定资产投资（$Ec2$）、社会消费品零售总额（$Ec3$）、地方财政一般预算收入（$Ec4$）、年末金融机构存款余额（$Ec5$）五个变量。2010 年在全国 287 个地级及以上城市数据样本中，上述指标变量与城市实际人口间存在显著的相关性，其相关系数分别为0.8526、0.9011、0.8769、0.7909、0.8135，到 2013 年其相关系数分别为0.8412、0.8801、0.8707、0.7761、0.7969，其较高的相关性保持动态稳定，如表 4 - 3 所示。

表 4 - 3　2010 和 2013 年城市人口与经济方面因素相关系数

经济因素	2010 年	2013 年
$Ec1$	0.8526	0.8412
$Ec2$	0.9011	0.8801
$Ec3$	0.8769	0.8707
$Ec4$	0.7909	0.7761
$Ec5$	0.8135	0.7969

（二）社会方面的影响因素

从社会方面看，伴随着城市化进程，社会事业发展水平也不断提升。可见，社会事业水平也是支撑城市人口的重要基础，包括就业情况、教育情况、文化情况、医疗情况、交通设施情况等方面。因此，影响城市适度人口的社会因素主要选取在岗职工平均人数（$So1$）、中小学专任教师数（$So2$）、公共图书馆图书总藏书量（$So3$）、医院卫生院床位数（$So4$）、年末实有公共汽车营运车辆数（$So5$）、年末实有出租汽车数（$So6$）六个变量。2010 在全国 287 个地级及以上城市数据样本中，上述指标与城市实际人口间存在显著的相关性，其相关系数分别为 0.8403、0.9316、0.7767、0.9339、0.7417、0.8169，到 2013 年上述相关系数分别为 0.8475、0.9601、0.7339、0.9233、0.7487、0.8134，其较高的相关性保持动态稳定，如表 4 - 4 所示。

表 4 - 4　城市人口与社会方面因素相关系数

社会因素	2010 年	2013 年
So1	0.8403	0.8475
So2	0.9316	0.9601
So3	0.7767	0.7339
So4	0.9339	0.9233
So5	0.7417	0.7487
So6	0.8169	0.8134

（三）资源方面的影响因素

从资源方面看，伴随着城市化进程，社会经济发展虽然在不断创造可再生资源，但更多的是资源在支撑着城市人口的生存和发展，包括土地资源、水资源和能源资源等。因此，影响城市适度人口的资源因素主要选取行政区域土地面积（$Ro1$）、供水总量（$Ro2$）、全社会供电量（$Ro3$）和年末实有城市道路面积（$Ro4$）四个变量。2010 年全国 287 个地级及以上城市数据样本中，上述指标与城市实际人口存在显著的相关性，其相关系数分别为 0.5062、0.7769、0.8115、0.8481，到 2013 年其相关系数分别为 0.5602、0.7802、0.8117、0.8097，其较高的相关性保持动态稳定，如表 4 - 5 所示。

表 4 - 5　城市人口与资源方面因素相关系数

资源因素	2010 年	2013 年
Ro1	0.5062	0.5602
Ro2	0.7769	0.7802
Ro3	0.8115	0.8117
Ro4	0.8481	0.8097

（四） 环境方面的影响因素

从环境方面看，伴随着城市化进程，社会经济发展对城市环境产生较大影响，较为典型的是"三废"排放，环境承载能力已成为决定城市人口数量的关键因素。因此，影响城市适度人口的环境因素主要选取三废综合利用产品价值（$Ev1$）、工业废水排放达标量（$Ev2$）、工业二氧化硫去除量（$Ev3$）、工业烟尘去除量（$Ev4$）、建成区绿化覆盖面积（$Ev5$）五个变量。2010 年全国 287 个地级及以上城市数据样本中，上述指标与城市人口的相关系数分别为 0.2883、0.4259、0.2796、0.2869、0.8358，三废综合利用产品价值、工业烟尘去除量分别与城市实际人口的相关系数均较低，且 2013 年大部分数据缺失，这两个指标在 2013 年测度中剔除。其余指标在 2010 年和 2013 年中均保持一定的相关性，如表 4－6 所示。

表 4－6　城市人口与环境方面因素相关系数

资源因素	2010 年	2013 年
$Ev1$	0.2883	—
$Ev2$	0.4259	0.4923
$Ev3$	0.2796	0.4787
$Ev4$	0.2869	—
$Ev5$	0.8358	0.8750

二　城市适度人口分类测度模型

首先按照具有程度性的系统外生性变量进行城市类别划分，比如按照城市功能定位、城市化进程、城市产业结构等，设通过分类后城市样本容量为 m，样本容量中某个城市个体为 i（$i = 1，2，3，\cdots，m$）。设第 i 个城市的实际人口数为 X_i，并将经济因素、社会因素、资源因素和环境因素分别用 j 来代替，令第 j 类因素包含的指标为 k（$k = 1，2，\cdots，n$）。因此，可以统一将各因素指标表示为 Z_i^{jk}，具体有四个步骤。

（一） 指标权重确定

主要采取主成分回归法来对指标进行赋权，该方法主要是采用原始自变量的主成分代替原始自变量进行回归，既保留了大量信息，还可以避免信息重叠问题。

首先，对各原始指标进行主成分分析，假设按照特征根大于 1 的原则提取出主成分（假设提取 2 个），公式表示为：

$$\begin{cases} F1_i^j = \alpha_{11} \bar{Z}_i^{j1} + \alpha_{12} \bar{Z}_i^{j2} + \cdots + \alpha_{1n} \bar{Z}_i^{jn} \\ F2_i^j = \alpha_{21} \bar{Z}_i^{j1} + \alpha_{22} \bar{Z}_i^{j2} + \cdots + \alpha_{2n} \bar{Z}_i^{jn} \end{cases} \qquad 4.3.2$$

其中：$\bar{Z}_i^{jn}$ 为标准化指标变量。

其次，以提取的主成分为解释变量，城市实际人口为被解释变量进行回归，假设估计方程为：

$$\bar{X}_i^j = \theta_0 + \theta_1 F1_i^j + \theta_2 F2_i^j \qquad 4.3.3$$

最后，将公式 4.3.2 带入公式 4.3.3 得到：

$$\bar{X}_i^j = \theta_0 + (\theta_1 \alpha_{11} + \theta_2 \alpha_{21}) \bar{Z}_i^{j1} + (\theta_1 \alpha_{12} + \theta_2 \alpha_{22}) \bar{Z}_i^{j2} + \cdots + (\theta_1 \alpha_{1n} + \theta_2 \alpha_{2n}) \bar{Z}_i^{jn}$$

$$4.3.4$$

则第 j 类因素包含的指标 k 的权重为：

$$w^{jk} = (\theta_1 \alpha_{1k} + \theta_2 \alpha_{2k}) / \sum_{k=1}^{n} (\theta_1 \alpha_{1k} + \theta_2 \alpha_{2k}) \qquad 4.3.5$$

（二）城市人口实际承载力计算

各类因素指标对应的城市人口承载力主要反映各因素单位水平承载了多少实际人口，是衡量各地城市人口承载能力的关键，计算公式为：

$$CC_i^{jk} = X_i / Z_i^{jk} \qquad 4.3.6$$

（三）城市人口标准承载力计算

静态基准标准承载力主要选取各样本在剔除异常值后的平均承载力水平，反映一般社会经济发展方式或一般资源环境利用模式下的承载力标准，计算公式为：

$$\overline{CCJJ}^{jk} = \sum_{i=1}^{m} X_i / \sum_{i=1}^{m} Z_i^{jk} \qquad\qquad 4.3.7$$

动态上限标准承载力主要选取城市投入产出效率系数较高样本的平均城市人口承载力水平作为标准（假设选取 3/4 分位标准），反映需要社会经济发展方式转变后或资源环境利用模式改进后的承载力标准，计算公式为：

$$\overline{CCDS}^{jk} = \sum_{i=0.75m}^{m} X_i / \sum_{i=0.75m}^{m} Z_i^{jk} \qquad\qquad 4.3.8$$

（四）城市适度人口区间计算

城市适度人口静态基准公式为：

$$X_{JJ}^{*} \Big|_i^j = \sum_{k=1}^{n} w^{jk} (\overline{CCJJ}^{jk} \times Z_i^{jk}) \qquad\qquad 4.3.9$$

城市适度人口动态上限公式为：

$$X_{DS}^{*} \Big|_i^j = \sum_{k=1}^{n} w^{jk} (\overline{CCDS}^{jk} \times Z_i^{jk}) \qquad\qquad 4.3.10$$

即第 i 个城市的第 j 类因素对应的城市适度人口区间为：

$$X^{*} \Big|_i^j \in [\, X_{JJ}^{*} \Big|_i^j , X_{DS}^{*} \Big|_i^j \,] \qquad\qquad 4.3.11$$

三 城市适度人口综合测度模型

上述分类测度模型分别可以得出经济因素、社会因素、资源因素和环境因素对应的城市适度人口动态区间，但通过比较必然存在对应较低适度人口的因素。换句话说，由于短板因素的存在，即便其他因素计算出的适度人口较高，但该城市的综合承载力也难以提升。为此，本研究根据短板原理，取各类因素中计算出的最低城市适度人口作为该城市的综合适度人口，计算公式为：

$$\begin{cases} X_{JJ}^{*} \Big|_i = \min_{j \in [1,4]} (X_{JJ}^{*} \Big|_i^j) \\ X_{DS}^{*} \Big|_i = \min_{j \in [1,4]} (X_{DS}^{*} \Big|_i^j) \end{cases} \qquad\qquad 4.3.12$$

从而得到第 i 个城市的适度人口区间为：

$$X^*\big|_i \in [X^*_{JJ}\big|_i, X^*_{DS}\big|_i]$$

4.3.13

进一步，再计算出城市适度人口压力系数，公式为：

$$\theta_i = \frac{X_i - X^*_{JJ}\big|_i}{X^*_{DS}\big|_i - X^*_{JJ}\big|_i}$$

4.3.14

四 城市适度人口综合判断标准

如图 4 - 3 所示，假设某个城市的实际人口为 X_i，根据 X_i 所处的区间范围，将存在城市发展的三种不同选择。

情况 1：如果城市实际人口小于城市适度人口静态基准，即 $X_i \leqslant X^*_{JJ}\big|_i, \theta_i \leqslant 0$，表示城市人口适度偏低，则该城市可以在既定经济发展方式和资源利用模式下增加城市人口，推进城市化进程。

情况 2：如果城市实际人口大于城市适度人口静态基准，并小于城市适度人口动态上限，即 $X^*_{JJ}\big|_i \leqslant X_i \leqslant X^*_{DS}\big|_i, 0 < \theta_i \leqslant 1$，表示城市人口相对适度，则该城市推进城市化进程的条件是转变经济发展方式或优化资源利用模式，否则就需要分流城市实际人口。

情况 3：如果城市实际人口大于城市适度人口动态上限，即 $X_i \geqslant X^*_{DS}\big|_i, \theta_i \geqslant 1$，表示城市人口超越适度，则该城市需要实现更高层次的经济发展方式和资源利用模式，但关键还是需要分流城市实际人口。

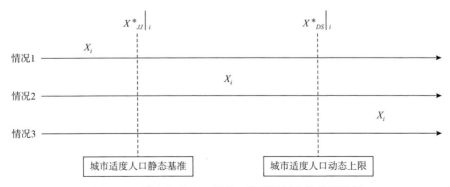

图 4 - 3 城市实际人口所处三类不同区间的发展选择

第五章

城市适度人口动态测度：2010 年与 2013 年
中国地级及以上城市的对比

　　以上构建了城市适度人口的测度方法体系，包括城市适度人口静态基准和动态上限所构成的城市动态适度人口区间模型。以此为基础，该部分主要以中国地级及以上城市为样本，分别对 2010 年和 2013 年各地城市适度人口数量进行测度与比较分析，测算数据资料来源于《中国城市统计年鉴》（2011[①]，2014[②]）。以下主要包括三个方面的内容：一是依据外生因素对所选城市进行分类，目的是将所有城市区分为具有不同客观条件的类别，因为在不同的客观外生条件下，即使相同数量和类型的因素，对应的城市人口承载能力也将不同，不能进行笼统测度；二是在对城市进程分类的基础上，按照前文所构建的城市动态适度人口测度模型，分别测度 2010 年和 2013 年各地城市适度人口静态基准和城市适度人口动态上限，并进行内部分析；三是从动态变化的角度对比 2010 和 2013 各地城市人口的变化趋势，揭示在实际运行中城市适度人口的变化，以及城市实际人口相对于城市适度人口是收敛还是发展，为寻找城市适度人口实现路径奠定基础。

---

①　国家统计局城市社会经济调查司：《中国城市统计年鉴 2011》，中国统计出版社，2011。
②　国家统计局城市社会经济调查司：《中国城市统计年鉴 2014》，中国统计出版社，2014。

第一节　基于适度人口外生影响因素的城市综合分类

本书测度城市适度人口的样本主要选取 2010 年和 2013 年我国所辖地级及以上城市，具体包括直辖市、副省级城市、地级市。由于各城市功能定位、区位条件、资源禀赋、经济结构等影响城市适度人口的客观外生条件具有较大差距，不能采用统一标准进行测度，因此首先需要对城市进行合理的类别划分。

一　城市分类的主要原则

围绕城市适度人口测度对我国地级及以上城市进行类别划分，需要确立城市划分的基本原则，主要表现为四个方面。一是坚持"导向正确"原则。按照党中央、国务院的精神，我国当前推进城市化进程是逐步实现，并不是"齐头并进"或"一蹴而就"，需要"有先有后"和"有主有次"。因此，在进行城市适度人口测度中尤其是在进行城市类别划分时，首先需要注重不同地区的城市区位功能和城市化进程定位因素。二是坚持"依据合理"原则。主要是在进行城市类型划分的过程中，要充分反映各城市的进程定位、区位功能以及影响城市适度人口的客观特征，换句话说，要通过这些因素的选取来区分出不同城市客观存在的城市人口承载力差异。三是坚持"方法多样"原则。主要是指城市分类的方法不能拘于单一的模式，要充分将定性和定量相结合，定性方面主要考虑城市政策功能定位问题，定量方面主要考虑影响城市适度人口确定的客观因素等问题。四是坚持"测度可行"原则。主要进行城市类别划分后，要保持各类样本的数量，否则在小样本中，一方面难以发现承载因素与城市人口的关系，即缺乏规律性；另一方面样本量较少，拟合的标准不具有参考性。

二 城市分类体系与依据

(一) 分类体系

围绕我国地级及以上城市,从三个层次和纬度进行类型划分。首先,从战略定位上进行划分,不同的城市战略定位,确定城市适度人口的方向和依据不同,比如直辖市、副省级城市和部分省会城市,这些城市在全国政治、经济、文化、社会和生态发展中均具有特殊的战略定位,尤其是在各种要素和资源聚集上有其特定的功能。按此条件,将城市分为 A 类城市和 B 类城市。其次,从规模效应上进行城市类别划分,将人口、经济和面积较大和较小的分开,因为规模较大的城市由于人口多、经济规模大等,在确定城市适度人口上存在规模效应,其城市人口承载力标准会存在差异。按此条件,将城市分为 A1 类城市、A2 类城市、B1 类城市和 B2 类城市。最后,按照技术结构进行进一步细分,依据社会经济、资源环境和城市人口进一步将城市分为 A11、A12、…;A21、A22、…;B11、B12、…;B21、B22、…。如图 5-1 所示。

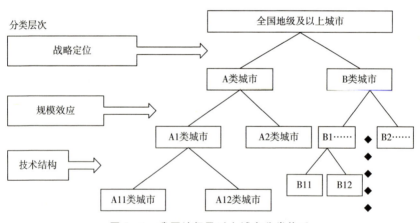

图 5-1 我国地级及以上城市分类体系

(二) 分类依据

根据上述城市分类体系主要按照战略定位、规模效应和技术结构逐次对我国地级及以上城市进行类型划分,具体依据和方法如表 5-1 所示。

表 5－1　我国地级及以上城市分类依据

分类层次	分类依据	分类方法	分类结论
战略定位	主要按照行政级别划分，特殊考虑属于省会城市的地级市	定性分类法	A 类城市：包括直辖市、副省级城市和省会城市 B 类城市：其余地级城市
规模效应	主要按照：（1）市辖区人口规模、（2）市辖区地区生产总值、（3）市辖区土地面积划分	定量、聚类分析法	A1 城市：规模较高的 A 类城市 A2 城市：规模较低的 A 类城市 B1 城市：规模较高的 B 类城市 B2 城市：规模较低的 B 类城市
技术结构	主要按照社会经济、资源环境和城市人口三方面的依据。 社会经济：二三产业产值占比、人均 GDP、城市化率 资源环境：城市建设用地占市区面积比例、工业固体废物综合利用率、城镇生活污水处理率、生活垃圾无害化处理率等 城市人口：城市人口密度、城市从业人员占比	聚类分析法	B1 类城市：按照相关因素对 B1 类城市进行聚类 B2 类城市：按照相关因素对 B2 类城市进行聚类

1. 按照战略定位进行城市分类

如上所述，直辖市、副省级城市和部分省会城市，在全国政治、经济、文化、社会和生态发展中均具有特殊的战略定位，而其他城市均属于地级市，在各省发展中具有同种类型的战略定位。因此，按照战略定位进行城市类别划分，其主要依据是行政级别，分类方法是定性分类法，具体将直辖市、副省级城市划为 A 类城市，其余地级市划为 B 类城市。但考虑到部分地级市，也具有较强的区域性战略功能作用，特地将其划入 A 类城市。

2. 按照规模效应进行城市分类

在按照战略定位进行城市分类基础上，各类城市中存在人口、经济和面积等规模大小,这种规模大小的存在会因规模效应而导致城市人口承载力标准存在差异。因此,主要选择市辖区人口规模、市辖区地区生产总值和市辖区土地面积三个因素进行城市分类,分类方法选择定量分类法,具体选择聚类分析法,在上述战略定位分类基础上再细分出两类,即 A1 类城市、A2 类城市、B1 类城市和 B2 类城市。

3. 按照技术结构进行城市分类

在按照规模效应进行城市分类基础上,各类城市还存在不同的技术条件、结构状况和发展进程等差异,这些差异会影响总量既定条件下的城市人口承载力标准。因此,需要按照技术结构进行城市类别划分,划分标准包括从社会经济、资源环境和城市人口三个方面选择指标,具体来看:(1)在社会经济方面,主要选择:①二三产业产值占比,该指标反映城市经济发展的产业结构,包括工业化进程等;②人均 GDP,该指标反映城市经济发展的总体技术条件;③城市化率,该指标反映城市化进程差异。(2)在资源环境方面,主要选择:①城市建设用地占市区面积比例,该指标反映城市土地资源供给能力情况;②工业固体废物综合利用率、城镇生活污水处理率、生活垃圾无害化处理率等,这三个指标主要反映各城市目前对污染物的处理能力。(3)在城市人口方面,主要选择:①城市人口密度,该指标反映目前各地城市人口拥挤情况;②城市从业人员占比,该指标反映目前城市人口就业情况。在上述指标基础上,采用聚类分析法对城市分类,考虑到 A 类城市数量较少,已经聚类到测度的底线,因此按照技术结构分类主要针对 B 类城市。

三 中国地级及以上城市划分:2010 年和 2013 年

根据上述分类体系和依据,利用 SPSS18.0 软件中的快速聚类分析法(K - Means Cluster)逐步对 2010 年和 2013 年全国地级及以上城市进行分类,具体来看,2010 年,全国共有 287 个地级及以上城市。第一步,按照战略定位进行城市分类。将直辖市、副省级城市和属于省会城市的地级市划为 A 类,共 35 个;将其余城市划为 B 类,共 251 个。第二步,按照规模效应进行城市分类。根据反映规模的三个指标采用快速聚类分析法,将

A 类城市分为两个，其中 A1 类城市共 5 个，分别是北京、天津、上海、广州和深圳，其余为 A2 类城市，共 30 个。① 同样，将 B 类城市分为两类。其中 B1 类城市 12 个，B2 类城市 239 个。第三步，按照技术结构进行城市分类，由于 A1、A2 和 B1 类城市已经形成较少的类别数量，故不再进行进一步划分，仅将 239 个 B2 类城市按照社会经济、资源环境和城市人口三方面的九个技术结构指标，采用快速聚类分析法，划分为三类：B21 类城市 101 个，B22 类城市 40 个，B23 类城市 98 个。2013 年，全国共有 290 个地级及以上城市，其中减少了 1 个（安徽省巢湖市），增加了 4 个（海南省三沙市、贵州省毕节市和铜仁市、青海省海东市）。同 2010 年城市分类步骤一致，第一步按照战略定位划分出 A 类城市 35 个，B 类城市 253 个。第二步按照规模效应，划分出 A1 类城市依然是北京、天津、上海、广州和深圳 5 个，A2 类城市 30 个，同样不含西藏拉萨，B1 类城市 14 个，B2 类城市 239 个。② 第三步按照技术结构对 239 个 B2 类城市进行进一步划分为三类，B21 类城市 85 个，B22 类城市 46 个，B23 类城市 108 个，具体分类如表 5 - 2 所示。

表 5 - 2　2010 和 2013 年我国地级及以上城市类别划分情况

2010 年		2013 年	
类型	城市名称	类型	城市名称
A1 （5 个）	北京市 天津市 上海市 广州市 深圳市	A1 （5 个）	北京市 天津市 上海市 广州市 深圳市
A2 （30 个）	石家庄市　太原市　呼和浩特市　沈阳市　大连市　长春市　哈尔滨市　南京市　杭州市　宁波市　合肥市　福州市　厦门市　南昌市　济南市　青岛市　郑州市　武汉市　长沙市　南宁市　海口市　重庆市　成都市　贵阳市　昆明市　西安市　兰州市　西宁市　银川市　乌鲁木齐市	A2 （30 个）	石家庄市　太原市　呼和浩特市　沈阳市　大连市　长春市　哈尔滨市　南京市　杭州市　宁波市　合肥市　福州市　厦门市　南昌市　济南市　青岛市　郑州市　武汉市　长沙市　南宁市　海口市　重庆市　成都市　贵阳市　昆明市　西安市　兰州市　西宁市　银川市　乌鲁木齐市

① 由于西藏的拉萨市缺乏相关统计数据，尚未纳入分类考虑。

② 由于新增的三沙市缺乏相关统计数据，尚未纳入分类考虑。

续表

2010 年		2013 年	
类型	城市名称	类型	城市名称
B1 （12 个）	唐山市　包头市　大庆市　无锡市 徐州市　常州市　苏州市　淄博市 烟台市　佛山市　东莞市　中山市	B1 （14 个）	唐山市　包头市　大庆市　无锡市 徐州市　常州市　苏州市　扬州市 绍兴市　淄博市　烟台市　佛山市 东莞市　中山市
B21 （101 个）	秦皇岛市　邯郸市　保定市　张家口市　承德市　廊坊市　衡水市　大同市　阳泉市　长治市　晋城市　赤峰市　通辽市　巴彦淖尔市　乌兰察布市　抚顺市　丹东市　锦州市　辽阳市　铁岭市　辽源市　通化市　白山市　松原市　齐齐哈尔市　双鸭山市　佳木斯市　七台河市　连云港市　淮安市　盐城市　嘉兴市　湖州市　金华市　衢州市　台州市　丽水市　蚌埠市　淮北市　铜陵市　安庆市　黄山市　滁州市　莆田市　漳州市　南平市　萍乡市　鹰潭市　枣庄市　潍坊市　济宁市　泰安市　莱芜市　临沂市　德州市　滨州市　洛阳市　平顶山市　鹤壁市　新乡市　濮阳市　许昌市　三门峡市　黄石市　襄阳市　鄂州市　荆门市　衡阳市　岳阳市　常德市　郴州市　娄底市　韶关市　江门市　湛江市　茂名市　梅州市　河源市　阳江市　清远市　揭阳市　桂林市　梧州市　北海市　防城港市　钦州市　三亚市　攀枝花市　德阳市　绵阳市　宜宾市　六盘水市　安顺市　曲靖市　宝鸡市　咸阳市　延安市　榆林市　白银市　酒泉市　石嘴山市	B21 （85 个）	秦皇岛市　邯郸市　保定市　张家口市　廊坊市　衡水市　阳泉市　长治市　晋城市　朔州市　赤峰市　乌兰察布市　抚顺市　锦州市　辽阳市　铁岭市　吉林市　通化市　白山市　佳木斯市　连云港市　盐城市　泰州市　湖州市　金华市　衢州市　台州市　丽水市　蚌埠市　淮北市　安庆市　黄山市　滁州市　莆田市　南平市　景德镇市　萍乡市　新余市　鹰潭市　赣州市　潍坊市　泰安市　莱芜市　临沂市　滨州市　洛阳市　平顶山市　鹤壁市　新乡市　濮阳市　许昌市　三门峡市　襄阳市　鄂州市　荆门市　随州市　衡阳市　常德市　郴州市　怀化市　娄底市　韶关市　江门市　湛江市　茂名市　河源市　阳江市　桂林市　梧州市　防城港市　百色市　三亚市　德阳市　绵阳市　乐山市　六盘水市　遵义市　曲靖市　丽江市　宝鸡市　咸阳市　延安市　白银市　酒泉市　石嘴山市
B22 （40 个）	沧州市　朔州市　乌海市　鄂尔多斯市　呼伦贝尔市　鞍山市　本溪市　营口市　盘锦市　吉林市　南通市　扬州市　镇江市　泰州市　温州市　绍兴市　舟山市　芜湖市　马鞍山市　三明市　泉州市　龙岩市	B22 （46 个）	沧州市　乌海市　通辽市　鄂尔多斯市　呼伦贝尔市　鞍山市　本溪市　营口市　盘锦市　辽源市　松原市　南通市　镇江市　温州市　嘉兴市　舟山市　芜湖市　马鞍山市　铜陵市　三明市　泉州市　漳州市　龙岩市

续表

2010 年		2013 年	
类型	城市名称	类型	城市名称
	景德镇市　九江市　新余市　东营市　威海市　日照市　十堰市　宜昌市　株洲市　湘潭市　珠海市　肇庆市　惠州市　柳州市　玉溪市　嘉峪关市　金昌市　克拉玛依市		九江市　东营市　济宁市　威海市　日照市　德州市　黄石市　十堰市　宜昌市　株洲市　湘潭市　岳阳市　珠海市　肇庆市　惠州市　柳州市　北海市　攀枝花市　玉溪市　榆林市　嘉峪关市　金昌市　克拉玛依市
B23（98 个）	邢台市　晋中市　运城市　忻州市　临汾市　吕梁市　阜新市　朝阳市　葫芦岛市　四平市　白城市　鸡西市　鹤岗市　伊春市　牡丹江市　黑河市　绥化市　宿迁市　淮南市　阜阳市　宿州市　巢湖市　六安市　亳州市　池州市　宣城市　宁德市　赣州市　吉安市　宜春市　抚州市　上饶市　聊城市　菏泽市　开封市　安阳市　焦作市　漯河市　南阳市　商丘市　信阳市　周口市　驻马店市　孝感市　荆州市　黄冈市　咸宁市　随州市　邵阳市　张家界市　益阳市　永州市　怀化市　汕头市　汕尾市　潮州市　云浮市　贵港市　玉林市　百色市　贺州市　河池市　来宾市　崇左市　自贡市　泸州市　广元市　遂宁市　内江市　乐山市　南充市　眉山市　广安市　达州市　雅安市　巴中市　资阳市　遵义市　保山市　昭通市　丽江市　思茅市　临沧市　铜川市　渭南市　汉中市　安康市　商洛市　天水市　武威市　张掖市　平凉市　庆阳市　定西市　陇南市　吴忠市　固原市　中卫市	B23（108 个）	邢台市　承德市　大同市　晋中市　运城市　忻州市　临汾市　吕梁市　巴彦淖尔市　丹东市　阜新市　朝阳市　葫芦岛市　四平市　白城市　齐齐哈尔市　鸡西市　鹤岗市　双鸭山市　伊春市　七台河市　牡丹江市　黑河市　绥化市　淮安市　宿迁市　淮南市　阜阳市　宿州市　六安市　亳州市　池州市　宣城市　宁德市　吉安市　宜春市　抚州市　上饶市　枣庄市　聊城市　菏泽市　开封市　安阳市　焦作市　漯河市　南阳市　商丘市　信阳市　周口市　驻马店市　孝感市　荆州市　黄冈市　咸宁市　邵阳市　张家界市　益阳市　永州市　汕头市　梅州市　汕尾市　清远市　潮州市　揭阳市　云浮市　钦州市　贵港市　玉林市　贺州市　河池市　来宾市　崇左市　自贡市　泸州市　广元市　遂宁市　内江市　南充市　眉山市　宜宾市　广安市　达州市　雅安市　巴中市　资阳市　安顺市　毕节市　铜仁市　保山市　昭通市　思茅市　临沧市　铜川市　渭南市　汉中市　安康市　商洛市　天水市　武威市　张掖市　平凉市　庆阳市　定西市　陇南市　海东市　吴忠市　固原市　中卫市

第二节 城市适度人口测度过程：以 2013 年 A1 类城市为例

城市适度人口动态测度涉及 2010 年和 2013 年，具体又根据上述城市类型划分，各年份又分别对 A1 类、A2 类、B1 类、B21 类、B22 类和 B23 类进行测度。由于各年份及各类城市适度人口测度过程均一致，该部分主要以 2013 年 A1 类城市适度人口为例进行实证测度。[①] 根据第三章关于城市适度人口测度过程，具体测度归结为六个步骤：第一步是计算城市人口影响因素权重；第二步是计算城市人口的实际承载力；第三步是计算城市人口标准承载力；第四步是计算城市适度人口动态区间；第五步是寻找城市适度人口短板因素；第六步是确定城市适度人口动态区间。前四步均属于分类测度范畴，分别就经济、社会、资源和环境类因素进行测度；后两步属于综合测度范畴，即进一步通过寻找短板因素确定城市适度人口动态区间。

一 分类测度Ⅰ：计算城市人口影响因素权重

以 2013 年 A1 类城市为例，首先测度基于经济因素的城市适度人口分类区间，重点是计算影响城市人口的各个经济因素权重。具体首先对地区生产总额（Ec1）、全社会固定资产投资总额（Ec2）、社会消费品零售总额（Ec3）、地方财政一般预算内收入（Ec4）、年末金融机构存款余额（Ec5）五个因素进行主成分分析，按照特征根大于 1 的原则提取出 1 个主成分公因子，累计方差贡献率达到 74.77%，根据主成分因子得分系数，得到主成分的表达式为：

$$FEc^{11} = 0.261\bar{E}c^{11} + 0.053\bar{E}c^{12} + 0.247\bar{E}c^{13} + 0.259\bar{E}c^{14} + 0.262\bar{E}c^{15} \qquad 5.2.1$$

[①] 鉴于各年份各类城市适度人口测度过程一致，2010 年和 2013 年的城市适度人口测度过程省略，正文中仅以 2013 年 A1 类城市为例进行测度过程演示。

以提取的主成分公因子为自变量，以城市实际人口为因变量进行线性估计，回归方程表达式为：

$$X^1 = 879.06 + 375.42 FEc^{11} \qquad\qquad 5.2.2$$

按照公式 4.3.4 和 4.3.5 计算得出各因素的权重，如表 5 - 3 所示。

表 5 - 3　城市人口影响因素权重确定（2013 - A1 - 经济影响类）

2013 年 A1 类样本		Ec1	Ec2	Ec3	Ec4	Ec5
累计方差贡献率（%）	74.77					
公因子 1	得分系数	0.261	0.053	0.247	0.259	0.262
因子估计参数	375.42	98.025	19.991	92.733	97.078	98.321
公因子 2	得分系数					
因子估计参数						
权　重	加权值	98.02	19.99	92.73	97.08	98.32
	修正权重(%)	24.14	4.92	22.83	23.90	24.21

注：由于该类样本仅提取出一个主成分公因子，公因子 2 相关内容为空白，下同。

二　分类测度 II：计算城市人口的实际承载力

根据公式 4.3.6 计算城市人口的实际承载力，即将各地区城市人口除以各类经济因素，代表单位因素所承载的城市人口数量，如表 5 - 4 所示。

表5-4 城市人口实际承载力计算（2013-A1-经济影响类）

城市名称	原始数据						实际承载能力				
	X	Ec1	Ec2	Ec3	Ec4	Ec5	Ec1	Ec2	Ec3	Ec4	Ec5
	万人	万元	万元	万元	万元	万元					
北京市	1235.50	192131742	67515495	81666878	36256710	831086694	6.43E−06	1.83E−05	1.51E−05	3.41E−05	1.49E−06
天津市	817.10	131465527	84621515	41329822	12152423	226845862	6.22E−06	9.66E−06	1.98E−05	6.72E−05	3.60E−06
上海市	1361.30	213391800	56441312	79766189	40689368	692563200	6.38E−06	2.41E−05	1.71E−05	3.35E−05	1.97E−06
广州市	682.30	141465480	40069035	65048918	10491376	324863992	4.82E−06	1.70E−05	1.05E−05	6.50E−05	2.10E−06
深圳市	299.10	145002302	25010091	44335936	17312618	298309900	2.06E−06	1.20E−05	6.75E−06	1.73E−05	1.00E−06

三 分类测度Ⅲ：计算城市人口的标准承载力

根据公式 4.3.7 和公式 4.3.8 分别计算静态基准标准承载力和动态上限标准承载力，其中静态基准标准承载力主要以所有样本城市人口之和除以所有样本相关因素之和，形成反映该样本城市人口承载力的平均水平，称为静态基准标准承载力；动态上限标准承载力主要选取实际承载力 3/4 分位以上的样本，计算其综合城市人口承载力，称为动态上限标准承载力，该承载力属于样本内较高水平部分，如表 5 – 5 所示。

表 5 – 5　城市人口标准承载力计算（2013 – A1 – 经济影响类）

指标名称		Ec1	Ec2	Ec3	Ec4	Ec5
实际承载力（分位数）		6.38E – 06	1.83E – 05	1.71E – 05	6.50E – 05	2.10E – 06
1/4 上位样本范围	北京市	1				
	天津市			1	1	1
	上海市		1			
	广州市					
	深圳市					
静态基准标准承载力		5.34E – 06	1.61E – 05	1.41E – 05	3.76E – 05	1.85E – 06
动态上限标准承载力		6.43E – 06	2.41E – 05	1.98E – 05	6.72E – 05	3.60E – 06

注：1/4 上位样本范围中的"1"代表属于该范围的地区，其余不属于该范围。

四 分类测度Ⅳ：计算城市适度人口分类区间

按照公式 4.3.9、公式 4.3.10 和公式 4.3.11，计算城市适度人口的分类区间，即将上述计算的权重乘以实际因素，再分别乘以静态基准标准承载力和动态上限标准承载力，得到城市适度人口的分类静态基准和分类静态上限。表 5 –6 显示了基于经济因素测度的 A1 类地区城市适度人口，就分类静态基准而言，北京市和深圳市静态基准大于实际人口，说明基于经济发展而言在现有人口基础上还可以增加，但天津市、上海市和深圳市出现实际人口相对较多的局面。但进一步从分类动态上限来看，所有地区都有增加人口的空间，前提是提升城市人口经济发展承载能力。

表 5 - 6 城市适度人口分类区间计算（2013 - A1 - 经济影响类）

地区名称	实际人口	分类静态基准及相对比例		分类动态上限及相对比例	
		万人	%	万人	%
北京市	1235.5	1261.82	1.0213	2054.37	1.6628
天津市	817.1	580.03	0.7099	884.17	1.0821
上海市	1361.3	1252.08	0.9198	2016.08	1.4810
广州市	682.3	662.96	0.9717	1012.64	1.4842
深圳市	299.1	638.41	2.1345	993.22	3.3207

五 综合测度Ⅰ：寻找城市适度人口短板因素

采用上述同样的方法和步骤，可以测度出 2013 年 A1 类城市基于社会、资源和环境因素的城市适度人口区间，如表 5 - 7 所示。就 2013 年 A1 类样本目前的平均城市人口经济承载力而言，北京市基于经济、社会、资源和环境的静态基准适度人口为 1262 万人、1357 万人、1354 万人和 463 万人。换句话说，基于经济、社会和资源来看，北京市都可以允许有较高的适度人口，但从环境来看仅允许有 463 万人的人口，说明环境是目前北京市的城市人口发展短板。但以较高承载力水平作为标准，也就是说在允许未来提升经济、社会、资源和环境承载力条件下，北京市基于经济、社会、资源和环境的动态上限适度人口为 2054 万人、1996 万人、2465 万人和 2193 万人，在实际城市人口 1236 万人基础上均有提升城市人口的空间，未来面临的短板将是社会因素。同样，天津市目前城市人口短板是经济因素，未来是社会因素；上海市目前城市人口短板是资源因素，未来仍然是资源因素；广州市目前城市人口短板是环境因素，未来是社会因素；深圳市目前城市人口短板是环境因素，未来是社会因素。

表 5 - 7 城市适度人口短板因素确定（2013 - A1 - 经济影响类）

单位：万人

城市名称	实际人口	静态基准适度人口					动态上限适度人口				
		经济	社会	资源	环境	静态基准	经济	社会	资源	环境	动态上限
北京市	1236	1262	1357	1354	463	463	2054	1996	2465	2193	1996
天津市	817	580	622	843	1403	580	884	880	1497	6377	880

续表

城市名称	实际人口	静态基准适度人口					动态上限适度人口				
		经济	社会	资源	环境	静态基准	经济	社会	资源	环境	动态上限
上海市	1361	1252	1276	1060	1859	1060	2016	1945	1919	9007	1919
广州市	682	663	634	648	355	355	1013	906	1198	1555	906
深圳市	299	638	506	490	317	317	993	766	884	1649	766

六　综合测度Ⅱ：确定城市适度人口综合区间

在确定各地区制约城市适度人口短板因素后，最终形成以各地城市适度人口静态基准和动态上限构建的动态区间，其中：北京市为［463，1996］，天津市为［580，880］，上海市为［1060，1919］，广州市为［355，906］，深圳市为［317，766］，按照公式 4.3.14 可计算出各地城市适度人口压力系数分别为 0.5039、0.7891、0.3512、0.5946 和 - 0.0389。由此可以判断，深圳市的城市适度人口压力系数小于 0（ - 0.0389），说明深圳市在既定经济发展方式和资源利用模式下还可以继续增加城市人口，但空间也较小，一旦人口增加后首先面临的就是环境约束短板。而其他像北京市、天津市、上海市和广州市，其城市适度人口压力系数均在 0～1 之间，说明在既定经济发展方式和资源利用模式下人口相对较多，但通过转变经济发展方式或优化资源利用模式可以继续增长城市人口容纳量（见图 5 - 2）。

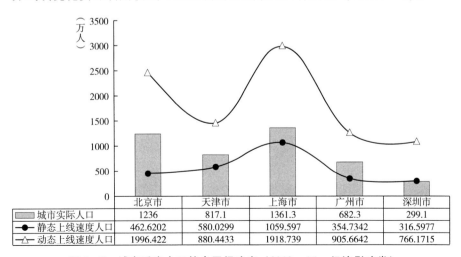

图 5 - 2　城市适度人口综合区间确定（2013 - A1 - 经济影响类）

第三节　中国地级及以上城市适度人口
测度结果分析：2010 年和 2013 年

在上述对我国 2010 年和 2013 年地级及以上城市适度人口进行系统测度基础上，以下主要就城市适度人口的测度总体发现、适度与否分布、承载压力变化、短板因素约束四个方面进行分析和判断，其中测度总体情况主要分析全国所有地级及以上城市人口适度与否；适度与否分布主要分析具体哪些城市属于适度状态；承载压力变化主要针对适度人口压力系数变化判断各地是否积极提升城市人口承载能力，减轻自身的压力；短板因素约束主要分析各地进一步改善城市人口承载能力需要突破的短板因素。分析的重点针对 2013 年城市适度人口的测度结果及其相比于 2010 年测度结果的变化情况，前者主要从静态角度反映目前我国城市人口状况，后者主要从动态角度反映各地城市人口变化趋势。

一　测度总体发现：现有承载能力条件下，城市人口相对过多

通过实证测度总体情况：2010 年全国地级及以上城市适度人口静态基准为 26424 万人，动态上限为 57753 万人，当年城市实际人口为 38339 万人，城市适度人口压力系数为 0.380；2013 年全国地级及以上城市适度人口静态基准为 30821 万人，动态上限为 60711 万人，当年城市实际人口为 41152 万人，城市适度人口压力系数为 0.345，如表5-8 所示。

表 5-8　城市适度人口总量对比分析

单位：万人，%

指标名称	2010	2013	变化情况
城市实际人口	38339	41152	7.34
静态基准适度人口	26424	30821	16.64
动态上限适度人口	57753	60711	5.17

续表

指标名称	2010	2013	变化情况
适度人口压力系数	0.3803	0.3453	−0.035

数据来源：通过 2010 年和 2013 年城市适度人口测度数据整理。

1. 验证城市适度人口动态性，实现城市人口适度关键要努力达到承载能力标准

前文从理论上界定，城市适度人口取决于城市人口的边际社会收益和边际社会成本相等时确定的最优城市人口，随着各地城市人口边际社会收益和边际社会成本的变化，其城市适度人口也处于不断变化之中。通过对 2010 年和 2013 年城市适度人口的实证测度，发现这一规律仍然成立，任意选择一个地区来看，比如，北京市 2010 年其城市适度人口区间为 [414，1181]，到 2013 年其城市适度人口区间为 [463，1996]，无论从城市适度人口的静态基准看，还是从动态上限看，都实现提升，这种提升来源于两个方面的原因：一是支撑因素数量提升，二是构成自身标准的同类其他地区的城市人口承载力提升。前者由自身决定，实际上是提升城市人口边际社会收益或降低边际社会成本的过程；后者是由其他地区决定，实际上是形成城市适度人口标准的过程。如果自身支撑因素不变，而其他地区在不断提升承载能力，就只能导致自身城市承载压力不断增大；如果自身支撑因素不断增加，而其他地区承载能力提升缓慢，就会导致城市容纳人口的空间不断增大。因此，城市适度人口区间属于一个动态变化的范畴，要使得城市实际人口一直保持在适度人口区间范围内、保持城市人口可持续性，不是增加或减少实际人口的问题，而是要通过提升城市人口边际社会收益或降低城市人口边际社会成本，实现城市适度人口区间不断上移。

2. 总体上看，我国城市人口超过适度人口基准，但还有提升人口承载力的空间

上述测算结果可以说明以下两方面问题。第一，我国城市实际人口总体上超过现有平均承载力水平下的城市适度人口静态基准。换句话说，如果不优化和改进社会经济发展方式和资源环境利用模式，以此提升城市人口边际社会收益或降低边际社会成本，现有城市社会经济和资源环境难以承受既存的城市实际人口。以 2013 年为例，城市实际人口为 41152 万人，而城市静态基准适度人口仅为 30821 万人，2010 年也是如此，显然城市实际人口相对过多。第二，尽管如此，我国城市还有足够空间通过提升城市人口承载能力来增加城市人口。以 2013 年为例，虽然城市适度人口静态基准为 30821 万人，小于城市实际人口 41152 万人，但城市适度人口动态上限为 60711 万人，这为在城市实际人口基础上继续增加城市人口奠定了空间，但一个关键的前提是各城市要不断把承载能力提升到较高城市承载能力的水平。

3. 尽管总体上面临城市人口不断增加的压力，但各地都在努力提升其承载能力

从 2010 年到 2013 年，全国地级及以上城市实际人口从 38339 万人增加到 41152 万人，增幅 7.34%，如果按照 2010 年的城市适度人口标准区间［26424，57735］，城市适度人口压力系数将从 0.3803 增加到 0.4701，城市人口压力将变得更大。到 2013 年，虽然城市实际人口增加，但城市适度人口区间上升到［30821，60711］，城市适度人口压力系数为 0.3453，实现了下降，说明各地城市在不断努力提升城市人口承载力能力，城市人口压力相对有所缓解。

二 适度与否分布：60%城市相对适度，西部适度相对高

根据适度人口测度结果，对 2010 年和 2013 年地级及以上城市按照城市适度人口压力系数划分为三类：第一类是城市适度人口压力系数小于或等于 0，代表城市实际人口小于城市适度人口静态基准，属于适度偏低状态；第二类是城市适度人口压力系数在 0 到 1 之间，代表城市实际人口大于城市适度人口静态基准，并小于城市适度人口动态上限，属于相对适度状态；第三类是城市适度人口压力系数大于或等于 1，代表城市实际人口大于城市适度人口动态上限，属于超越适度状态（见表 5-9）。

表 5－9　2010 和 2013 年各城市人口适度状态

适度类型	2010 年	适度类型	2013 年
[－∞ , 0] 55 个	秦皇岛市　邯郸市　邢台市　承德市　衡水市　晋中市　运城市　呼和浩特市　包头市　鄂尔多斯市　大连市　阜新市　铁岭市　葫芦岛市　四平市　黑河市　无锡市　苏州市　杭州市　宁波市　嘉兴市　绍兴市　铜陵市　三明市　赣州市　上饶市　青岛市　东营市　济宁市　威海市　德州市　聊城市　郑州市　安阳市　焦作市　周口市　驻马店市　黄石市　荆州市　黄冈市　咸宁市　岳阳市　郴州市　怀化市　梅州市　河源市　潮州市　云浮市　柳州市　百色市　达州市　雅安市　遵义市　石嘴山市　吴忠市	[－∞ , 0] 61 个	秦皇岛市　邯郸市　邢台市　保定市　张家口市　承德市　大同市　晋中市　运城市　呼和浩特市　鄂尔多斯市　巴彦淖尔市　乌兰察布市　大连市　丹东市　阜新市　辽阳市　朝阳市　四平市　齐齐哈尔市　双鸭山市　大庆市　七台河市　苏州市　连云港市　杭州市　宁波市　丽水市　合肥市　铜陵市　福州市　厦门市　三明市　景德镇市　赣州市　吉安市　上饶市　东营市　威海市　聊城市　滨州市　郑州市　开封市　安阳市　焦作市　许昌市　周口市　驻马店市　荆州市　黄冈市　衡阳市　邵阳市　怀化市　深圳市　东莞市　云浮市　昆明市　丽江市　石嘴山市　吴忠市　克拉玛依市
[0 , 1] 193 个	北京市　天津市　石家庄市　唐山市　保定市　张家口市　沧州市　廊坊市　太原市　大同市　阳泉市　长治市　晋城市　忻州市　临汾市　吕梁市　乌海市　赤峰市　通辽市　呼伦贝尔市　巴彦淖尔市　乌兰察布市　沈阳市　鞍山市　抚顺市　本溪市　丹东市　锦州市　营口市　辽阳市　盘锦市　朝阳市　长春市　吉林市　辽源市　通化市　白山市　白城市　哈尔滨市　齐齐哈尔市　鸡西市　鹤岗市　双鸭山市　大庆市　伊春市　佳木斯市　七台河市　牡丹江市上海市　南京市　常州市　南通市　连云港市　盐城市　扬州市　镇江市　泰州市　宿迁市　温州市　湖州市　金华市　衢州市　台州市　丽水市　合肥市　芜湖市　蚌埠市　淮南市　马鞍山市　淮北市　安庆市	[0 , 1] 191	北京市　天津市　石家庄市　唐山市　沧州市　廊坊市　衡水市　太原市　阳泉市　长治市　晋城市　朔州市　忻州市　临汾市　吕梁市　包头市　赤峰市　呼伦贝尔市　沈阳市　鞍山市　抚顺市　本溪市　锦州市　营口市　盘锦市　铁岭市　葫芦岛市　长春市　吉林市　通化市　白山市　松原市　白城市　哈尔滨市　鸡西市　鹤岗市　伊春市　佳木斯市　牡丹江市　黑河市上海市　南京市　无锡市　常州市　南通市　淮安市　盐城市　镇江市　泰州市　宿迁市　温州市　嘉兴市　湖州市　绍兴市　金华市　衢州市　台州市　芜湖市　蚌埠市　淮南市　马鞍山市　淮北市　安庆市　黄山市　滁州市　阜阳市　六安市　池州市　宣城市　泉州市　漳州市　南平市　龙岩市　宁德市　南昌市　萍乡市　九江市　新余市　鹰潭市　宜春市

适度类型	2010 年	适度类型	2013 年
	黄山市　滁州市　阜阳市　巢湖市　池州市　福州市　厦门市　泉州市　漳州市　南平市　龙岩市　宁德市　南昌市　景德镇市　萍乡市　九江市　新余市　鹰潭市　吉安市　宜春市　抚州市　济南市　淄博市　枣庄市　烟台市　潍坊市　泰安市　莱芜市　临沂市　滨州市　菏泽市　开封市　洛阳市　平顶山市　鹤壁市　新乡市　濮阳市　许昌市　漯河市　三门峡市　南阳市　商丘市　信阳市　武汉市　十堰市　宜昌市　襄阳市　鄂州市　荆门市　孝感市　随州市　长沙市　株洲市　湘潭市　衡阳市　邵阳市　常德市　张家界市　益阳市　永州市　娄底市　广州市　韶关市　深圳市　珠海市　汕头市　佛山市　江门市　湛江市　肇庆市　惠州市　汕尾市　阳江市　清远市　东莞市　揭阳市　南宁市　桂林市　梧州市　北海市　玉林市　贺州市　河池市　来宾市　崇左市　成都市　自贡市　攀枝花市　泸州市　德阳市　绵阳市　广元市　遂宁市　乐山市　眉山市　宜宾市　贵阳市　六盘水市　昆明市　曲靖市　昭通市　丽江市　思茅市　临沧市　西安市　铜川市　宝鸡市　咸阳市　渭南市　延安市　汉中市　榆林市　兰州市　嘉峪关市　白银市　天水市　张掖市　平凉市　银川市　中卫市　乌鲁木齐市　克拉玛依市		抚州市　济南市　青岛市　淄博市　枣庄市　烟台市　潍坊市　济宁市　泰安市　莱芜市　临沂市　德州市　菏泽市　洛阳市　平顶山市　鹤壁市　新乡市　濮阳市　漯河市　三门峡市　南阳市　商丘市　信阳市　武汉市　黄石市　十堰市　宜昌市　襄阳市　鄂州市　荆门市　孝感市　咸宁市　随州市　株洲市　湘潭市　岳阳市　常德市　张家界市　益阳市　郴州市　永州市　娄底市　广州市　韶关市　珠海市　汕头市　江门市　湛江市　肇庆市　惠州市　梅州市　汕尾市　河源市　阳江市　清远市　中山市　潮州市　揭阳市　南宁市　柳州市　桂林市　梧州市　北海市　防城港市　钦州市　玉林市　百色市　贺州市　河池市　崇左市　成都市　自贡市　攀枝花市　泸州市　绵阳市　广元市　乐山市　南充市　眉山市　宜宾市　达州市　雅安市　贵阳市　六盘水市　遵义市　安顺市　铜仁市　曲靖市　玉溪市　昭通市　思茅市　临沧市　西安市　铜川市　宝鸡市　咸阳市　渭南市　延安市　汉中市　安康市　兰州市　嘉峪关市　白银市　张掖市　平凉市　酒泉市　庆阳市　海东市　银川市　中卫市　乌鲁木齐市

续表

适度类型	2010 年	适度类型	2013 年
(1，+∞) 38 个	朔州市　松原市　绥化市　徐州市　淮安市　舟山市　宿州市　六安市　亳州市　宣城市　莆田市　日照市　茂名市　中山市　防城港市　钦州市　贵港市　海口市　三亚市　重庆市　内江市　南充市　广安市　巴中市　资阳市　安顺市　玉溪市　保山市　安康市　商洛市　金昌市　武威市　酒泉市　庆阳市　定西市　陇南市　西宁市　固原市	(1，+∞) 36 个	乌海市　通辽市　辽源市　绥化市　徐州市　扬州市　舟山市　宿州市　亳州市　莆田市　日照市　长沙市　佛山市　茂名市　贵港市　来宾市　海口市　三亚市　重庆市　德阳市　遂宁市　内江市　广安市　巴中市　资阳市　毕节市　保山市　榆林市　商洛市　金昌市　天水市　武威市　定西市　陇南市　西宁市　固原市

数据来源：通过 2010 年和 2013 年城市适度人口测度数据整理。

1. 全国地级及以上城市中，三分之二的城市其城市实际人口处于动态适度区间

2010 年全国 286 个有效地级及以上城市中，城市适度人口压力系数在 $[-\infty，0]$ 区间的有 55 个，占 19.23%；在 $[0，1]$ 区间的有 193 个，占 67.48%；在 $[1，+\infty]$ 区间的有 38 个，占 13.29%。同样，在 2013 年全国 288 个有效地级及以上城市中，上述三类城市分别所占比重为 21.18%、66.32% 和 12.50%。可以看出，2/3 的城市其实际人口大于城市适度人口静态基准，并小于城市适度人口动态上限，说明大多数城市在现有城市承载力水平下表现出城市实际人口相对较多，但还可以通过提升城市人口承载能力实现城市人口适度。另外，有 20% 左右城市，其城市实际人口小于城市适度人口静态基准，即在现有城市人口承载力水平下可以继续增加人口数量；有 10% 左右城市的城市人口超过城市适度人口动态上限，即城市人口承载能力即便提升到样本内较高承载力水平仍难以容纳现有城市人口，这些城市需要更大程度地提升城市承载能力，甚至面临城市人口分流。

2. 从区域分布来看，东中部城市人口适度比例相对较高，西部超越适度较明显

以 2013 年测度为例，在东部地区，25% 的城市其人口适度偏低，65%

的城市其人口相对适度，10%的城市其人口超越适度；中部地区与东部地区情况类似；西部地区三类城市的比重分别为10%、64%和25%。也就是说，无论东中西，处于相对适度的城市比重几乎相当，都在60%～70%，说明东中西普遍存在较多城市需要提升城市人口承载能力才能实现动态上的人口适度。进一步分析发现，东中部和西部存在差别，东中部地区城市人口适度偏低比重相对较高，平均为25%，像河北省、辽宁省、江西省、河南省等更高，在现有城市人口承载能力条件下还有增加人口的空间；而在西部地区城市人口超于适度比重相对较高，平均为25%，像重庆、甘肃、青海等城市实际人口超越适度人口比例较高，需要较高程度提升城市人口承载力（见表5－10）。

表5－10 2013年分区域城市适度人口状态的个数和比例

单位：个，%

区　域	城市名称	城市总数	城市个数			城市占比		
			适度偏低	相对适度	超越适度	适度偏低	相对适度	超越适度
东部	北京市	1	0	1	0	0	100	0
	天津市	1	0	1	0	0	100	0
	河北省	11	6	5	0	55	45	0
	辽宁省	14	5	9	0	36	64	0
	上海市	1	0	1	0	0	100	0
	江苏省	13	2	9	2	15	69	15
	浙江省	11	3	7	1	27	64	9
	福建省	9	3	5	1	33	56	11
	山东省	17	4	12	1	24	71	6
	广东省	21	3	16	2	14	76	10
	海南省	3	0	0	2	0	0	67
	东部汇总	102	26	66	9	25	65	10
中部	山西省	11	3	8	0	27	73	0
	吉林省	8	1	6	1	13	75	13
	黑龙江省	12	4	7	1	33	58	8
	安徽省	16	2	12	2	13	75	13
	江西省	11	4	7	0	36	64	0
	河南省	17	7	10	0	41	59	0

续表

区　域	城市名称	城市总数	城市个数			城市占比		
			适度偏低	相对适度	超越适度	适度偏低	相对适度	超越适度
中部	湖北省	12	2	10	0	17	83	0
	湖南省	13	3	9	1	23	69	8
	中部汇总	100	26	69	5	26	69	5
西部	内蒙古自治区	9	4	3	2	44	33	22
	广西壮族自治区	14	0	12	2	0	86	14
	重庆市	1	0	0	1	0	0	100
	四川省	18	0	12	6	0	67	33
	贵州省	6	0	5	1	0	83	17
	云南省	8	2	5	1	25	63	13
	西藏自治区	1	0	0	0	0	0	0
	陕西省	10	0	8	2	0	80	20
	甘肃省	12	0	7	5	0	58	42
	青海省	2	0	1	1	0	50	50
	宁夏回族自治区	5	2	2	1	40	40	20
	新疆维吾尔自治	2	1	1	0	50	50	0
	西部汇总	88	9	56	22	10	64	25

数据来源：通过2013年城市适度人口测度数据整理。

三　承载压力变化：近60%的城市实现城市人口承载压力降低

根据公式4.3.14可以判断，城市适度人口压力系数越小，代表城市人口承载压力越小；相反代表城市人口承载压力越大。具体又可以分为三类：城市适度人口压力系数小于0，代表城市实际人口小于适度人口静态基准，属于适度偏低状态；城市适度人口压力系数介于0~1之间，属于相对适度状态；城市适度人口压力系数大于1，属于超越适度状态。根据对2010年和2013年的对比测度，发现城市适度人口压力系数有的提升有的下降，如果出现提升，说明城市人口承载压力增大；如果下降则说明城市人口压力减小。以下将各类城市适度人口压力系数变化分为12种类型，其中基数总体类1类代表2010年属于"适度偏低"，分类1~1类代表2013年变得更低；1~2类代表压力系数增大，仍是"适度偏低"；1~3代表变为"相对适度";1~4代表变为"超越适度";基数2类代表2010年属于"相对适度",2~1类代表变化为"适度偏低";2~2代表压力系数降低,但仍为"相对适度";2~3类代表压力系数增加,但仍为"相对适度";2~4类代表变化为"超越适度";基数3类代表2010年属于"超越适度",3~1类代表变为"适度偏低";3~2类代表变为"相对适度";3~3类代表压力系数降低,但仍为"超越适度";3~4代表压力系数增加(见表5-11)。

表5-11 2010年到2013年城市人口承载压力变化类型

	1	2	3
1	1~1 (15, 5.26%) 鄂尔多斯市 安阳市 承德市 杭州市 秦皇岛市 大连市 东营市 运城市 驻马店市 吴忠市 邯郸市 云浮市 三明市 荆州市 周口市	2~1 (29, 10.18%) 衡阳市 辽阳市 大庆市 滨州市 保定市 丽水市 连云港市 吉安市 开封市 深圳市 福州市 邵阳市 许昌市 丽江市 朝阳市 合肥市 昆明市 张家口市 克拉玛依市 七台河市 东莞市 厦门市 大同市 景德镇市 丹东市 乌兰察布市 双鸭山市 巴彦淖尔市 齐齐哈尔市	3~1
2	1~2 (17, 5.96%) 邢台市 黄冈市 苏州市 怀化市 宁波市 四平市 上饶市 焦作市 阜新市 铜陵市 晋中市 聊城市 赣州市 呼和浩特市 郑州市 威海市 石嘴山市	2~2 (91, 31.93%) 株洲市 淮南市 镇江市 珠海市 吕梁市 洛阳市 桂林市 江门市 济南市 沧州市 武汉市 南京市 泉州市 牡丹江市 鸡西市 潍坊市 宁德市 平顶山市 安庆市 鹤岗市 泸州市 韶关市 鹰潭市 娄底市 曲靖市 忻州市 石家庄市 滁州市 六盘水市 锦州市 宜宾市 崇左市 清远市 张掖市 新乡市 汕头市 孝感市 晋城市 太原市 濮阳市 渭南市 廊坊市 荆门市	3~2 (15, 5.26%) 北京市 宣城市 防城港市 松原市 酒泉市 淮安市 安康市 玉溪市 朔州市 六安市 中山市 南充市 庆阳市 钦州市 安顺市

1	2	3
	玉林市　乌鲁木齐市　台州市　益阳市　烟台市 永州市　湘潭市　龙岩市 上海市　延安市　沈阳市 九江市　南昌市　惠州市 自贡市　肇庆市　盘锦市 随州市　阳泉市　吉林市 本溪市　泰州市　南宁市 莱芜市　宿迁市　宜春市 银川市　张家界市　贵阳市　池州市　赤峰市　咸阳市　抚州市　萍乡市 阳江市　鄂州市　盐城市 呼伦贝尔市　兰州市　揭阳市　枣庄市　南通市 贺州市　淄博市　淮北市 昭通市　新余市　眉山市	
3	1~3（23，8.07%） 潮州市　百色市　达州市 河源市　德州市　青岛市 梅州市　包头市　衡水市 葫芦岛市　嘉兴市　黄石市　济宁市　咸宁市　遵义市　郴州市　绍兴市 铁岭市　岳阳市　黑河市 柳州市　无锡市　雅安市	2~3（60，21.05%） 河池市　思茅市　南阳市 菏泽市　金华市　蚌埠市 漳州市　乐山市　三门峡市　马鞍山市　广州市 临汾市　临沂市　通化市 湖州市　中卫市　抚顺市 温州市　攀枝花市　长治市　十堰市　汕尾市　鞍山市　营口市　汉中市 衢州市　黄山市　铜川市 绵阳市　梧州市　信阳市 伊春市　南平市　湛江市 芜湖市　宝鸡市　漯河市 白城市　商丘市　平凉市 鹤壁市　广元市　长春市 成都市　泰安市　常州市 临沧市　宜昌市　常德市 嘉峪关市　北海市　白银市　白山市　哈尔滨市 襄阳市天津市　佳木斯市 西安市　唐山市　阜阳市	3~3（18，6.31%） 内江市　保山市　贵港市 徐州市　西宁市　亳州市 广安市　重庆市　绥化市 固原市　定西市　武威市 茂名市　宿州市　莆田市 巴中市　陇南市　海口市

	1	2	3
4	1~4	2~4（11，3.85%） 榆林市　乌海市　德阳市 通辽市　长沙市　扬州市 佛山市　来宾市　天水市 辽源市　遂宁市	3~4（6，2.11%） 资阳市　商洛市　金昌市 舟山市　日照市　三亚市

数据来源：通过 2010 年和 2013 年城市适度人口测度数据整理。

注：（）内的第一个数字代表个数，第二个数字代表比重，因巢湖市、海东市、毕节市、铜仁市、三沙市数据空缺，故省去。

　　根据上述测算统计数据，有 168 个城市的适度人口压力系数下降，占 58.95%，说明一半以上城市通过不断提升城市人口承载力，使得城市人口压力不断减少，具体来看：（1）2010 年属于"适度偏低"且继续降低压力系数的有 15 个城市，占 5.26%。（2）2010 年属于"相对适度"，压力下降的有 120 个城市，占 42.10%，其中：压力系数下降为"适度偏低"的有 29 个城市，占到 10.18%；压力系数下降但仍保持为"相对适度"的有 91 个城市，占 31.93%；（3）2010 年属于"超越适度"，压力系数下降的有 33 个城市，占 11.57%，其中压力系数下降为"相对适度"的有 15 个城市，占 5.26%，压力系数下降但仍为"超越适度"的有 6 个城市，占 2.11%。进一步说明，城市适度人口压力系数下降主要是原来处于"相对适度"城市的相对压力下降了。

四　短板因素约束：近期面临环境短板，远期将面临经济短板

　　根据上述研究，很多城市人口仍处于相对适度或超越适度状态，即便处于适度偏低状态的城市，也完全有可能伴随着城市实际人口的增加出现新的超越适度。在此情况下，唯一能做的就是不断提升城市人口的承载力。城市适度人口短板因素就是指一个城市要提升其人口承载力面临的约束，也就是需要突破的制约条件，其中静态基准适度人口对应的短板因素主要指近期内需要突破的承载力短板，该短板与样本平均承载能力条件相对应；动态基准适度人口对应的短板因素主要指远期内需要突破的承载力

短板，也就是说突破这一短板实际上是要达到样本范围内较高承载力水平标准。就目前三种城市类型需要突破短板因素而言，（1）城市人口"适度偏低"型：尽管城市实际人口还尚未达到适度人口静态基准，存在增加城市人口的空间，但这完全会因为城市人口的增加而超过静态基准，甚至超过动态上限，因此需要提升人口承载力基准，并在近期和远期突破短板因素。（2）城市人口"相对适度"型：城市实际人口已经超过适度人口静态基准，在不减少人口的情况下需要提升人口承载力基准，重点需要突破近期的短板因素，但未来将面临突破远期短板因素。（3）城市人口"超越适度"型：城市实际人口已经超过适度人口动态上限，需要将城市人口承载力区间上移到实际人口水平以上，需要突破更长的承载力提升距离，首先需要突破近期短板因素，重点还要突破远期短板因素。

综上所述，伴随着城市化进程的推进，无论目前城市人口适度与否，都面临不断提升城市人口承载力水平的重任，特别是要突破近期和短期的短板因素问题。以下将在上述测度基础上，对我国地级及以上城市实现适度人口而提升其人口承载力，需要突破的短板因素进行分析（见表 5 - 12、表5 - 13）。

表 5 - 12　2010 年城市适度人口测度短板分布

短板因素	近期短板	远期短板
经济发展短板	47，16.43% 石家庄市　唐山市　张家口市　承德市　太原市　呼和浩特市　乌海市　巴彦淖尔市　乌兰察布市　齐齐哈尔市　双鸭山市　佳木斯市　七台河市　绥化市　三明市　景德镇市　九江市　宜春市　淄博市　聊城市　菏泽市　鹤壁市　黄石市　荆门市　黄冈市　湘潭市　衡阳市　娄底市　广州市　肇庆市　梅州市　重庆市　贵阳市　昆明市　曲靖市　渭南市　兰州市　嘉峪关市　金昌市　张掖市　平凉市　酒泉市　西宁市　银川市　石嘴山市　吴忠市　乌鲁木齐市	113，39.51% 石家庄市　唐山市　邯郸市　邢台市　张家口市　承德市　衡水市　太原市　大同市　晋中市　运城市　呼和浩特市　乌海市　通辽市　巴彦淖尔市　乌兰察布市　鞍山市　抚顺市　本溪市　阜新市　辽阳市　铁岭市　长春市　吉林市　四平市　通化市　白山市　齐齐哈尔市　鹤岗市　双鸭山市　大庆市　伊春市　佳木斯市　七台河市　绥化市　衢州市　芜湖市　蚌埠市　铜陵市　安庆市　滁州市　巢湖市　三明市　南平市　景德镇市　九江市　吉安市　宜春市　淄博市　枣庄市　临沂市　德州市　聊城市　菏泽市

短板因素	近期短板	远期短板
		开封市　洛阳市　平顶山市　鹤壁市　濮阳市　三门峡市　南阳市　商丘市　黄石市　十堰市　襄阳市　荆门市　荆州市　黄冈市　咸宁市　株洲市　湘潭市　衡阳市　邵阳市　娄底市　肇庆市　梅州市　河源市　潮州市　南宁市　柳州市　梧州市　钦州市　百色市　贺州市　崇左市　攀枝花市　绵阳市　宜宾市　达州市　雅安市　贵阳市　六盘水市　安顺市　曲靖市　临沧市　铜川市　宝鸡市　渭南市　延安市　安康市　兰州市　嘉峪关市　金昌市　白银市　天水市　张掖市　平凉市　酒泉市　西宁市　银川市　石嘴山市　吴忠市　乌鲁木齐市
社会发展短板	64，22.38% 天津市　邢台市　包头市　鄂尔多斯市　阜新市　葫芦岛市　南京市　常州市　苏州市　南通市　淮安市　盐城市　镇江市　泰州市　宁波市　湖州市　金华市　衢州市　台州市　丽水市　蚌埠市　淮南市　马鞍山市　铜陵市　安庆市　黄山市　滁州市　宣城市　南平市　新余市　赣州市　上饶市　青岛市　枣庄市　东营市　潍坊市　济宁市　日照市　德州市　滨州市　安阳市　焦作市　咸宁市　常德市　郴州市　怀化市　韶关市　江门市　茂名市　潮州市　揭阳市　北海市　防城港市　贵港市　百色市　河池市　来宾市　德阳市　乐山市　眉山市　达州市　遵义市　宝鸡市　榆林市	84，29.37% 天津市　包头市　鄂尔多斯市　葫芦岛市　鸡西市　牡丹江市　南京市　无锡市　常州市　苏州市　南通市　淮安市　盐城市　镇江市　泰州市　宿迁市　宁波市　湖州市　金华市　台州市　丽水市　合肥市　淮南市　马鞍山市　黄山市　阜阳市　宿州市　六安市　亳州市　池州市　宣城市　宁德市　南昌市　新余市　赣州市　抚州市　上饶市　济南市　青岛市　东营市　潍坊市　济宁市　泰安市　日照市　莱芜市　滨州市　安阳市　焦作市　漯河市　周口市　驻马店市　武汉市　鄂州市　常德市　张家界市　郴州市　永州市　怀化市　广州市　韶关市　汕头市　江门市　湛江市　茂名市　阳江市　清远市　东莞市　揭阳市　云浮市　北海市　防城港市　贵港市　河池市　来宾市　重庆市　自贡市　德阳市　乐山市　眉山市　遵义市　昆明市　昭通市　丽江市　榆林市

续表

短板因素	近期短板	远期短板
资源发展短板	63，22.02% 秦皇岛市 邯郸市 保定市 沧州市 廊坊市 衡水市 长治市 晋城市 朔州市 晋中市 运城市 忻州市 临汾市 吕梁市 呼伦贝尔市 大连市 营口市 铁岭市 吉林市 四平市 通化市 黑河市 上海市 徐州市 杭州市 嘉兴市 绍兴市 巢湖市 福州市 泉州市 漳州市 龙岩市 鹰潭市 吉安市 烟台市 泰安市 威海市 郑州市 新乡市 濮阳市 许昌市 三门峡市 南阳市 宜昌市 孝感市 岳阳市 益阳市 河源市 云浮市 崇左市 绵阳市 内江市 宜宾市 广安市 六盘水市 保山市 思茅市 临沧市 咸阳市 汉中市 商洛市 陇南市 中卫市	55，19.23% 秦皇岛市 保定市 沧州市 廊坊市 长治市 晋城市 朔州市 忻州市 临汾市 吕梁市 呼伦贝尔市 沈阳市 大连市 营口市 朝阳市 白城市 黑河市 上海市 徐州市 杭州市 温州市 嘉兴市 绍兴市 舟山市 福州市 泉州市 漳州市 龙岩市 鹰潭市 烟台市 威海市 郑州市 新乡市 许昌市 信阳市 宜昌市 孝感市 岳阳市 益阳市 汕尾市 桂林市 泸州市 遂宁市 内江市 广安市 资阳市 玉溪市 保山市 思茅市 西安市 咸阳市 汉中市 商洛市 陇南市 中卫市
环境发展短板	112，39.16% 北京市 大同市 阳泉市 赤峰市 通辽市 沈阳市 鞍山市 抚顺市 本溪市 丹东市 锦州市 辽阳市 盘锦市 朝阳市 长春市 辽源市 白山市 松原市 白城市 哈尔滨市 鸡西市 鹤岗市 大庆市 伊春市 牡丹江市 无锡市 连云港市 扬州市 宿迁市 温州市 舟山市 合肥市 芜湖市 淮北市 阜阳市 宿州市 六安市 亳州市 池州市 厦门市 莆田市 宁德市 南昌市 萍乡市 抚州市 济南市 莱芜市 临沂市 开封市 洛阳市 平顶山市 漯河市 商丘市 信阳市 周口市 驻马店市 武汉市 十堰市 襄阳市 鄂州市 荆州市 随州市 长沙市 株洲市 邵阳市 张家界市 永州市 深圳市 珠海市	34，11.89% 北京市 阳泉市 赤峰市 丹东市 锦州市 盘锦市 辽源市 松原市 哈尔滨市 连云港市 扬州市 淮北市 厦门市 莆田市 萍乡市 随州市 长沙市 深圳市 珠海市 佛山市 惠州市 中山市 玉林市 海口市 三亚市 成都市 广元市 南充市 巴中市 武威市 庆阳市 定西市 固原市 克拉玛依市

续表

短板因素	近期短板	远期短板
	汕头市　佛山市　湛江市　惠州市 汕尾市　阳江市　清远市　东莞市 中山市　南宁市　柳州市　桂林市 梧州市　钦州市　玉林市　贺州市 海口市　三亚市　成都市　自贡市 攀枝花市　泸州市　广元市　遂宁市　南充市　雅安市　巴中市　资阳市　安顺市　玉溪市　昭通市 丽江市　西安市　铜川市　延安市 安康市　白银市　天水市　武威市 庆阳市　定西市　固原市　克拉玛依市	

数据来源：通过 2010 年城市适度人口测度数据整理。

表 5 - 13　2013 年城市适度人口测度短板分布

短板因素	近期短板	远期短板
经济发展短板	69，23.96% 天津市　石家庄市　唐山市　邯郸市　邢台市　保定市　张家口市 太原市　运城市　赤峰市　巴彦淖尔市　乌兰察布市　辽阳市　铁岭市　鹤岗市　大庆市　伊春市　佳木斯市　七台河市　绥化市　徐州市　宿州市　三明市　南平市　南昌市　九江市　吉安市　宜春市 抚州市　淄博市　济宁市　德州市 菏泽市　开封市　平顶山市　安阳市　鹤壁市　濮阳市　商丘市　周口市　驻马店市　黄石市　衡阳市 邵阳市　岳阳市　肇庆市　南宁市 贵港市　百色市　河池市　来宾市 重庆市　攀枝花市　贵阳市　六盘水市　昆明市　兰州市　嘉峪关市 金昌市　平凉市　酒泉市　西宁市 银川市　吴忠市　固原市　中卫市 乌鲁木齐市	118，40.97% 石家庄市　唐山市　秦皇岛市　邯郸市　邢台市　保定市　张家口市 廊坊市　衡水市　太原市　阳泉市 晋中市　运城市　忻州市　赤峰市 巴彦淖尔市　乌兰察布市　本溪市 锦州市　辽阳市　铁岭市　朝阳市 吉林市　四平市　辽源市　通化市 白山市　松原市　鹤岗市　双鸭山市　伊春市　佳木斯市　七台河市 黑河市　绥化市　徐州市　连云港市　淮北市　铜陵市　安庆市　滁州市　三明市　南平市　九江市 赣州市　吉安市　宜春市　抚州市 上饶市　淄博市　济宁市　莱芜市 临沂市　德州市　聊城市　菏泽市 开封市　洛阳市　平顶山市　安阳市　鹤壁市　新乡市　濮阳市　许昌市　南阳市　商丘市　周口市 黄石市　荆门市　株洲市　衡阳市

续表

短板因素	近期短板	远期短板
		邵阳市　岳阳市　郴州市　永州市　怀化市　韶关市　肇庆市　汕尾市　河源市　南宁市　桂林市　梧州市　贵港市　百色市　贺州市　河池市　来宾市　崇左市　重庆市　攀枝花市　绵阳市　达州市　六盘水市　遵义市　曲靖市　玉溪市　保山市　昭通市　丽江市　宝鸡市　延安市　兰州市　嘉峪关市　金昌市　张掖市　平凉市　酒泉市　西宁市　银川市　石嘴山市　吴忠市　固原市　中卫市　乌鲁木齐市　克拉玛依市
社会发展短板	43，14.93% 承德市　大同市　朔州市　晋中市　包头市　鄂尔多斯市　丹东市　阜新市　葫芦岛市　鸡西市　南京市　镇江市　宁波市　湖州市　绍兴市　金华市　衢州市　台州市　丽水市　淮南市　马鞍山市　滁州市　池州市　宣城市　厦门市　景德镇市　新余市　上饶市　青岛市　枣庄市　潍坊市　日照市　滨州市　焦作市　黄冈市　张家界市　娄底市　韶关市　江门市　柳州市　德阳市　眉山市　渭南市	67，23.26% 北京市　天津市　承德市　大同市　朔州市　包头市　鄂尔多斯市　丹东市　阜新市　葫芦岛市　鸡西市　大庆市　南京市　苏州市　南通市　盐城市　扬州市　镇江市　泰州市　宁波市　湖州市　绍兴市　金华市　衢州市　台州市　丽水市　淮南市　马鞍山市　阜阳市　宿州市　池州市　宣城市　厦门市　南昌市　景德镇市　新余市　青岛市　枣庄市　东营市　潍坊市　日照市　滨州市　焦作市　驻马店市　襄阳市　黄冈市　常德市　张家界市　娄底市　广州市　深圳市　江门市　茂名市　阳江市　东莞市　揭阳市　柳州市　北海市　防城港市　自贡市　德阳市　乐山市　眉山市　贵阳市　铜仁市　昆明市　渭南市
资源发展短板	73，25.35% 沧州市　廊坊市　衡水市　长治市　晋城市　忻州市　临汾市　吕梁市　呼和浩特市　呼伦贝尔市　大连市　盘锦市　四平市　通化市　白城市　双鸭山市　黑河市　上海市　无锡市　苏州市　盐城市　杭州市　嘉兴市	52，18.06% 沧州市　长治市　晋城市　临汾市　吕梁市　呼和浩特市　呼伦贝尔市　沈阳市　大连市　盘锦市　白城市　齐齐哈尔市　上海市　无锡市　杭州市　嘉兴市　合肥市　福州市　泉州市　漳州市　龙岩市　宁德市

短板因素	近期短板	远期短板
	合肥市　淮北市　铜陵市　福州市 泉州市　漳州市　萍乡市　鹰潭市 赣州市　烟台市　泰安市　威海市 郑州市　新乡市　许昌市　三门峡 市　信阳市　宜昌市　孝感市　荆 州市　咸宁市　常德市　益阳市 郴州市　怀化市　茂名市　梅州市 云浮市　崇左市　内江市　宜宾市 广安市　遵义市　铜仁市　曲靖市 玉溪市　保山市　昭通市　丽江市 思茅市　临沧市　延安市　汉中市 榆林市　商洛市　武威市　张掖市 定西市　陇南市	萍乡市　鹰潭市　烟台市　泰安市 威海市　郑州市　三门峡市　信阳 市　宜昌市　孝感市　荆州市　咸 宁市　益阳市　汕头市　梅州市 云浮市　内江市　宜宾市　广安市 思茅市　临沧市　咸阳市　汉中市 榆林市　商洛市　武威市　庆阳市 定西市　陇南市
环境发展短板	103，35.76% 北京市　秦皇岛市　阳泉市　乌海 市　通辽市　沈阳市　鞍山市　抚 顺市　本溪市　锦州市　营口市 朝阳市　长春市　吉林市　辽源市 白山市　松原市　哈尔滨市　齐齐 哈尔市　牡丹江市　常州市　南通 市　连云港市　淮安市　扬州市 泰州市　宿迁市　温州市　舟山市 芜湖市　蚌埠市　安庆市　黄山市 阜阳市　六安市　亳州市　莆田市 龙岩市　宁德市　济南市　东营市 莱芜市　临沂市　聊城市　洛阳市 漯河市　南阳市　武汉市　十堰市 襄阳市　鄂州市　荆门市　随州市 长沙市　株洲市　湘潭市　永州市 广州市　深圳市　珠海市　汕头市 佛山市　湛江市　惠州市　汕尾市 河源市　阳江市　清远市　东莞市 中山市　潮州市　揭阳市　桂林市 梧州市　北海市　防城港市　钦州 市　玉林市　贺州市　海口市　成 都市　自贡市　泸州市　绵阳市	51，17.71% 乌海市　通辽市　鞍山市　抚顺市 营口市　长春市　哈尔滨市　牡丹 江市　常州市　淮安市　宿迁市 温州市　舟山市　芜湖市　蚌埠市 黄山市　六安市　亳州市　莆田市 济南市　漯河市　武汉市　十堰市 鄂州市　随州市　长沙市　湘潭市 珠海市　佛山市　湛江市　惠州市 清远市　中山市　潮州市　钦州市 玉林市　海口市　成都市　泸州市 广元市　遂宁市　南充市　雅安市 巴中市　资阳市　西安市　铜川市 安康市　白银市　天水市

续表

短板因素	近期短板	远期短板
	广元市　遂宁市　乐山市　南充市 达州市　雅安市　巴中市　资阳市 西安市　铜川市　宝鸡市　咸阳市 安康市　白银市　天水市　庆阳市 石嘴山市　克拉玛依市	

数据来源：通过 2013 年城市适度人口测度数据整理。

1. 当前我国城市承载力提升，近期主要面临环境短板，远期主要面临经济短板

在 2013 年我国 288 个有效地级及以上城市中，就城市适度人口静态基准测度而言，有 69 个城市面临经济发展短板，占 23.96%；有 43 个城市面临社会发展短板，占 14.93%；有 73 个城市面临资源发展短板，占 25.35%；有 103 个城市面临环境发展短板，占 35.76%。这说明在近期内提升城市承载力，大部分地区面临环境及资源短板。就城市适度人口动态上限测度而言，有 118 个城市面临经济发展短板，占 40.97%；有 67 个城市面临社会发展短板，占 23.26%；有 52 个城市面临资源发展短板，占 18.06%；有 51 个城市面临环境发展短板，占 17.71%。说明从远期来看，各地提升城市承载力会主要面临经济发展短板，其次是社会发展短板，如表 5 – 14 所示。

表 5 – 14　2013 年城市适度人口短板总体比较

单位：个，%

年份	短板类型	经济短板		社会短板		资源短板		环境短板	
		个数	占比	个数	占比	个数	占比	个数	占比
2013	近期短板	68	23.96	43	14.93	73	25.35	103	35.76
	远期短板	118	40.97	67	23.26	52	18.06	51	17.71

数据来源：通过 2013 年城市适度人口测度数据整理得到。

2. 较 2010 年情况，2013 年环境短板主导作用尚未改变，经济短板占比逐渐凸显

就近期需要突破的城市人口承载力提升短板来看，较 2010 年情况，2013 年仍然尚未突破环境短板，2010 和 2013 年面临环境短板的城市个数

占比分别为 39.16% 和 35.76%。同时，面临经济短板的城市个数逐渐增加，2010 年仅为 47 个，占 16.43%，到 2013 年达到 69 个，占比提升到 23.96%。此外，社会短板城市个数小幅下降，资源短板城市个数小幅上升，如表 5-15 所示。

表 5-15 2010 年和 2013 年城市适度人口近期短板比较

单位：个，%

年　份	短板类型	经济短板		社会短板		资源短板		环境短板	
		个数	占比	个数	占比	个数	占比	个数	占比
2010	近期短板	47	16.43	64	22.38	63	22.03	112	39.16
2013		69	23.96	43	14.93	73	25.35	103	35.76

数据来源：通过 2010 年和 2013 年城市适度人口测度数据整理。

3. 相对比较来看，东部受经济短板制约较弱，中西部近远期经济及资源短板明显

从东部、中部和西部的划分来看，总体上没有改变近期主要面临环境发展短板的格局，面临环境发展短板地区中，东部占 34.40%，中部占 29.00%，西部占 35.63%，但未来东部地区主要面临社会发展短板，中西部地区面临经济发展短板。这说明，环境发展问题已经不仅仅是东部地区的问题，在中西部地区，各地加速经济发展的同时也在不断造成环境破坏，出现严重的短板效应。同时，在环境得到治理后，东部主要问题是社会事业发展供给不足，而中西部地区根本上还是受到经济发展的制约。但相对来看，东部地区无论是近期还是远期，经济发展短板的制约均较弱，近期和远期经济短板的纵向占比分别仅为 24.64% 和 24.58%，没有占绝对优势，近远期来看均是社会发展短板相对比较明显。而中部地区，近期来看经济和资源发展短板较为明显，纵向占比分别为 37.68% 和 39.73%，远期主要是经济发展短板相对明显，纵向占比为 40.68%。最后来看西部地区，近期也是相对表现为经济和资源发展短板，纵向占比分别为 37.68% 和 32.88%，远期占比主要相对表现为经济发展和环境发展短板，纵向占比均为 33.33%，如表 5-16 所示。

表 5 – 16 2013 年分区域城市适度人口短板分布

单位：个，%

区域名称	城市 城市合计	静态基准适度人口				动态上限适度人口			
		经济	社会	资源	环境	经济	社会	资源	环境
		69	43	73	103	118	67	52	51
东部	北京市				1		1		
	天津市	1					1		
	河北省	6	1	3	1	9	1	1	0
	辽宁省	2	3	2	7	5	3	3	3
	上海市			1			1		
	江苏省	1	2	3	7	2	7	1	3
	浙江省	0	7	2	2	0	7	2	2
	福建省	2	1	3	3	2	1	5	1
	山东省	4	5	3	5	7	6	3	1
	广东省	1	2	3	15	4	7	3	7
	海南省	0	0	0	2	0	0	0	2
	个数小计	17	21	20	43	29	34	19	19
	个数横向占比	16.83	18.58	15.87	34.40	28.71	33.66	18.81	18.81
	个数纵向占比	24.64	48.84	27.40	41.75	24.58	50.75	36.54	37.25
中部	山西省	2	3	5	1	5	2	4	0
	吉林省	0	0	3	5	6	0	1	1
	黑龙江省	6	1	2	3	7	2	1	2
	安徽省	1	5	3	7	4	6	1	5
	江西省	5	3	3	0	6	3	2	0
	河南省	8	1	5	3	11	2	3	1
	湖北省	1	1	4	6	2	2	4	4
	湖南省	3	2	4	4	7	3	1	2
	个数小计	26	16	29	29	48	20	17	15
	个数横向占比	26.00	16.00	29.00	29.00	48.00	20.00	17.00	15.00
	个数纵向占比	37.68	37.21	39.73	28.16	40.68	29.85	32.69	29.41

续表

区域 名称	城　市	静态基准适度人口				动态上限适度人口			
	城市合计	经济	社会	资源	环境	经济	社会	资源	环境
		69	43	73	103	118	67	52	51
西　部	内蒙古自治区	3	2	2	2	3	2	2	2
	广西壮族自治区	5	1	1	7	9	3	0	2
	重庆市	1				1			
	四川省	1	2	3	12	3	4	3	8
	贵州省	3	0	3	0	3	2	1	0
	云南省	1	0	7	0	5	1	2	0
	西藏自治区	0	0	0	0	0	0	0	0
	陕西省	0	1	4	5	2	1	4	3
	甘肃省	5	0	4	3	6	0	4	2
	青海省	2	0	0	0	2	0	0	0
	宁夏回族自治区	4	0	0	1	5	0	0	0
	新疆维吾尔自治	1	0	0	1	2	0	0	0
	个数小计	26	6	24	31	41	13	16	17
	个数横向占比	29.89	6.90	27.59	35.63	47.13	14.94	18.39	19.54
	个数纵向占比	37.68	13.95	32.88	30.10	33.33	19.40	30.77	33.33

数据来源：通过 2013 年城市适度人口测度数据整理。

第六章

城市适度人口偏差诊断：基于不同短板
条件下的影响检验和原因分析

上述研究已经对我国 2010 年和 2013 年地级及以上城市适度人口进行了实证测度，并与相应地区城市实际人口进行比较，发现存在三种城市类型：适度偏低型、相对适度型、超越适度型。但无论针对何种类型，在城市人口不断增加的趋势下，都将面临不同程度的城市适度人口偏差。同时，研究还发现各城市提升城市承载能力面临的短板，包括经济短板、社会短板、资源短板或环境短板。本章主要基于不同短板类型的地区，检验影响和制约城市人口承载压力的因素并分析其原因，对我国地级及以上城市适度人口偏差进行诊断，为设计城市适度人口路径实现机制提供依据。以下研究首先构建城市适度人口偏差的产生逻辑和影响因素，并在不同短板条件下检验城市人口承载压力的影响因素，最后分析我国城市适度人口偏差更深层次的原因。

第一节　城市适度人口偏差：产生逻辑与影响因素

城市适度人口偏差是指城市实际人口与城市适度人口动态区间之间存在的差距，这种差距直接表现为在现有城市人口承载力水平下，城市人口的相对不足和相对过剩，可以用城市适度人口压力系数来衡量。在伴随着城市人口不断增加的现实情况下，唯有提升城市人口承载能力才能实现城市实际人口向城市适度人口的靠近。而要提升城市人口承载能力，关键要理清这种城市适度人口偏差的产生逻辑，并选择相关影响因素。

一 城市适度人口偏差的产生及传导机制

（一）我国城市适度人口偏差描述：2010 年和 2013 年城市适度人口压力系数

城市适度人口压力系数小于 0，表示适度偏低型；城市适度人口系数在 0~1 之间，表示相对适度型；城市适度人口压力系数大于 1，表示超越适度型。从上述测算分析可知，2010 年和 2013 年我国城市人口，属于适度偏低型城市分别占 19.23% 和 21.18%，属于相对适度型的城市分别占 67.48% 和 66.32%，属于超越适度型的城市分别占 13.29% 和 12.50%。

（二）城市适度人口偏差的产生类型

从城市适度人口测度结果与城市实际人口比较来看，存在三种类型：一是城市实际人口低于城市适度人口静态基准，称为适度偏低型；二是城市实际人口介于城市适度人口静态基准和动态上限之间，称为相对适度型；三是城市实际人口大于城市适度人口动态上限，称为超越适度型。上述三种状态是在现有城市承载力水平下存在的，伴随着城市实际人口的不断增加，适度偏低型将过渡到相对适度型，再过渡到超越适度型，动态上表现为城市实际人口相对过多的状态。

1. 适度偏低型：城市人口数量相对较少且增长慢

适度偏低型偏差主要表现为城市人口较少，从适度人口决定机制来看，在静态基准条件下城市人口的边际社会收益高于城市人口边际社会成本，如图 6-1 所示。出现这种状态的根本原因是城市人口收益效益大于成本效应，城市化进程中城市人口规模不足，即城市承载能力提升超过了城市人口增长。就该类型而言，不可能刻意降低城市人口边际社会收益或提高边际社会成本，唯一可能是合理增加城市人口数量。

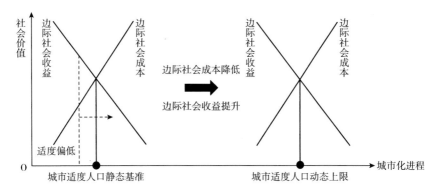

图 6-1　城市人口适度偏低型

2. 相对适度型：城市人口承载力在平均水平以下

相对适度型偏差主要表现为城市人口在平均承载力水平下相对较多，同时在较高承载力水平下又相对较少，如图 6-2 所示。从城市适度人口决定机制来看主要表现为目前城市人口边际社会成本高于城市人口边际收益，但在动态上限条件下又是城市人口边际社会收益高于其边际社会成本。这种类型的城市适度人口偏差的重要原因是城市人口承载力处于平均水平以下，未来需要提升城市人口承载力。

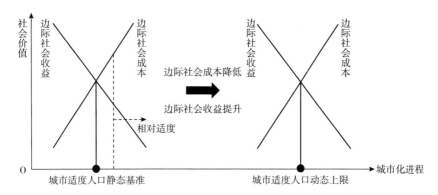

图 6-2　城市人口相对适度型

3. 超越适度型：城市实际人口超过高承载力水平

超越适度性偏差主要表现为城市实际人口已经超过城市人口较高承载力水平，如图 6-3 所示。从城市适度人口的决定机制来看，在较高城市承载力标准条件下，出现了城市人口的边际社会成本高于边际社会收益，除非该城市的人口边际社会收益能继续提升或边际社会成本能够继续下降，但实际上这种可能性较小。就这种适度人口偏差而言，更多的是降低该城市的实际人口，典型做法是进行城市人口分流。

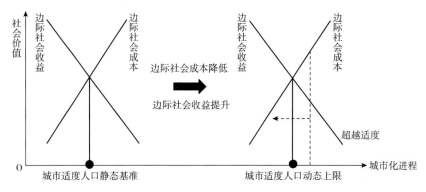

图 6 - 3　城市人口超越适度型

（三）城市适度人口偏差的传导机制

就上述三种城市适度人口偏差类型来看，伴随着当前城市化进程，各地城市人口必然将不断上升，在城市人口承载力不变的情况下最终出现的偏差均表现为城市实际人口大于城市适度人口，要么出现相对适度，要么出现超越适度。同时，也无论是城市人口的增加或者城市人口的分离，一个重要的手段都是提升城市人口承载能力，具体表现为提高城市人口的边际社会收益或降低城市人口的边际社会成本。由于各地区面临的城市适度人口短板不同，提升城市人口承载力的重点也具有差异，包括经济短板、社会短板、资源短板和环境短板，只有围绕相应的短板提高城市人口边际社会收益和降低城市人口边际社会成本，才能有效提升城市人口承载能力水平，最终缩小城市适度人口偏差，如图 6 - 4 所示。

二　城市适度人口偏差的影响因素：选择与转化

城市适度人口偏差的影响因素选择主要是围绕城市适度人口面临的短板展开，包括经济短板、社会短板、资源短板和环境短板，这些因素能够通过改进和提升，实现单位城市人口承载压力下降，实际上是在城市人口

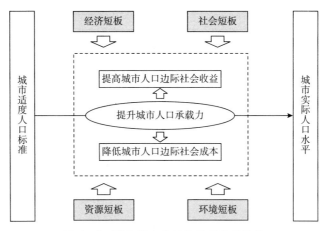

图 6-4　城市适度人口偏差的传导路径

增加的条件下能够继续保持城市人口承载能力的上升。

（一）影响因素分类选择

主要从经济产业、投资消费、人口就业、城市规划、财政收支、金融信贷、民生服务、通信交通、能源资源、城市环境 10 个方面选择相关指标，具体内容如表 6-1。

表 6-1　城市适度人口偏差影响因素选择

因素分类	具体指标
经济产业	A1 人均地区生产总值（元）、A2 第二产业产值比重（%）、A3 第三产业产值比重（%）、A4 规模以上工业总产值占第二产业比重（%）、A5 规模以上工业内资占比（%）、A6 规模以上工业外资占比（%）
投资消费	B1 人均全社会固定资产（元）、B2 房地产开发投资占比（%）、B3 人均社会消费品零售总额（元）
人口就业	C1 市辖区人口占比（%）、C2 城市从业人口占比（%）、C3 城镇私营和个体从业人员占比（%）、C4 第二产业从业人员占比（%）、C5 第三产业从业人员占比（%）、C6 职工平均工资（元）
城市规划	D1 建成区面积占比（%）、D2 居住用地面积占比（%）、D3 市辖区人口密度（人/平方公里）。
财政收支	E1 财政收入强度（%）、E2 财政补助率（%）、E3 科学支出占比（%）、E4 教育支出占比（%）。

因素分类	具体指标
金融信贷	F1 人均金融机构各项贷款额（元）、F2 人均城乡居民年末储蓄余额（元）
民生服务	G1 中小学生人均专任教师数（人）、G2 万人在校大学生数（人）、G3 每百人公共图书馆藏书（册、件）、G4 万人影剧院数（个）、G5 万人医院卫生院数（个）、G6 万人医院卫生院床位数（张）、G7 万人医生数（人）
通信交通	H1 人均邮政业务总量（元）、H2 人均电信业务总量（元）、H3 人均城市道路面积（平方米）、H4 万人拥有公共汽车数（辆）、H5 年均公共汽车客运量（人次）、H6 每万人出租汽车数（辆）
能源资源	I1 人均供水量（吨）、I2 居民生活用水占比（%）、I3 人均全社会用电量（千瓦时）、I4 工业用电占比（%）、I5 居民生活用电占比（%）、I6 居民生活用天然气人口占比（%）、I7 居民生活用液化气人口占比（%）
城市环境	J1 工业废水达标率（%）、J2 工业二氧化硫去除率（%）、J3 工业烟尘去除率（%）、J4 工业固体废物综合利用率（%）、J5 城镇生活污水处理率（%）、J6 生活垃圾无害化处理率（%）、J7 人均绿地面积（公顷）、J8 建成区绿化覆盖率（%）

1. 经济产业

经济产业方面选择六个指标：A1 人均地区生产总值（元）、A2 第二产业产值比重（%）、A3 第三产业产值比重（%）、A4 规模以上工业总产值占第二产业比重（%）、A5 规模以上工业内资占比（%）、A6 规模以上工业外资占比（%）。上述指标主要从经济成效和经济结构上反映对城市人口承载力的影响，其逻辑是通过产业结构转型后能够更有效地发挥城市人口创造产出的贡献，典型的是更多的工业、服务业等能够提供更多劳动力就业岗位，实现产业与劳动力更有效地匹配。另外，通过经济效率的提升或产业结构的转型，也可能衍生出更多的社会公共服务供给，以及集约型的生产模式提升资源环境利用效率等，以此提升城市人口的经济承载能力，甚至提升其社会、资源和环境承载能力。

2. 投资消费

投资消费方面选择三个指标：B1 人均全社会固定资产（元）、B2 房地产开发投资占比（%）、B3 人均社会消费品零售总额（元）。投资和消费更多强调经济发展的需求，王婷（2013）① 相关研究已经证明，发挥人口城市化对经济的拉动作用关键要打通消费和投资传导路径，尤其是为城市居民创造更多更好的消费和投资环境，能更好地带动城市人口对经济发展的拉动。单独将房地产开发投资占比提出来主要是反映投资结构中房地产投资和基础设施投资对居民经济社会生活的影响。

3. 人口就业

人口就业方面选择六个指标：C1 市辖区人口占比（%）、C2 城市从业人口占比（%）、C3 城镇私营和个体从业人员占比（%）、C4 第二产业从业人员占比（%）、C5 第三产业从业人员占比（%）、C6 职工平均工资（元）。上述指标主要从城市人口转化、人口就业转化不断推进的角度反映城市人口对社会经济和资源环境发展的贡献。首先，人口从农村转移到市辖区本身属于一个城市化的过程，通过生产方式的转变能够提升人口的边际生产贡献；其次，实现城市人口就业尤其是向二、三产业集聚，也能够增强城市人口的创造能力和收入水平。

4. 城市规划

城市规划方面选择三个指标：D1 建成区面积占比（%）、D2 居住用地面积占比（%）、D3 市辖区人口密度（人/平方公里）。城市规划重点关注市辖区在全市的面积扩展、扩张后居民居住面积规划，以及城市面积和城市人口间的密集程度。城市规划将对经济发展空间、社会服务供给，以及资源环境利用等产生影响。

5. 财政收支

财政收支方面选择四个指标：E1 财政收入强度（%）、E2 财政补助率（%）、E3 科学支出占比（%）、E4 教育支出占比（%）。财政收支从总体上反映政府对社会经济发展的干预程度及重点，包括对市场经济总量的分割、地方财政对上级政府的依赖度，以及地方财政对科学和教育支出强度等，比如：财政收入强度重点观察对市场行为的影响，财政补助率重点观测对政府支出行为的影响，科学支出和教育支出作为科学技术创新和人力资本积累的重要源泉，对社会经济发展和资源环境发展都具有重要作用。

---

① 王婷：《中国城镇化对经济增长的影响及其时空分化》，《人口研究》2013 年第 5 期。

6. 金融信贷

金融信贷方面选择两个指标：F1 人均金融机构各项贷款额（元）、F2 人均城乡居民年末储蓄余额（元）。金融信贷的通畅和发展，主要解决资金供给者和资金需求者的信息不对称导致的发展资金缺乏问题，核心是降低经济发展的资金交易成本。人均金融机构各项贷款额主要反映该地区能够提供发展的融资供给情况，该指标越高越能推动经济发展；人均城乡居民年末储蓄余额主要反映各地居民本身能够提供资本积累的情况，即将消费转化为投资的前置条件，尤其是在经济积累阶段，增加经济发展能力需要更多的资本积累。

7. 民生服务

民生服务方面选择七个指标：G1 中小学生人均专任教师数（人）、G2 万人在校大学生数（人）、G3 每百人公共图书馆藏书（册、件）、G4 万人影剧院数（个）、G5 万人医院卫生院数（个）、G6 万人医院卫生院床位数（张）、G7 万人医生数（人）。这些指标分别反映城市居民教育、文化和医疗卫生，直接与城市居民的民生息息相关，属于典型的社会事业发展范畴。

8. 通信交通

通信交通方面选择六个指标：H1 人均邮政业务总量（元）、H2 人均电信业务总量（元）、H3 人均城市道路面积（平方米）、H4 万人拥有公共汽车数（辆）、H5 年均公共汽车客运量（人次）、H6 每万人出租汽车数（辆）。通信主要解决信息交易费用，交通主要解决生产生活成本，不仅有利于经济发展，更是社会发展的支撑。

9. 能源资源

能源资源方面选择七个指标：I1 人均供水量（吨）、I2 居民生活用水占比（%）、I3 人均全社会用电量（千瓦时）、I4 工业用电占比（%）、I5 居民生活用电占比（%）、I6 居民生活用天然气人口占比（%）、I7 居民生活用液化气人口占比（%）。上述指标包括水电气等生产和生活资源，直接决定社会经济发展的能源供给。

10. 城市环境

城市环境方面选择八个指标：J1 工业废水达标率（%）、J2 工业二氧化硫去除率（%）、J3 工业烟尘去除率（%）、J4 工业固体废物综合利用率

（%）、J5 城镇生活污水处理率（%）、J6 生活垃圾无害化处理率（%）、J7 人均绿地面积（公顷）、J8 建成区绿化覆盖率（%）。在城市生产和生活中，必然会产生废水、废气、废物等，提升对这些污染处理的能力是保护环境的重要手段，同时通过城市绿化也属于保护环境的重要方式。

（二）影响因素组合转化

不同短板条件下的城市人口承载压力分析，主要以城市承载压力系数为被解释变量，以各影响因素为解释变量进行回归检验，观察其是否存在因果关联。但由于这些解释变量之间存在内在联系，直接将其引入模型回归必然会产生多重共线性。因此，在进行影响因素计量检验分析之前，有必要对各类具有内在关联的因素通过因子分析转化为具有独立经济关系的综合因子。具体包括确定公因子和识别公因子两个主要步骤。

1. 确定公因子

因子分析公因子确定主要按照特征根大于 1 的原则进行选择，其中：经济产业组选出两个公因子 AF1 和 AF2，累计方差贡献率为 70.65%；投资消费组选出两个公因子 BF1 和 BF2，累计方差贡献率为 87.20%；人口就业组选出两个公因子 CF1 和 CF2，累计方差贡献率为 67.31%；城市规划组选出两个公因子 DF1 和 DF2，累计方差贡献率为 79.27%；财政收支组选出两个公因子 EF1 和 EF2，累计方差贡献率为 79.27%；金融信贷组选出两个公因子 FF1 和 FF2，累计方差贡献率为 100%；民生服务组选出三个公因子 GF1、GF2 和 GF3，累计方差贡献率为 65.51%；通信交通组选出两个公因子 HF1 和 HF2，累计方差贡献率为 63.94%；能源资源组选出两个公因子 IF1 和 IF2，累计方差贡献率为 61.22%，城市环境组选出三个公因子 JF1、JF2 和 JF3，累计方差贡献率为 56.03%，如表 6-2 所示。

表 6-2　初始和旋转后因子方差贡献情况表

单位：%

评价分组	公因子	初始因子解			旋转后最终因子解		
		特征值	方差贡献率	累计贡献率	特征值	方差贡献率	累计贡献率
经济产业	AF1	2.302	38.361	38.361	2.294	38.230	38.230
	AF2	1.937	32.288	70.650	1.945	32.419	70.650

评价分组	公因子	初始因子解			旋转后最终因子解		
		特征值	方差贡献率	累计贡献率	特征值	方差贡献率	累计贡献率
投资消费	BF1	1.747	58.224	58.224	1.548	51.600	51.600
	BF2	0.869	28.975	87.198	1.068	35.598	87.198
人口就业	CF1	2.680	44.671	44.671	2.299	38.324	38.324
	CF2	1.358	22.637	67.308	1.739	28.984	67.308
城市规划	DF1	1.440	47.999	47.999	1.375	45.835	45.835
	DF2	0.938	31.268	79.267	1.003	33.432	79.267
财政收支	EF1	2.210	55.248	55.248	2.110	52.760	52.760
	EF2	0.961	24.024	79.271	1.060	26.511	79.271
金融信贷	FF1	1.847	92.340	92.340	1.000	50.000	50.000
	FF2	0.153	7.660	100.000	1.000	50.000	100.000
民生服务	GF1	2.426	34.656	34.656	2.379	33.981	33.981
	GF2	1.117	15.951	50.607	1.130	16.142	50.123
	GF3	1.043	14.907	65.514	1.077	15.391	65.514
通信交通	HF1	2.736	45.603	45.603	2.348	39.128	39.128
	HF2	1.100	18.333	63.936	1.488	24.808	63.936
能源资源	IF1	2.863	40.897	40.897	2.529	36.124	36.124
	IF2	1.422	20.318	61.216	1.756	25.092	61.216
城市环境	JF1	1.948	24.353	24.353	1.909	23.861	23.861
	JF2	1.499	18.742	43.095	1.495	18.686	42.548
	JF3	1.035	12.937	56.032	1.079	13.484	56.032

3. 识别公因子

为了能够识别公因子和界定公因子的经济内涵，采用方差最大化正交旋转法对因子载荷矩阵进行旋转，使得一些变量在特定公因子上有较大的载荷值，而在其余公因子上有较小的载荷值，以此判断各公因子所包括的指标变量范畴，进而对其命名，如表 6-3 所示。

表 6 – 3 正交旋转后因子载荷矩阵值

评价分组	指标代码	具体指标	F1	F2	F3
经济产业	A6	规模以上工业外资占比	0.946	0.180	
	A5	规模以上工业内资占比	0.946	0.180	
	A1	人均地区生产总值	0.528	0.302	
	A4	规模以上工业总产值占第二产业比重	0.443	0.178	
	A2	第二产业产值比重	0.139	0.956	
	A3	第三产业产值比重	0.092	0.919	
投资消费	B1	人均全社会固定资产	0.921	0.022	
	B3	人均社会消费品零售总额	0.828	0.328	
	B2	房地产开发投资占比	0.118	0.980	
人口就业	C5	第三产业从业人员占比	0.917	0.169	
	C4	第二产业从业人员占比	0.909	0.207	
	C2	城市从业人口占比	0.566	0.503	
	C3	城镇私营和个体从业人员占比	0.526	0.448	
	C6	职工平均工资	0.122	0.813	
	C1	市辖区人口占比	0.145	0.743	
城市规划	D1	建成区面积占比	0.834	0.024	
	D3	市辖区人口密度	0.821	0.095	
	D2	居住用地面积占比	0.071	0.997	
财政收支	E2	财政补助率	0.880	0.001	
	E3	科学支出占比	0.851	0.025	
	E1	财政收入强度	0.777	0.306	
	E4	教育支出占比	0.081	0.983	
金融信贷	F2	人均城乡居民年末储蓄余额	0.875	0.484	
	F1	人均金融机构各项贷款额	0.484	0.875	
民生服务	G6	万人医院卫生院床位数	0.812	0.268	0.075
	G7	万人医生数	0.782	0.289	0.170
	G2	万人在校大学生数	0.719	0.234	0.179
	G3	每百人公共图书馆藏书	0.681	0.167	0.107
	G5	万人医院卫生院数	0.024	0.935	0.057
	G1	中小学生均专任教师数	0.132	0.048	0.831
	G4	万人影剧院数	0.329	0.123	0.553

续表

评价分组	指标代码	具体指标	F1	F2	F3
通信交通	H4	万人拥有公共汽车数	0.776	0.418	
	H5	年均公共汽车客运量	0.762	0.292	
	H6	每万人出租汽车数	0.702	0.109	
	H3	人均城市道路面积	0.697	0.026	
	H1	人均邮政业务总量	0.109	0.840	
	H2	人均电信业务总量	0.418	0.715	
能源资源	I5	居民生活用电占比	0.851	0.058	
	I4	工业用电占比	0.833	0.134	
	I3	人均全社会用电量	0.670	0.547	
	I2	居民生活用水占比	0.549	0.310	
	I6	居民生活用天然气人口占比	0.430	0.215	
	I1	人均供水量	0.367	0.810	
	I7	居民生活用液化气人口占比	0.198	0.798	
城市环境	J5	城镇生活污水处理率	0.767	0.032	0.005
	J6	生活垃圾无害化处理率	0.666	0.064	0.009
	J8	建成区绿化覆盖率	0.602	0.021	0.334
	J1	工业废水达标率	0.571	0.053	0.104
	J2	工业二氧化硫去除率	0.008	0.863	0.013
	J3	工业烟尘去除率	0.029	0.857	0.064
	J7	人均绿地面积	0.273	0.024	0.778
	J4	工业固体废物综合利用率	0.334	0.083	0.588

具体来看：（1）在经济产业方面，公因子AF1在规模以上工业外资占比、规模以上工业内资占比、人均地区生产总值、规模以上工业总产值占第二产业比重有较高的载荷系数，代表规模以上产业发展；公因子AF2在第二产业产值比重、第三产业产值比重有较高载荷系数，代表第二、三产

业发展。（2）在投资消费方面，公因子 BF1 在人均全社会固定资产、人均社会消费品零售总额有较高的载荷系数，代表投资消费水平；公因子 BF2 在房地产开发投资占比有较高的载荷系数，代表房地产投资状况。（3）在人口就业方面，公因子 CF1 在第三产业从业人员占比、第二产业从业人员占比、城市从业人口占比、城镇私营和个体从业人员占比有较高的载荷系数，代表城市居民就业；公因子 CF2 在职工平均工资、市辖区人口占比有较高的载荷系数，代表工资水平及市民化。（4）在城市规划方面，公因子 DF1 在建成区面积占比、市辖区人口密度有较高的载荷系数，代表城市区域扩张；公因子 DF2 在居住用地面积占比有较高的载荷系数，代表城市生活拥挤程度。（5）在财政收支方面，公因子 EF1 在财政补助率、科学支出占比、财政收入强度有较高的载荷系数，代表地方财政依赖、科技投入及税收强度；公因子 EF2 在教育支出占比有较高的载荷系数，代表教育支出水平。（6）在金融信贷方面，公因子 FF1 在人均城乡居民年末储蓄余额有较高的载荷系数，代表居民储蓄水平；公因子 FF2 在人均金融机构各项贷款额有较高的载荷系数，代表金融支持。（7）在民生服务方面，公因子 GF1 在万人医院卫生院床位数、万人医生数、万人在校大学生数、每百人公共图书馆藏书有较高的载荷系数，代表医疗卫生文化发展水平；公因子 GF2 在万人医院卫生院数有较高的载荷系数，代表医院规模；公因子 GF3 在中小学生人均专任教师数、万人影剧院数有较高的载荷系数，代表师资及文化机构。（8）在通信交通方面，公因子 HF1 在万人拥有公共汽车数、年均公共汽车客运量、每万人出租汽车数、人均城市道路面积有较高的载荷系数，代表公共交通发展；公因子 HF2 在人均邮政业务总量、人均电信业务总量有较高的载荷系数，代表邮电发展状况。（9）在能源资源方面，公因子 IF1 在居民生活用电占比、工业用电占比、人均全社会用电量、居民生活用水占比、居民生活用天然气人口占比有较高的载荷系数，代表水电气普及情况；公因子 IF2 在人均供水量、居民生活用液化气人口占比有较高的载荷系数，代表水资源及液化气供给。（10）在城市环境方面，公因子 JF1 在城镇生活污水处理率、生活垃圾无害化处理率、建成区绿化覆盖率、工业废水达标率有较高的载荷系数，代表城镇生活污染治理；公因子 JF2 在工业二氧化硫去除率、工业烟尘去除率有较高的载荷系数，代表工业污染治理水平；公因子 JF3 在人均绿地面积、工业固体废物综合利用率有较高的载荷系数，代表城市绿化水平。

第二节 不同短板条件下的城市人口承载压力影响因素分析

上述研究已经对影响城市适度人口压力系数的相关因素进行选择和归类，以下将针对不同短板条件就影响城市适度人口承载压力的相关因素进行检验和比较，并在此基础上归纳影响城市人口承载力的共性因素和不同短板样本中的特性因素。

一 不同短板条件下城市人口承载压力的影响因素估计分析

为了防止各类影响因素间的可能存在的共线性和信息交叉，以下分别针对经济产业、投资消费、人口就业、城市规划、财政收支、金融信贷、民生服务、通信交通、能源资源、城市环境 10 类影响公因子进行单独估计和分析，并分别对全样本、经济短板样本、社会短板样本、资源短板样本和环境短板样本进行估计比较。具体以各地城市适度人口承载压力系数为被解释变量，以各类因素的公因子为解释变量，采用以残差绝对值分之一作为权重进行加权最小二乘法回归，消费截面数据估计的异方差性。如果估计得出影响公因子与被解释变量存在显著负向影响，说明提升该公因子对应的相关指标数值能够降低城市适度人口承载压力系数，这可以为随后研究提出相关政策建议提供量化依据。

（一）基于经济产业因素影响的比较分析

从上述分析可知，公因子 AF1（规模以上产业发展）主要包括规模以上工业外资占比、规模以上工业内资占比、人均地区生产总值、规模以上工业总产值占第二产业比重等指标；公因子 AF2（第二、三产业发展）主要代表第二产业产值比重、第三产业产值比重。表6-4中的五个方程分别代表全样本、经济短板样本、社会短板样本、资源短板样本和环境短板样本中经济产业因素对城市适度人口压力系数的影响。从全样本来看，AF1和AF2对城市适度人口压力系数的影响显著为负，分别为-0.14和-0.15，具体来看，在经济短板样本中，仅有AF1对城市适度人口压力系数的影响显著为负，系数为-0.05，说明经济短板地区要降低城市人口承载压力，重点要推进规模以上产业发展，重中之重是提升规模以上工业外资占比，同时也要提升单位人口的经济产出。在社会短板样本中，仅有AF2对城市适度人口压力系数显著为正（0.10），从载荷系数进一步发现，第三产业产值比重较大载荷系数为负，说明提升第三产业比重可以降低存在社会短板的城市人口承载压力，主要原因是第三产业发展能够带动相关公共服务水平提升。在资源短板样本和环境短板样本中，AF1和AF2均对城市适度人口压力系数的影响显著为负，其中资源短板样本为-0.22和-0.14，环境短板样本为-0.16和-0.23，说明推进大规模外资产业发展以及实现产业向第二产业转型，能够实现资源的节约及有效创造，同时还能提升对环境污染的治理能力。

表6-4　经济产业因素对城市适度人口压力系数的影响检验结果

变量及检验		全样本		经济短板样本		社会短板样本		资源短板样本		环境短板样本	
		系数	P值	系数	P值	系数	P值	系数	P值	系数	P值
解释变量	AF1	-0.14	0.00	-0.05	0.07	0.00	0.95	-0.22	0.00	-0.16	0.00
	AF2	-0.15	0.00	0.00	0.88	0.10	0.00	-0.14	0.00	-0.23	0.00
	C	0.48	0.00	0.39	0.00	0.23	0.00	0.32	0.00	0.69	0.00
基本检验	Adjusted R-squared	0.91		0.83		0.89		0.70		0.90	
	F-statistic	1404.42		151.69		240.06		70.17		495.80	
White异方差检验	F-statistic	109.27	0.00	3.14	0.01	21.28	0.00	10.53	0.00	14.15	0.00
	Obs*R-squared	198.18	0.00	15.04	0.02	43.33	0.00	32.88	0.00	49.90	0.00
样本容量		286		47		64		63		112	

注：自变量已经是经过主成分转换后具有独立关系的公因子，消除多重共线性问题；针对截面数据，采用加权最小二乘法消除同方差问题，下同。

（二）基于投资消费因素影响的比较分析

分析可知，公因子 BF1（投资消费水平）主要包括人均全社会固定资产、人均社会消费品零售总额等指标，公因子 BF2（房地产投资状况）主要包括房地产开发投资占比指标。表 6 - 5 中的五个方程分别代表全样本、经济短板样本、社会短板样本、资源短板样本和环境短板样本中投资消费因素对城市适度人口压力系数的影响，从全样本来看，BF1 和 BF2 对城市适度人口压力系数的影响显著为负，分别为 - 0.21 和 - 0.03。具体来看，在经济短板样本中，BF1 对城市适度人口压力系数的影响显著为负，影响系数为 - 0.17，说明强化投资和消费能够降低存在经济短板的城市人口承载压力，另外也发现 BF2 的影响作用为正，说明加大房地产开发并不能有效提升城市人口的经济承载能力；在社会短板样本、资源短板样本中，BF1 和 BF2 对城市适度人口压力系数的影响均显著为负，其中社会短板样本的影响系数分别为 - 0.12 和 - 0.20，资源短板样本的影响系数分别为 - 0.16 和 - 0.25，说明加大投资和消费，同时提升房地产开发，能够提升社会发展和资源发展对城市人口的承载能力，原因是提高投资和消费直接扩大内需，带动社会服务升级和资源配置能力提高，尤其是房地产开发从居住层面解决城市居民的社会发展问题；在环境短板样本中，BF1 的影响效应显著为负，BF2 的影响效应显著为正，一方面投资消费提升能够解决环境污染问题；另一方面也揭示出房地产开发投资为环境带来负面效应，比如房屋修建带来的建设生产垃圾等。

表 6 - 5 投资消费因素对城市适度人口压力系数的影响检验结果

变量及检验		全样本		经济短板样本		社会短板样本		资源短板样本		环境短板样本	
		系数	P 值	系数	P 值	系数	P 值	系数	P 值	系数	P 值
解释变量	BF1	- 0.21	0.00	- 0.17	0.00	- 0.12	0.00	- 0.16	0.00	- 0.29	0.00
	BF2	- 0.03	0.00	0.01	0.00	- 0.20	0.00	- 0.25	0.00	0.14	0.00
	C	0.49	0.00	0.40	0.00	0.23	0.00	0.35	0.00	0.69	0.00
基本检验	Adjusted R - squared	0.96		0.97		0.75		0.86		0.97	
	F - statistic	3385.12		750.32		97.55		192.10		1610.58	

变量及检验		全样本		经济短板样本		社会短板样本		资源短板样本		环境短板样本	
		系数	P 值	系数	P 值	系数	P 值	系数	P 值	系数	P 值
White 异方差 检验	F – statistic	52.58	0.00	44.82	0.00	5.85	0.00	11.58	0.00	18.73	0.00
	Obs * R – squared	151.78	0.00	40.91	0.00	24.38	0.00	34.89	0.00	57.90	0.00
样本容量		286		47		64		63		112	

（三）基于人口就业因素影响的比较分析

在人口就业方面，公因子 CF1 包括第三产业从业人员占比、第二产业从业人员占比、城市从业人口占比、城镇私营和个体从业人员占比，代表城市居民就业；公因子 CF2 包含职工平均工资、市辖区人口占比，代表工资水平及市民化。表 6-6 说明了在五个方程中，即全样本、经济短板样本、社会短板样本、资源短板样本以及环境短板样本中，人口就业因素对城市适度人口压力系数的影响。CF1（城市居民就业）在全样本中显著为负，达到 -0.22，说明城市居民就业水平提高对于提升城市适度人口压力具有正的促进作用，CF2（工资水平及市民化）在全样本中为 0.00，P 值为 0.71，说明工资水平及市民化对城市适度人口压力的影响作用不显著。在经济短板样本中，CF1 的系数值为 0.00，P 值为 0.78；CF2 的 P 值为 0.42，说明城市居民就业水平变化对城市适度人口承载力的影响不显著。在社会短板样本方面，CF1 的系数值显著为负且达到 -0.16，原因是就业水平提高有利于缓解社会矛盾及贫困人口的减少。在资源短板样本方面，CF1 和 CF2 的系数皆为负，且系数值分别达到 -0.22 和 -0.12，说明社会资源得到充分利用，加快了资源的流动速度和资源的优化配置。在环境短板样本方面，CF1 显著为负系数值达到了 -0.31，随着就业水平的提高，一方面带来财政所得税收的增加；另一方面财政用来支付失业救济的补助减少，使得财政投入改善环境的资金更充足，而 CF2 的系数值为 0.01，说明了提高工资水平及市民化程度对提升城市人口承载力水平作用有限，吸引了更多的人口拥入城市，不利于环境的改善。

表 6 - 6　人口就业因素对城市适度人口压力系数的影响检验结果

变量及检验		全样本		经济短板样本		社会短板样本		资源短板样本		环境短板样本	
		系数	P 值	系数	P 值	系数	P 值	系数	P 值	系数	P 值
解释变量	CF1	- 0.22	0.00	0.00	0.78	- 0.16	0.00	- 0.22	0.00	- 0.31	0.00
	CF2	0.00	0.71	0.01	0.42	0.00	0.41	- 0.12	0.00	0.01	0.00
	C	0.49	0.00	0.42	0.00	0.25	0.00	0.28	0.00	0.72	0.00
基本检验	Adjusted R - squared	0.94		- 0.03		0.96		0.65		1.00	
	F - statistic	2025.61		0.41		783.54		57.60		22955.49	
White 异方差检验	F - statistic	102.99	0.00	5.97	0.00	14.80	0.00	4.62	0.00	154.27	0.00
	Obs * R - squared	194.20	0.00	22.21	0.00	38.64	0.00	20.77	0.00	97.37	0.00
样本容量		286		47		64		63		112	

（四）基于城市规划因素影响的比较分析

在城市规划方面，公因子 DF1 是建成区面积占比，代表城市区域扩张；公因子 DF2 包括市辖区人口密度、居住用地面积占比，代表城市生活拥挤程度。表 6 - 7 说明了在五个方程中，即全样本、经济短板样本、社会短板样本、资源短板样本以及环境短板样本中，城市规划因素对城市适度人口压力系数的影响。在全样本中，DF1（城市区域扩张）显著为负且系数值达到了 - 0.11，显然城市区域扩张对降低城市人口适度压力有显著的促进作用，而 DF2（城市生活拥挤程度）显著为正且系数值达到了 0.11，说明城市生活拥挤程度越高，越不利于提升城市人口适度承载力。具体在经济短板样本方面，仅 DF1 对于经济发展水平有明显的提升作用，城市区域的扩大带来经济发展更大的地理空间；环境短板方面，DF1 和 DF2 的系数值分别达到了 - 0.13 和 - 0.03，说明区域扩张使得城市适度人口承载力的基石即承载力面积扩大，也使环境改善有了更大的空间，而城市生活拥挤程度环境短板样本中为负，但是作用有限，原因是在一定的经济发展和环境条件下，城市生活拥挤是以牺牲生活自由度为代价的；在社会短板样本方面，DF1 代表的城市区域扩张系数值显著为负且达到了 - 0.05，城市区域扩张解决了更多城市人口的预期，而 DF2 代表的城市生活拥挤程度系数值为正并达到了 0.03，城市生活越拥挤，就越不利于社会稳定；在资源短板样本方面，DF1 的系数值显著为负 (-0.09)，而 DF2 的系数值显著为正 (0.31)，即城市区域扩张对资源的优化配置和流动提供了更大的地理空间，而提升城市生活拥挤程度对降低城市人口压力作用显著为负，此外，由于资源是稀缺的且生活支出成本的刚性，城市生活拥挤程度越高对资源需求越大。

表 6-7　城市规划因素对城市适度人口压力系数的影响检验结果

变量及检验		全样本		经济短板样本		社会短板样本		资源短板样本		环境短板样本	
		系数	P值	系数	P值	系数	P值	系数	P值	系数	P值
解释变量	DF1	-0.11	0.00	-0.08	0.00	-0.05	0.00	-0.09	0.00	-0.13	0.00
	DF2	0.11	0.00	-0.01	0.65	0.03	0.00	0.31	0.00	-0.03	0.04
	C	0.48	0.00	0.42	0.00	0.24	0.00	0.38	0.00	0.66	0.00
基本检验	Adjusted R-squared	0.95		0.26		0.48		0.95		0.78	
	F-statistic	2584.50		9.22		29.94		562.84		197.00	
White 异方差检验	F-statistic	35.62	0.00	12.65	0.00	10.23	0.00	56.37	0.00	6.00	0.00
	Obs*R-squared	123.87	0.00	30.78	0.00	33.18	0.00	54.05	0.00	28.54	0.00
样本容量		286		47		64		63		112	

（五）基于财政收支因素影响的比较分析

在财政收支方面，公因子 EF1 包括财政补助率、科学支出占比、财政收入强度，代表地方财政依赖、科技投入及税收强度；公因子 EF2 为教育支出占比，代表教育支出水平。表 6-8 说明了在五个方程中，即全样本、经济短板样本、社会短板样本、资源短板样本以及环境短板样本中，财政收支因素对城市适度人口压力系数的影响。在全样本中，EF1（地方财政依赖、科技投入及税收强度）显著为负且系数值达到了 -0.08，说明地方财政依赖、科技投入及税收强度对降低城市人口适度压力有显著的促进作用，而 EF2（教育支出水平）显著为正且系数值达到了 0.14，说明在财政收支因素影响下，提升教育支出对降低城市适度人口压力有负面作用，原因是在财政资源不变条件下，投入教育领域会挤占投入到其他领域的财政资金。在经济短板样本及环境短板样本方面，EF1 系数均显著为负且系数值分别达到了 -0.06 和 -0.07，说明改善地方财政依赖、加大科技投入及税收强度会使城市具有充足的财力用于城市发展的研发和环保投入，而 EF2 显著为正且系数值分别达到了 0.13 和 0.25，说明提升教育水平支出，在有限的资源下，投入教育领域过多会挤占对经济和环境中的投入；在社会短板样本方面，EF2 的系数值为 0.09，加大教育投入可能不利于资源的整合；在资源短板方面，EF1 和 EF2 的系数值皆为负，分别达到了 -0.21 和 -0.03，说明改善地方财政依赖、加大科技教育投入及税收强度，通过资源的优化配置和充分利用改善了财政收支对于资源的支配。

表 6 - 8　财政收支因素对城市适度人口压力系数的影响检验结果

变量及检验		全样本		经济短板样本		社会短板样本		资源短板样本		环境短板样本	
		系数	P 值	系数	P 值	系数	P 值	系数	P 值	系数	P 值
解释变量	EF1	-0.08	0.00	-0.06	0.00	0.00	0.95	-0.21	0.00	-0.07	0.00
	EF2	0.14	0.00	0.13	0.00	0.09	0.00	-0.03	0.01	0.25	0.00
	C	0.49	0.00	0.42	0.00	0.24	0.00	0.33	0.00	0.73	0.00
基本检验	Adjusted R - squared	1.00		0.73		0.19		0.75		0.96	
	F - statistic	42088.31		61.92		8.38		94.85		1438.88	
White 异方差检验	F - statistic	325.39	0.00	6.94	0.00	27.95	0.00	18.82	0.00	57.11	0.00
	Obs * R - squared	250.24	0.00	23.98	0.00	47.77	0.00	42.11	0.00	85.73	0.00
样本容量		286		47		64		63		112	

（六）基于金融信贷因素影响的比较分析

在金融信贷方面，公因子 FF1 为人均城乡居民年末储蓄余额，代表居民储蓄水平；公因子 FF2 为人均金融机构各项贷款额，代表金融支持。表 6 - 9 说明了在五个方程中，即全样本、经济短板样本、社会短板样本、资源短板样本以及环境短板样本中，金融信贷因素对城市适度人口压力系数的影响。在全样本中，FF1（居民储蓄水平）和 FF2（金融支持）显著为负且系数值分别达到了 -0.08 和 -0.15，说明在金融信贷因素影响下，提高居民储蓄水平和加大金融支持力度对于提升城市适度人口承载力具有显著的正向促进作用。具体而言，在经济短板样本方面，金融支持的作用较为显著，EF2 系数值达到了 – 0.10，对于中、小企业的投融资支持有利于扩大总产出、繁荣经济；在社会短板样本、资源短板样本以及环境短板样本方面，FF1 和 FF2 的系数值皆为负，分别是 – 0.11 和 – 0.35、– 0.10 和 – 0.29、– 0.04 和 – 0.12，储蓄虽然不利于当期消费，但是会带来未来资本量的提升，促进投资需求进而扩大社会产出，有利于中、小企业的融资，增加了就业机会并使社会资源充分利用和增加对环境改善的投入力度，总体来说，对降低城市适度人口压力具有正向积极作用。

表 6 – 9　金融信贷因素对城市适度人口压力系数的影响检验结果

变量及检验		全样本		经济短板样本		社会短板样本		资源短板样本		环境短板样本	
		系数	P 值	系数	P 值	系数	P 值	系数	P 值	系数	P 值
解释变量	FF1	– 0.08	0.00	0.00	0.84	– 0.11	0.00	– 0.10	0.00	– 0.04	0.00
	FF2	– 0.15	0.00	– 0.10	0.00	– 0.35	0.00	– 0.29	0.00	– 0.12	0.00
	C	0.49	0.00	0.42	0.00	0.20	0.00	0.38	0.00	0.71	0.00
基本检验	Adjusted R – squared	0.88		0.97		0.89		0.91		0.73	
	F – statistic	1008.24		692.55		250.89		300.71		154.85	
White 异方差检验	F – statistic	16.71	0.00	32.59	0.00	5.98	0.00	26.83	0.00	14.49	0.00
	Obs * R – squared	75.60	0.00	39.02	0.00	24.73	0.00	46.74	0.00	50.74	0.00
样本容量		286		47		64		63		112	

（七）基于民生服务因素影响的比较分析

在民生服务方面，公因子 GF1 包括万人医院卫生院床位数、万人医生数、万人在校大学生数、每百人公共图书馆藏书量，代表医疗卫生等民生服务发展水平；公因子 GF2 为万人医院卫生院数，代表医院规模；公因子 GF3 包括中小学生人均专任教师数、万人影剧院数，代表师资及文化机构。表 6 – 10 说明了在五个方程中，即全样本、经济短板样本、社会短板样本、资源短板样本以及环境短板样本中民生服务因素对城市适度人口压力系数的影响。在全样本中，GF1（医疗卫生等民生服务发展水平）、GF2（医院规模）

和 GF3（师资及文化机构）显著为负且系数值分别达到了 -0.30、-0.06 及 -0.07，说明在民生服务因素影响下，提高医疗卫生发展水平、扩大医院规模以及提高师资力量和增加文化机构设置等对于提升城市适度人口承载力具有显著的正向促进作用。在社会短板样本、资源短板样本和环境短板样本中，GF1、GF2 及 GF3 的系数值都显著为负，其中在经济短板样本中，GF1 和 GF2 的系数显著为负，分别达到了 -0.11 和 -0.06，说明基本公共服务的发展对于经济发展，尤其是对投资需求的推动较为明显；社会短板样本的系数值分别为 -0.37、-0.10 及 -0.09；资源短板样本的系数值分别为 -0.43、-0.06 及 -0.12；环境短板样本的系数值分别为 -0.30、-0.08 及 -0.09，说明 GF1（医疗卫生发展水平）在经济、社会、资源及环境短板样本中发挥的作用巨大，这源于医疗卫生发展水平是当前三座大山"教育、医疗、住房"之一，而城市的医疗卫生发展水平相对较高，且对缓解城市适度人口压力具有明显的作用，为经济发展提供了后勤保障，有利于维护社会和谐、缓解社会矛盾，促进资源整合和加强环境保护、改善医疗器械和药品对环境的污染状况；另外，GF2（医院的规模）也具有类似的作用；GF3（师资及文化机构）的改善为经济发展提供智力支持，此外，维护社会稳定、加强文化思想建设，对于节约资源和宣传环境保护都有重要的促进作用。

表 6-10　民生服务因素对城市适度人口压力系数的影响检验结果

变量及检验		全样本		经济短板样本		社会短板样本		资源短板样本		环境短板样本	
		系数	P 值	系数	P 值	系数	P 值	系数	P 值	系数	P 值
解释变量	GF1	-0.30	0.00	-0.11	0.00	-0.37	0.00	-0.43	0.00	-0.30	0.00
	GF2	-0.06	0.00	-0.06	0.00	-0.10	0.00	-0.06	0.00	-0.08	0.00
	GF3	-0.07	0.00	0.01	0.36	-0.09	0.00	-0.12	0.00	-0.09	0.00
	C	0.48	0.00	0.47	0.00	0.15	0.00	0.39	0.00	0.68	0.00
基本检验	Adjusted R - squared	0.97		0.80		0.96		0.96		0.96	
	F - statistic	3173.29		62.16		547.58		562.49		970.22	
White 异方差检验	F - statistic	15.55	0.00	9.56	0.00	12.33	0.00	41.68	0.00	43.60	0.00
	Obs * R - squared	103.31	0.00	34.14	0.00	44.76	0.00	56.01	0.00	90.93	0.00
样本容量		286		47		64		63		112	

（八）基于通信交通因素影响的比较分析

在通信交通方面，公因子 HF1 包括万人拥有公共汽车数、年均公共汽车客运量、每万人出租汽车数、人均城市道路面积，代表公共交通发展；公因子 HF2 包括人均邮政业务总量、人均电信业务总量，代表邮电发展状况。表 6 - 11 说明了在五个方程中，即全样本、经济短板样本、社会短板样本、资源短板样本以及环境短板样本中，通信交通因素对城市适度人口压力系数的影响。在全样本中，HF1（公共交通发展）、HF2（邮电发展状况）显著为负且系数值分别达到了 - 0.21 和 - 0.15，说明在通信交通因素影响下，提高公共交通发展水平和邮电发展水平对于提升城市适度人口承载力具有显著的正向促进作用。在经济短板样本、社会短板样本和资源短板样本中，HF1（公共交通发展）、HF2（邮电发展状况）的系数值显著为负，在经济短板样本方面分别是 - 0.05 和 - 0.26，社会短板样本方面分别是 - 0.30 和 - 0.19，资源短板样本方面分别是 - 0.32 和 - 0.30，说明城市交通的发展提供了城市发展必要的基础设施服务，为经济发展提供必要的硬件支持。公共交通发展有利于解决基层群众日常生活、发展问题，同时人均邮电发展状况，是城市基础设施服务中的流量因素，有利于加快资源的区域流动；在环境短板样本方面，HF1 的系数值显著为负且为 - 0.31，说明了公共交通发展在环境方面，有利于道路整合、减少车流污染排放问题；人均邮电业务发展状况对环境状况的影响显著为正，说明了邮电业务量的增大不利于提升城市适度人口承载力水平，例如邮电造成的外包装的浪费和污染。

表 6 - 11　通信交通因素对城市适度人口压力系数的影响检验结果

变量及检验		全样本		经济短板样本		社会短板样本		资源短板样本		环境短板样本	
		系数	P 值	系数	P 值	系数	P 值	系数	P 值	系数	P 值
解释变量	HF1	- 0.21	0.00	- 0.05	0.00	- 0.30	0.00	- 0.32	0.00	- 0.31	0.00
	HF2	- 0.15	0.00	- 0.26	0.00	- 0.19	0.00	- 0.30	0.00	0.12	0.00
	C	0.49	0.00	0.36	0.00	0.23	0.00	0.41	0.00	0.74	0.00
基本检验	Adjusted R - squared	1.00		0.82		1.00		0.99		0.94	
	F - statistic	71213.28		103.04		62833.14		2274.22		802.67	

变量及检验		全样本		经济短板样本		社会短板样本		资源短板样本		环境短板样本	
		系数	P 值	系数	P 值	系数	P 值	系数	P 值	系数	P 值
White 异方差检验	F - statistic	244.12	0.00	8.11	0.00	424.86	0.00	125.60	0.00	10.90	0.00
	Obs * R - squared	238.83	0.00	25.80	0.00	62.60	0.00	58.64	0.00	42.73	0.00
样本容量		286		47		64		63		112	

（九）基于能源资源因素影响的比较分析

在能源资源方面，公因子 IF1 包括居民生活用电占比、工业用电占比、人均全社会用电量、居民生活用水占比、居民生活用天然气人口占比，代表水电气普及情况；公因子 IF2 包括人均供水量、居民生活用液化气人口占比，代表水资源等供给。表 6 - 12 说明了在五个方程中，即全样本、经济短板样本、社会短板样本、资源短板样本以及环境短板样本中，能源资源因素对城市适度人口压力系数的影响。在全样本中，IF1（水电气普及情况）、IF2（水资源等供给）显著为负且系数值分别达到了 - 0.26 和 - 0.16，说明促进水电气普及和增加水资源供给对于提升城市适度人口承载力具有显著的正向促进作用。在经济短板样本、社会短板样本、资源短板样本和环境短板样本中，IF1 和 IF2 的系数值均显著为负，其中在经济短板样本方面，系数值分别为 - 0.09 和 - 0.13，在社会短板样本方面，系数值分别为 - 0.10 和 - 0.36，说明水电气普及情况和水资源供给是社会、经济发展的根本，是城市适度人口承载力的必要基本公共服务条件。在资源短板样本方面，系数值分别为 - 0.43 和 - 0.22，说明城市居民的基本生活资源的保障是其他资源配置的必要条件。在环境短板样本方面，系数值分别为 - 0.33 和 - 0.13，说明加强环境保护，关键在于保证基础资源如水、电、气等资源的安全及未来清洁能源的引进。

表6-12　能源资源因素对城市适度人口压力系数的影响检验结果

变量及检验		全样本		经济短板样本		社会短板样本		资源短板样本		环境短板样本	
		系数	P值	系数	P值	系数	P值	系数	P值	系数	P值
解释变量	IF1	-0.26	0.00	-0.09	0.00	-0.10	0.00	-0.43	0.00	-0.33	0.00
	IF2	-0.16	0.00	-0.13	0.00	-0.36	0.00	-0.22	0.00	-0.13	0.00
	C	0.48	0.00	0.45	0.00	0.25	0.00	0.25	0.00	0.68	0.00
基本检验	Adjusted R-squared	1.00		0.98		0.99		0.99		0.97	
	F-statistic	29219.48		869.43		2551.74		3199.12		1625.00	
White异方差检验	F-statistic	38.82	0.00	31.96	0.00	171.75	0.00	18.63	0.00	11.15	0.00
	Obs * R-squared	129.31	0.00	37.56	0.00	59.75	0.00	41.97	0.00	43.46	0.00
样本容量		286		47		64		63		112	

（十）基于城市环境因素影响的比较分析

在城市环境方面，公因子JF1包括城镇生活污水处理率、生活垃圾无害化处理率、建成区绿化覆盖率、工业废水达标率，代表城镇生活污染治理；公因子JF2包括工业二氧化硫去除率、工业烟尘去除率，代表工业污染治理水平；公因子JF3包括人均绿地面积、工业固体废物综合利用率，代表城市绿化水平。表6-13说明了在五个方程中，即全样本、经济短板样本、社会短板样本、资源短板样本以及环境短板样本中，城市环境因素对城市适度人口压力系数的影响。在全样本中，JF1（城镇生活污染治理）、JF2（工业污染治理水平）及JF3（城市绿化水平）的系数值分别为-0.12、0.22及-0.19，说明JF1和JF3显著为负，即城镇生活污染治理和城市绿化水平对于提升城市适度人口承载力具有显著的正向积极作用，而JF2的系数值显著为正，说明工业污染治理水平对于城市适度人口承载力具有显著的负面效应。在经济短板样本中，JF1的系数值显著为负，说明城镇生活污染治理和城市绿化水平催生新的生产力，引出一系列的新兴产业，但工业污染治理对于经济发展的资金产生挤占，不利于对其他生产如生活资料产业的投入；在社会短板样本中，JF3（城市绿化水平）结果显著为负，扩大绿化面积满足了城市居民的生活环境质量预期；在资源短板样本中，JF1 和 JF3 的系数值显著为负，说明对生活污染的治理和对城市绿化的投入在加大，调整了原有资源在重工业或易产生污染工业的倾斜，加速传统城市向现代绿色城市的转变，同时，与在经济短板样本类似，工业污染治理水平对于资源配置和环境具有负面影响，原因是在一定的资源水平下，传统的城市发展依赖于传统的工业支撑，对于工业污染水平的治理不得不挤占资源优化配置和改善环境的有限的资源；在环境短板样本中，JF3（城市绿化水平）的系数值显著为负，说明绿色城市发展的趋势带来了绿色理念，城市居民对于绿色城市预期也得到了满足。

表 6 – 13　城市环境因素对城市适度人口压力系数的影响检验结果

变量及检验		全样本		经济短板样本		社会短板样本		资源短板样本		环境短板样本	
		系数	P 值	系数	P 值	系数	P 值	系数	P 值	系数	P 值
解释变量	JF1	– 0.12	0.00	– 0.05	0.00	– 0.04	0.25	– 0.32	0.00	– 0.01	0.26
	JF2	0.22	0.00	0.66	0.00	0.06	0.38	0.86	0.00	0.16	0.00
	JF3	– 0.19	0.00	– 0.09	0.00	– 0.18	0.00	– 0.12	0.00	– 0.26	0.00
	C	0.49	0.00	0.57	0.00	0.23	0.00	0.51	0.00	0.64	0.00
基本检验	Adjusted R – squared	1.00		0.69		0.75		1.00		0.89	
	F – statistic	56561.41		34.92		63.84		4701.97		315.69	
White 异方差检验	F – statistic	153.13	0.00	15.21	0.00	15.30	0.00	75.15	0.00	7.54	0.00
	Obs * R – squared	238.28	0.00	38.01	0.00	47.53	0.00	58.92	0.00	47.87	0.00
样本容量		286		47		64		63		112	

二　经济短板条件下的主要影响因素与贡献

存在适度人口经济短板的城市，对城市适度人口承载压力存在影响的积极因素[①]主要包括人均邮政业务总量、人均电信业务总量、人均全社会

①　积极方面的影响因素主要指提升这些因素值能够降低城市适度人口承载压力的因素，下同。

固定资产投资、人均社会消费品零售总额、人均供水量、居民生活用液化气人口占比、万人医院卫生院床位数、万人医生数、人均金融机构各项贷款等，具体来看，（1）在经济产业上，要直接提升人均GDP，加大规模以上工业产值比重，尤其是提升外资占比，贡献率为4.58%；（2）在投资消费上，要增强固定资产投资和社会消费，贡献率为13.48%；（3）在城市规划上，要不断提升建成区面积占比，贡献率为3.09%；（4）在财政收支上，要提高税收收入强度和增加科技支出占比，贡献率为4.61%；（5）在金融信贷上，要提升金融机构的贷款支持，贡献率为3.94%；（6）在民生服务上，要提升城市大学生人数、医疗公共服务等，贡献率为18.32%；（7）在通信交通上，要提升邮政、电信等信息基础设施建设，同时在道路及公共车辆上也要不断加强，贡献为25.08%；（8）在能源资源上，要提升水电供给，同时也要提升工业用电比重，加强天然气普及等，贡献率为17.53%；（9）在城市环境上，要提升污染物处理能力以及城市绿化情况，贡献率为9.36%，具体如表6-14所示。

表6-14　经济短板条件下城市适度人口压力系数影响因素

代码	指标名称	积极影响		
		影响参数	贡献大小（%）	贡献排名
H1	人均邮政业务总量	-0.2215	10.06	1
H2	人均电信业务总量	-0.1885	8.56	2
B1	人均全社会固定资产	-0.1563	7.10	3
B3	人均社会消费品零售总额	-0.1405	6.38	4
I1	人均供水量	-0.1074	4.87	5
I7	居民生活用液化气人口占比	-0.1058	4.80	6
G6	万人医院卫生院床位数	-0.0931	4.23	7
G7	万人医生数	-0.0897	4.07	8
F1	人均金融机构各项贷款额	-0.0868	3.94	9
G2	万人在校大学生数	-0.0825	3.74	10
G3	每百人公共图书馆藏书	-0.0781	3.55	11
I4	工业用电占比	-0.0746	3.39	12
J7	人均绿地面积	-0.0691	3.14	13
D1	建成区面积占比	-0.0681	3.09	14

代码	指标名称	积极影响		
		影响参数	贡献大小（%）	贡献排名
G5	万人医院卫生院数	− 0.0601	2.73	15
I3	人均全社会用电量	− 0.0600	2.72	16
E3	科学支出占比	− 0.0532	2.41	17
A6	规模以上工业外资占比	− 0.0499	2.26	18
E1	财政收入强度	− 0.0485	2.20	19
J5	城镇生活污水处理率	− 0.0403	1.83	20
I6	居民生活用天然气人口占比	− 0.0385	1.75	21
H4	万人拥有公共汽车数	− 0.0376	1.71	22
H5	年均公共汽车客运量	− 0.0369	1.68	23
J6	生活垃圾无害化处理率	− 0.0350	1.59	24
H6	每万人出租汽车数	− 0.0340	1.54	25
H3	人均城市道路面积	− 0.0338	1.53	26
J8	建成区绿化覆盖率	− 0.0317	1.44	27
J1	工业废水达标率	− 0.0300	1.36	28
A1	人均地区生产总值	− 0.0278	1.26	29
A4	规模以上工业总产值占第二产业比重	− 0.0234	1.06	30

注：根据上述计量估计结果和公因子载荷矩阵值进行计算得到。

三 社会短板条件下的主要影响因素与贡献

存在适度人口社会短板的城市，对城市适度人口承载压力存在影响的积极因素主要包括人均金融机构各项贷款额、万人医院卫生院床位数、人均供水量、居民生活用天然气人口占比等，具体来看，（1）在经济产业上，主要是提升服务业等第三产业比重，贡献率为1.93%；（2）在投资消费上除了增加社会投资和社会消费，还要提升房地产开发比重，贡献率为8.99%；（3）在人口就业上要提升城市人口就业比重，重点提升第二产就业人数，贡献率为5.14%；（4）在城市规划上，要提高建成区面积占比，同时提升城市人口密度，这样有利于促进城市的区域面积和人口的良性平稳发展，贡献率为0.98%；（5）在金融信贷上，加大对企业、居民的金融支持力度，提高银行资金利用效率，贡献率为8.72%；（6）在民生服务上，加大对教育方面的师资力量投入和对医疗条件的改善，贡献率为 28.56%；（7）在通信交通上，提供便利的邮电支持，以促进城市居民对网购和新兴网络技术的应用，同时积极发展公共交通设施，贡献率为 25.59%；（8）在能源资源上，满足居民对不断提升的基础资源和新兴清洁能源的使用，贡献率为 17.07%；（9）在城市环境上，持续不断地加快城市绿化建设，贡献率为 3.04%。具体如表 6 - 15 所示。

表 6 - 15　社会短板条件下城市适度人口压力系数影响因素

代码	指标名称	积极影响		
		影响参数	贡献大小（%）	贡献排名
F1	人均金融机构各项贷款额	- 0.3021	6.56	1
G6	万人医院卫生院床位数	- 0.2986	6.48	2
I1	人均供水量	- 0.2940	6.38	3
I7	居民生活用液化气人口占比	- 0.2896	6.29	4
G7	万人医生数	- 0.2876	6.24	5
G2	万人在校大学生数	- 0.2644	5.74	6
G3	每百人公共图书馆藏书	- 0.2504	5.44	7
H4	万人拥有公共汽车数	- 0.2350	5.10	8
H5	年均公共汽车客运量	- 0.2308	5.01	9
H6	每万人出租汽车数	- 0.2126	4.62	10
H3	人均城市道路面积	- 0.2111	4.58	11
B2	房地产开发投资占比	- 0.1961	4.26	12
H1	人均邮政业务总量	- 0.1564	3.39	13
C4	第二产业从业人员占比	- 0.1461	3.17	14
J7	人均绿地面积	- 0.1400	3.04	15
H2	人均电信业务总量	- 0.1331	2.89	16
B1	人均全社会固定资产	- 0.1147	2.49	17
B3	人均社会消费品零售总额	- 0.1031	2.24	18
F2	人均城乡居民年末储蓄余额	- 0.0996	2.16	19
G5	万人医院卫生院数	- 0.0959	2.08	20
C2	城市从业人口占比	- 0.0910	1.97	21

代码	指标名称	积极影响		
		影响参数	贡献大小（%）	贡献排名
A3	第三产业产值比重	− 0.0889	1.93	22
I4	工业用电占比	− 0.0873	1.90	23
G1	中小学生人均专任教师数	− 0.0713	1.55	24
I3	人均全社会用电量	− 0.0702	1.52	25
G4	万人影剧院数	− 0.0475	1.03	26
I6	居民生活用天然气人口占比	− 0.0451	0.98	27
D1	建成区面积占比	− 0.0423	0.92	28
D3	市辖区人口密度	− 0.0027	0.06	29

注：根据上述计量估计结果和公因子载荷矩阵值进行计算得到。

四 资源短板条件下的主要影响因素与贡献

存在适度人口资源短板的城市，对城市适度人口承载压力存在影响的积极因素主要包括工业电用占比、万人医院卫生院床位数、万人医生数、万人在校大学生数、每百人公共图书馆藏书、人均全社会用电量等，具体来看，（1）在经济产业上，充分发挥第二产业的生产效益和利用外资的比重，以促进 GDP 稳定增长，贡献率为 7.47%；（2）在投资消费上，扩大全社会投资水平，包括房地产投资，并积极扩大消费需求，贡献率为 7.03%；（3）在人口就业上，提高城市居民人口和就业人员比重，提高平均工资水平，贡献率为 6.81%；（4）在城市规划上，扩大建成区面积和人口密度，优化城区资源配置，贡献率为 1.41%；（5）在财政收支上，提高财政收入强度，用于增加对科教投入，贡献率为 4.99%；（6）在金融信贷上，放松金融机构的管制措施，适度提高居民储蓄额以增加资本积累，贡献率为 4.55%；（7）在民生服务上，加强师资力量和图书馆建设，提高在校大学生人数，改善医疗卫生软硬件设施，贡献率为 20.37%；（8）在通信交通上，改善城市硬件设施如邮电、道路和公共交通等，贡献率为 18.96%；（9）在能源资源上，扩大居民对基本水电气的供给量和新兴能源的供给，贡献率为 15.94%；（10）在城市环境上，持续提高污染治理水平和扩大绿化面积，贡献率为 12.51%。具体如表 6 - 16 所示。

表 6 – 16 资源短板条件下城市适度人口压力系数影响因素

代码	指标名称	积极影响		
		影响参数	贡献大小（%）	贡献排名
I4	工业用电占比	– 0.3585	4.80	1
G6	万人医院卫生院床位数	– 0.3501	4.69	2
G7	万人医生数	– 0.3371	4.51	3
G2	万人在校大学生数	– 0.3100	4.15	4
G3	每百人公共图书馆藏书	– 0.2936	3.93	5
I3	人均全社会用电量	– 0.2883	3.86	6
H1	人均邮政业务总量	– 0.2533	3.39	7
H4	万人拥有公共汽车数	– 0.2503	3.35	8
F1	人均金融机构各项贷款额	– 0.2499	3.34	9
J5	城镇生活污水处理率	– 0.2474	3.31	10
H5	年均公共汽车客运量	– 0.2458	3.29	11
B2	房地产开发投资占比	– 0.2455	3.29	12
H6	每万人出租汽车数	– 0.2265	3.03	13
H3	人均城市道路面积	– 0.2249	3.01	14
H2	人均电信业务总量	– 0.2156	2.89	15
J6	生活垃圾无害化处理率	– 0.2148	2.88	16
A6	规模以上工业外资占比	– 0.2076	2.78	17
C4	第二产业从业人员占比	– 0.2014	2.70	18
J8	建成区绿化覆盖率	– 0.1942	2.60	19
I6	居民生活用天然气人口占比	– 0.1850	2.48	20
J1	工业废水达标率	– 0.1842	2.47	21
I1	人均供水量	– 0.1806	2.42	22
I7	居民生活用液化气人口占比	– 0.1779	2.38	23
E3	科学支出占比	– 0.1770	2.37	24
E1	财政收入强度	– 0.1616	2.16	25
B1	人均全社会固定资产	– 0.1469	1.97	26
A2	第二产业产值比重	– 0.1373	1.84	27
B3	人均社会消费品零售总额	– 0.1320	1.77	28
C2	城市从业人口占比	– 0.1254	1.68	29
A1	人均地区生产总值	– 0.1159	1.55	30

续表

代码	指标名称	积极影响		
		影响参数	贡献大小（%）	贡献排名
G1	中小学生人均专任教师数	− 0.1038	1.39	31
A4	规模以上工业总产值占第二产业比重	− 0.0972	1.30	32
C6	职工平均工资	− 0.0946	1.27	33
J7	人均绿地面积	− 0.0935	1.25	34
F2	人均城乡居民年末储蓄余额	− 0.0902	1.21	35
C1	市辖区人口占比	− 0.0865	1.16	36
D1	建成区面积占比	− 0.0751	1.01	37
G4	万人影剧院数	− 0.0691	0.92	38
G5	万人医院卫生院数	− 0.0579	0.78	39
E4	教育支出占比	− 0.0341	0.46	40
D3	市辖区人口密度	− 0.0295	0.40	41

注：根据上述计量估计结果和公因子载荷矩阵值进行计算得到。

五 环境短板条件下的主要影响因素与贡献

存在适度人口环境短板的城市，对城市适度人口承载压力存在影响的积极因素主要包括第二产业从业人员占比、工业用电占比、人均全社会固定资产、万人拥有公共汽车数、万人医院卫生院床位数等，具体来看，（1）在经济产业上，提高规模以上的第二产业贡献率和外资比重以促进生产总值的提高，增加用于环境的投入力度，贡献率为10.70%；（2）在投资消费上，提高投资消费水平，贡献率为10.21%；（3）在人口就业上，提升就业人口比重，尤其是第二产业就业人口比重，贡献率为9.20%；（4）在城市规划上，扩大建成区和居住区面积，为持续增加的城市人口提供硬件支撑，贡献率为2.82%；（5）在财政收支上，增加财政收入强度和提高对科研的投入，贡献率为2.22%；（6）在金融信贷上，提高信贷流量和增加储蓄存量，贡献率为2.92%；（7）在民生服务上，加大医院建设规模，扩大媒体对环境保护宣传力度，改善医疗卫生条件，贡献率为22.12%；（8）在通信交通上，完善城市基础公共交通服务设施，贡献率为 18.66%；（9）在能源资源上，加大对基础能源和清洁能源的供给，贡献率为 17.04%；（10）在城市环境上，满足居民对城市环境绿化的需求，贡献率为 4.12%。具体如表 6－17 所示。

表 6－17　环境短板条件下城市适度人口压力系数影响因素

代码	指标名称	积极影响		
		影响参数	贡献大小（%）	贡献排名
C4	第二产业从业人员占比	－ 0.2787	5.67	1
I4	工业用电占比	－ 0.2713	5.52	2
B1	人均全社会固定资产	－ 0.2643	5.38	3
H4	万人拥有公共汽车数	－ 0.2424	4.93	4
G6	万人医院卫生院床位数	－ 0.2419	4.92	5
H5	年均公共汽车客运量	－ 0.2380	4.84	6
B3	人均社会消费品零售总额	－ 0.2376	4.83	7
G7	万人医生数	－ 0.2330	4.74	8
A2	第二产业产值比重	－ 0.2233	4.54	9
H6	每万人出租汽车数	－ 0.2193	4.46	10
I3	人均全社会用电量	－ 0.2182	4.44	11
H3	人均城市道路面积	－ 0.2177	4.43	12
G2	万人在校大学生数	－ 0.2142	4.36	13
G3	每百人公共图书馆藏书	－ 0.2029	4.13	14
J7	人均绿地面积	－ 0.2026	4.12	15
C2	城市从业人口占比	－ 0.1735	3.53	16
A6	规模以上工业外资占比	－ 0.1493	3.04	17
I6	居民生活用天然气人口占比	－ 0.1400	2.85	18
F1	人均金融机构各项贷款额	－ 0.1068	2.17	19
D1	建成区面积占比	－ 0.1055	2.15	20
I1	人均供水量	－ 0.1046	2.13	21
I7	居民生活用液化气人口占比	－ 0.1031	2.10	22
A1	人均地区生产总值	－ 0.0833	1.70	23
G1	中小学生人均专任教师数	－ 0.0746	1.52	24
G5	万人医院卫生院数	－ 0.0710	1.44	25
A4	规模以上工业总产值占第二产业比重	－ 0.0699	1.42	26

代码	指标名称	积极影响		
		影响参数	贡献大小（%）	贡献排名
E3	科学支出占比	−0.0571	1.16	27
E1	财政收入强度	−0.0522	1.06	28
G4	万人影剧院数	−0.0496	1.01	29
F2	人均城乡居民年末储蓄余额	−0.0370	0.75	30
D2	居住用地面积占比	−0.0329	0.67	31

注：根据上述计量估计结果和公因子载荷矩阵值进行计算得到。

第三节　中国城市适度人口偏差：
更深层次的原因分析

上述研究从实证上检验了在不同短板条件下城市适度人口偏差的影响因素及贡献率，尤其针对贡献较大的因素，需要政府做出相应的弥补和强化。之所以出现这种偏差，还存在更深层次的原因，下面具体从动力、表象、关键和根源四个层面进行分析。

一　动力：城市比较利益带来对人口流动无序诱导

相对于农村地区而言，城市地区存在的比较利益会不断吸引农村人口进城，主要体现在三个方面。一是城市地区较快经济发展带来的比较利益。长期以来城市经济发展远远领先于农村地区，由此带来的城市地区就业机会、工资水平等方面优势，使农村地区人口不断向城市聚集，城市人口数量急剧增加，从而引起城市人口出现"无序化"的现状。二是城市地区社会发展带来的比较利益。社会发展水平提升带来的直接结果就是居民生活质量的提升，如居民生活便利程度、居住条件等方面的显著提升。同农村地区相比，城市地区在社会发展这些方面体现出了绝对的优势。在这些显而易见的比较利益驱使下，大量的农村居民前往城市地区。三是城市地区公共服务带来的比较利益。城市地区公共服务带来的比较利益体现在每个居民生活的方方面面，其中最主要和明显的就是基本公共服务，包括教育、医疗、卫生、社会保障和基础设施五个方面，城市地区在经济发展、国家政策和政府行为倾向等方面都占据有利地位，因此其公共服务水平和质量明显高于农村地区，为了享受到更好的公共服务，农村居民就会自发地向城市地区转移。上述原因成为农村人口向城市涌进的主要动力，这种比较利益加上缺乏合理有效的管理，会使得城市涌入人口无序化。

从本研究调研数据分析中可以进一步验证上述观点，在调查对象样本中，有65.20%的居民选择居住在城市，其中农村居民中有49.50%的人选择偏好于城市居住。换句话说，如果各项条件允许，目前有一半的农村居民将涌入城市。进一步看，这些偏好于在城市居住的主要原因分别有：52%的人是因为城市交通便利和出行方便；35%的是因为城市医疗条件好；34%的人是因为城市教育水平高；21%的人是因为城市娱乐和购物场所多；21%的人是因为城市就业机会多；18%的人是因为城市工资水平高等。上述因素都是吸引农村居民到城市的重要原因。[①] 2014年我国乡村人口为61866万人，城市化率为54.77%。按照这一调查估计，农村人口中愿意到城市居住的占49.50%，也就是说有30623万人将不断从农村涌入城市，在不考虑人口增长的前提下，中国城市化率很快将突破77.16%，尤其是放开户籍管理后这种无序化将进一步凸显，这是我国城市适度人口产生偏差的直接动力。

二 表象：城市人口确定与规划缺乏科学依据

从表象上来看，我国城市适度人口产生偏差最直接的原因是城市人口确定与规划缺乏科学的依据。新型城镇化"新"的体现之一就是要进行系统规划，包括城市人口规划、城市群战略规划、区域城镇规划、土地利用规划、产业布局规划、生态环境规划等，尤其要协调各类规划间的关系。在城市人口规划上主要包括一个城市的城市规模，如城市面积、道路面积、居住面积等的确定和规划，城市的可承载力，如人口的可承载力和环

[①] 该数据来源于本课题研究调查，参见第一章第四节相关内容。

境的可承载力等的确定和规划，以及城市人口结构分布规划等。只有以科学的依据为指导，综合考虑各方面的因素，构建城市适度人口确定体系和制定具体测算方案，才能够合理规划和确定一个城市的人口数量。但是，从目前我国城市人口的现状来看，我国城市实际人口总体上超过现有平均承载力水平，以2013年的测度结果来看，城市实际人口为41152万人，而城市静态基准适度人口仅为26424万人，超过55.73%，显然实际城市人口处于过多状态。此外，在大中型城市中人口数量明显大于其城市合理的人口数量。从本研究调查分析来看，有近60%的人认为我国城市人口较多或处于拥挤状态。[①] 实际上，我国城市人口的确定与规划，长期以来都是单一地基于经济发展视角，认为只要能给一个城市带来明显的经济利益的人口数量，就是一个城市可容纳的人口数量，未能全面考虑一个城市其他方面的可承载力，从而导致大量的农村人口向城市地区转移，城市人口呈现出不合理的发展现状。

从一些政府文件和报告中可以看出，城市人口数量和城市化步骤往往单向地由政府自上而下的行政引导，比如有的地区为了完成上级政府提出的城市发展目标任务，甚至在各种不同的规划文件中频频出现"在未来五年要将城镇化率提升到60%左右"的提法，这实际上体现出城市人口确定和规划缺乏科学依据。

三 关键：城市人口增加与承载能力提升存在脱节

表面上，我国城市适度人口偏差来源于城市人口确定和规划的不科学，但实际上是城市人口增加过程中，人口增加与城市承载能力提升脱节，即当城市人口增加时，没有积极改善城市人口生活生产的承载环境。2000~2014年，我国的城市化率从35.7%上升到54.77%，上升了19.07%，城市人口从2000年的46243万人增加到2014年的74916万人，增加了28673万人，从这些数据可以看出，近年来我国城市化率呈现出较高的增长水平，但是我国城市地区各方面的承载力并没有同城市人口增加

---

① 该数据来源于本课题研究调查，参见第一章第四节相关内容。

的速度保持一致，而是远远落后于城市人口增加的速度，从而出现城市人口增加与城市承载能力严重脱节的现象。比如城市地区的基础设施、医疗卫生、就业服务等方面虽然也呈现出财政投入不断加大的趋势，但是增加的幅度远远小于我国城市人口增加的速度。尤其是从城市地区资源环境表现的承载力来看，不仅没有出现同步增长的趋势，反而呈现出不断下降的趋势，即随着城市人口的不断增加，城市地区的环境问题越来越严重，环境的承载能力越来越小。从本研究的调查分析来看，也可以看出，近60%的人认为我国城市人口拥挤表现为交通拥堵、找工作难、看病难等，比如47.81%的人认为城市交通拥堵；47.34%的人认为城市空气质量差；30.56%的人认为城市就业开始变难，还有一些人认为城市社会治安开始变差、食品安全问题突出、水电资源供给紧张等，[①] 换句话说，城市承载人口的各项资源跟不上城市人口的增加。这些问题都是近年来我国城市化进程中出现的显著问题，尽管我国的城市化率在快速提升，城市人口不断增加，但是其城市化承载能力并没有实现同步的增长。

四　根源：地方政府在推进城市化进程中的行为冲突

地方政府是城市化进程的主要推动力，地方政府的行为和决策直接决定了一个地区城市化发展的方向和发展水平。从目前我国地方政府行为的出发点和落脚点来看，我国地方政府在推动城市化进程中都面临着自身行为冲突的问题。主要体现在两个方面。一是地方政府在进行行为选择时的出发点更多是实现其政府的政绩观，积极寻求本地区短期经济利益的增长点，而城市化率的提升是一个地区短期经济增长和社会发展最直接的表现，因此，地方政府在进行行为选择时，都会从自身利益出发，选择能够快速提升本地区城市化率的行为和决策。二是地方政府在推进城市化率提升时，其最终目的并不是为了促进城市化的发展。一个地区城市化率的提升并不代表这个地区城市水平的提升，城市化水平的提升包括多方面的指标，如城市人口数量合理性、城市人口质量、城市公共服务质量、城市环

---

① 该数据来源于本课题研究调查，参见第一章第四节相关内容。

境承载能力等方面的提升。只有综合考虑这些因素，从多个角度出发，才能真正实现城市化水平和质量的提升。但是从地方政府的行为目的来看，其推动城市化进程的目的只是为了实现其短期的政绩效益，而并没有对城市化进行其他方面合理的选择。基于以上两个方面的分析可以看出，地方政府在促进城市化进程中有着明显的行为冲突，即地方政府的出发点是基于政绩利益，而其行为的落脚点并不是为了实现地区城市化带来的城市发展改善。这种地方政府行为冲突主要体现为政府政绩利益和政府公共利益上的冲突，这是地方政府在中国特有的政绩考核体制下城镇化行为扭曲的根源。

第七章

城市适度人口路径实现的机制与对策

通过城市适度人口动态测度发现，城市化不可避免适度人口偏差；城市适度人口诊断发现，不同短板条件下的城市适度人口偏差受到提升城市承载能力相关因素的影响。通过更深层次的分析还发现，各地的城市适度人口偏差主要表现为城市比较利益带来的人口无序诱导、城市人口确定与规划缺乏科学依据、城市人口增加与承载能力提升存在脱节、地方政府推进城市化进程中的行为冲突等。如果城市适度人口偏差问题不加以合理解决，我国城市势必迎来更大的人口承载压力问题，城市发展风险更加严重。通过城市适度人口与城市实际人口比较发现，要么人口过多，要么人口过少，但实现城市适度人口关键是要通过提升城市承载能力使得城市能够容纳更多的人口。因此，需要综合考虑人口行为、政府行为、城市特征等多维因素，科学合理地设计城市适度人口路径。

第一节　城市适度人口实现的可行性分析

构建城市适度人口实现路径的关键是要从城市实际人口与城市适度人口动态区间的关系出发，首先确定城市适度人口类型，包括适度偏低型、相对适度型、超越适度型；其次是找到各地城市提升城市人口承载能力面临的短板；再者是根据诊断结果找到城市适度人口不同短板条件下的重要影响因素。实现城市适度人口，关键是要积极实现上述重要影响因素的补缺，不断提升城市人口承载能力。因此，对城市适度人口实现的可行性分

析，首先要梳理清楚城市适度人口实现的总体思路，并认清目前实现城市
适度人口面临的各种瓶颈制约。

一　城市适度人口实现路径的选择

回顾本研究内容，城市适度人口测度结果主要表现为城市适度人口动
态区间，包括城市适度人口静态基准和动态上限，通过与城市实际人口比
较可以将城市适度人口划分为适度偏低型、相对适度型和超越适度型三种
城市类型。针对适度偏低型，可以选择增加人口；针对超越适度型，可以
选择分流人口。尽管如此，三种城市适度人口类型的重要选择都将提升城
市人口承载能力，具体是针对不同短板条件对相关影响因素进行供给和调
控，最终实现降低城市人口承载压力目标，如图 7-1 所示。

（一）模式选择

通过对城市适度人口测度，加上与城市实际人口相比较，发现主要存
在三种情况，及与之相对应的实现模式。（1）适度偏低：城市实际人口小
于城市适度人口静态基准的城市。该类城市需要采取两种模式：一是可以
在既定社会经济发展方式和资源环境利用模式下增加城市人口，推进城市
化进程；二是为了保证城市人口增加带来的城市人口承载压力，仍然需要
转变经济发展方式和资源环境利用模式，提升城市承载能力。（2）相对适
度：城市实际人口介于静态基准和动态上限间的城市。该类城市推进城市
化进程的条件是，必须转变社会经济发展方式或资源环境利用模式，否则
现有城市承载能力不仅难以承载城市实际人口，同时还无法继续推进城市
化进程。（3）超越适度：城市实际人口大于城市适度人口动态上限的城
市。该类城市需要采取两种解决模式：一是由于城市实际人口已经超过城
市适度人口的动态上限，因此需要进行适度的城市人口分流，即通过周边
卫星城镇的建设缓解城市人口；二是进行经济发展方式和资源环境利用模
式的转变，进而提升城市人口承载能力。

综上所述，无论是适度偏低，还是相对适度，甚至是超越适度的城
市，在城市化战略不断推进下城市实际人口增加是一个常态和必然趋势，

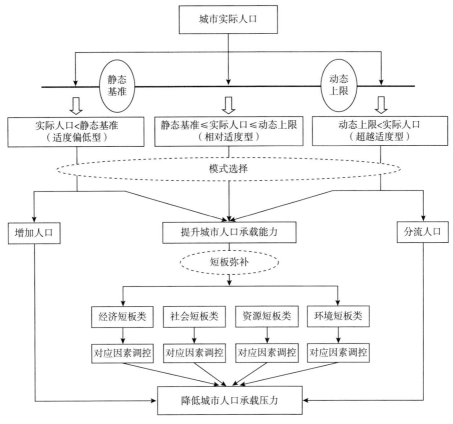

图 7 - 1　城市适度人口实现路径框架

因此首先要合理设计城市人口增加的方案；在城市人口不断增加的前提下，提高城市人口承载能力是关键，无论何种情况都需要不断提升城市人口承载能力以应对城市实际人口的增加；对当期难以提升城市人口承载力的，进行合理的城市实际人口分流是特定条件下的有效选择，尤其当城市实际人口已经超过城市适度人口动态上限，这些城市在短期内难以提升城市人口承载能力，这时就需要通过城市群等方案实现城市人口的分流，保证城市适度人口。

（二）短板弥补

无论处于何种城市适度人口模式，提升城市人口承载能力均面临着转变社会经济发展方式和资源环境利用模式，因此需要根据各城市面临的短板问题进行有针对性的政策。(1)经济发展短板城市:该类城市要实现城市适度人口,重点是通过转变经济发展方式提升经济发展能力,包括提升经济总量、社会投资、社会消费、财政能力、金融水平等具体指标。(2)社会发展短板城市:该类城市要实现城市适度人口,重点是通过转变社会发展方式提升社会发展能力,包括增加就业岗位、教师人数、文化设施、医疗卫生设施、公共交通工具等具体指标。(3)资源发展短板城市:该类城市要实现城市适度人口,重点是通过转变资源利用模式提升资源承载能力,包括增加城市有效土地面积、城市供水、城市供电、道路交通等具体指标。(4)环境发展短板城市:该类城市要实现城市适度人口,重点是通过转变环境利用模式提升环境承载能力,包括提升"三废"处理能力以及城市绿化水平等具体指标。但具体要调整何种指标及因素,需要针对不同短板条件下的城市适度人口诊断结果制定相应方案。

二 城市适度人口实现路径的瓶颈与空间

(一)城市适度人口实现的瓶颈约束

实现城市适度人口的具体体现就是降低城市适度人口承载压力系数,从具体公式(4.3.14)来看包括两个方面:一是降低城市实际人口,即减少城市人口数量;二是提升城市适度人口标准,即提升城市承载人口的能力。但结合当前我国城市发展战略以及城乡户籍制度改革的政策,仍然存在相关瓶颈约束。

瓶颈一:中国城市化战略将不断提升城市化率目标,以及城乡户籍制度改革带来的城乡人口自由流动等,使得减少城市人口数量来降低城市适度人口压力变为不可能。

2012年,中央经济工作会议将"积极稳妥推进城镇化,着力提高城镇化质量"作为全国经济工作的重要任务;2013年7月9日,李克强总理在广西主持召开经济形势座谈会中再次强调,要"推进以人为核心的新型城镇化"。可见,继续推进城市化战略是实现中国经济可持续发展的必然选择,也是中国经济战略调整的重要方向。另外,据联合国开发计划署发布的《中国人类发展报告2013》①预测，到2030年，中国城市人口总数将超过10亿，城市化水平达到70%。再加上我国户籍制度改革不断深化，大多数省份都放松了户口迁移条件，这进一步为农民自由流入城市落户创造了条件，尤其是在具有比较优势的城市地区会加剧城市人口数量自发性地上升。就此可以看出，通过减少城市人口数量来降低城市适度人口压力，总体上与当前我国国家发展战略背道而驰，这显然已成为实现城市适度人口的瓶颈。

瓶颈二：部分城市因所在的特殊区位，客观地决定了某些自然资源要素难以实现提升和供给，这为较强依赖这些要素来提升城市承载能力的地区带来困境。

通过研究发现，较多城市适度人口短板影响因素都包括供水量、建成区面积、人均道路面积、市辖区人口密度等，这些因素的强化有利于提升城市人口承载能力，进一步降低城市适度人口压力。但是，这些因素往往都受到城市所处区位、历史规划等客观条件制约，属于人类难以改变的"非再生性资源"，至少在短期内难以进行有效供给。换句话说，这些短板可能已经出现供给"枯竭"。比如，现今全国657个城市中有300多个属于联合国人居环境署评价标准中的"严重缺水"和"缺水"城市，②像北京、深圳、西安、成都等，这些城市供水边际成本较高，有的城市甚至难以找到供水源。再来看建成区面积、人均道路面积等，这些也受到城市所处位置以及历史建设规划的影响，且在短时期内无法实现有效提升。

瓶颈三：在中国式分权体制下，在区域间经济竞争和财政压力下，地方政府难以主动提升城市承载能力来降低城市适度人口压力，更多会采取"制约"手段阻碍人口流入。

中国式分权主要指各级地方政府官员晋升提拔需要得到上级政府的认可，经济分权决定地方政府拥有更多的资源追求经济利益，③而经济利益

---

① 联合国开发计划署、中国社会科学院城市发展与环境研究所：《中国人类发展报告2013：可持续与宜居城市——迈向生态文明》，中国对外翻译出版集团公司，2013。
② 何雨欣：《全国657个城市中有300多属严重缺水或缺水城市》，http://env.people.com.cn/n/2014/0519/c1010-25033549.html。
③ 朱汉清：《地方政府行为的政治经济学解释》，郑州大学出版社，2012，第132~133页。

刚好是政治提拔的关键要素。这种体制必然决定地区经济发展的竞争，尤其是在财力有限的情况下，地方政府理性上将政府资源投入更多有利于经济增长较快的领域。这样，在城市化进程中，伴随着城市人口的增加，地方政府往往不会主动提升具有普遍性的城市承载能力来吸纳更多的人口，因为这种行为的边际经济收益远远小于边际财政成本。况且，如果流入城市人口对经济发展的边际贡献小于目前城市的边际经济产出，这些人口的流入势必成为城市发展的负担，这样地方政府就会采取具有差别化的"制约"手段阻碍特定人口的流入。目前的这种分权体制，成为地方政府积极主动提升城市承载能力行为的瓶颈，这种瓶颈完全是由现行体制环境下利益驱动所导致。

（二）城市适度人口实现的制度空间

尽管上述瓶颈从客观上难以降低城市实际人口，难以针对某些特定因素提升城市承载能力，以及难以扭转地方政府主动提升城市承载能力的行为等。但通过分析发现，降低城市适度人口压力，仍然存在较多的制度空间。

1. 如何避免城市人口不断增加与城市承载能力提升的脱节：科学测度城市适度人口

在城市发展的常态中，伴随着城市人口的流入和流出，城市人口要么过度，要么过少，城市人口承载能力变化难以与城市实际人口变化保持同步。出现这一问题使得城市人口难以保持"适度"，地方政府也难以找到城市人口数量向"适度"收敛的针对性对策，一个关键的原因就是缺乏对城市适度人口的科学测度和动态监测。因此，要避免城市人口不断增加与城市承载能力提升脱节的问题，就需要建立城市适度人口测度体系和动态监测体系，适时测度各城市适度人口并监测城市人口风险，定期向相关主管部门发送城市人口风险报告和弥补城市适度人口短板的建议报告。

2. 如何在不能减少城市人口条件下降低城市适度人口压力：提升城市人口承载能力

如瓶颈分析所述，在当前中国推进城市化战略背景下，提升城市化仍然是中国未来的一个趋势，因此通过降低城市人口数量来降低城市适度人口压力显然是不具可行性的选择。但我们也知道，降低城市适度人口压力除了减少城市实际人口外，还可以提升城市人口承载能力，也就是通过相关手段使得城市适度人口空间扩大，这也是在城市可持续发展条件下实现城市适度人口的根本选择。因此，提升城市人口承载能力是关键，通过城市适度人口的测度我们也发现提升城市人口承载能力的针对性短板及对应的因素，使得这一路径更具可行性。

3. 如何在客观因素难以供给条件下提升城市人口承载能力：考虑替代性的短板因素

在提升城市人口承载能力这一实现路径中，根据城市适度人口测度得出提升承载能力相对应的短板因素，如果能够提升这些短板因素就完全能提升城市承载能力，从而容纳更多的城市人口。这一假设的前提是，提升城市人口承载能力的"资源"是无限的，但如前所分析，很多资源供给都面临瓶颈，这使得提升这些短板因素成为困难。针对这种情况有两种选择：一是尽可能考虑其他能够提升该类短板的重要影响因素，以此弥补和替代那些不可提供的短板因素；二是通过技术创新找到那些难以提供的短板因素替代品，当然这必然增加弥补短板的边际成本。

4. 如何在确实需要减少城市人口条件下保持城市化进程推进：进行引导性的人口分流

如果上述短板因素通过替代或技术创新仍难以实现供给，说明城市承载能力的路径的确出现瓶颈，至少是在现有技术能力条件下不能弥补，不得已而为之的选择就是要减少城市的人口。这种情况往往在大城市十分明显，像城市交通拥堵、空气污染严重、生产生活资源枯竭等现象，按照十八届三中全会精神，要严格控制大城市人口规模，在特定条件下还要实现这些大城市人口分流。但针对具有巨大诱惑力的大城市无论是控制还是分流，都需要进行合理引导。关键的步骤就是要提升中小城市对城市人口的吸引力，比如通过产业布局引导城市人口就业，进一步通过公共服务有效供给保障城市人口自愿分流等。

5. 如何合理引导地方政府积极主动提升城市人口承载能力：调整地方政府政绩考核模式

在地方政府通过供给公共服务来提升城市人口承载力的行为中，我们假设地方政府积极主动提升城市人口承载能力是一种正常行为，但从瓶颈分析中发现这并非如此。两个关键性的问题需要回答，一是地方政府为什么不愿意普遍提升城市人口承载能力，二是地方政府即便不这样做是否会受到约束和惩罚。实际上，这两个问题都与地方政府利益有直接的关系，而这种利益又受制于体制环境，如果地方政府政绩考核模式得以改变，将之前较大程度上依赖于经济增长的考核，逐步转变为对城市居住人口数量和公共服务供给覆盖等质量进行考核，这样地方政府显然会积极主动争取人口进城，同时还能为其提供更好的公共服务。因此，改变目前的政绩考核模式和调整地方政府行为方式，是提升城市人口承载能力的一条途径。

第二节　城市适度人口路径实现设计原则

要继续推进城市化进程并保持城市人口适度，关键要从城市实际人口出发，研究如何降低城市人口承载压力。城市适度人口实现路径设计，实际上是城市保持实际人口适度的一个过程，必须始终遵循既定战略目标和方向上的指导原则，根本是为了保障城市化战略的可持续性推进。

一　导向性原则：有利于我国城市化发展战略持续推进

导向性原则是指我国城市适度人口的实现必须坚持城市化推进方向，不仅不能阻碍城市化进程，而且还要为城市化进程创造空间。从本研究实际测度结果来看，我国大部分城市实际人口都已经超过城市适度人口静态基准，如果不提升城市对人口的承载能力，则必然无法推进城市化进程。为了避免这种结果的出现，本研究设计的城市适度人口实现，主要方式是通过社会经济发展方式的转变和资源环境利用模式的转变，提升城市人口承载能力空间，以此容纳更多的城市人口，保持可持续性城市化战略的正确导向。因此，城市适度人口的实现，并不是对人口过多的城市进行简单的"削减"，而是要通过城市人口承载能力的提升让城市容纳更多的人口。当然，不可排除的是，部分城市实际人口已经超过城市适度人口动态上限，并难以在既定模式下提升自身的承载能力，这些城市不得不面临城市人口的适度分流，要么扩大城市空间，要么通过周边城镇的建设，保障城市的可持续性。

二 针对性原则：根据城市人口自身短板选择发展出路

针对性原则是指我国城市适度人口实现过程不是盲目地推进，而是要根据各类城市的具体要求在相关条件下提升城市人口承载力。具体而言，从本研究结论来看，制约当前城市人口承载力提升的主要因素是各城市面临的短板，包括经济发展短板、社会发展短板、资源发展短板和环境发展短板。就面临经济发展短板的城市而言，主要是经济发展对城市人口的支撑能力不足，这类城市要实现从城市实际人口到城市适度人口，首先就要提升其经济发展能力，其次才可能考虑其他短板因素；就面临社会发展短板的城市而言，主要是社会公共服务对城市人口支撑能力不足，比如就业、教育、医疗卫生、城市交通等问题，这类城市要实现城市实际人口到城市适度人口，首先就要提升其社会发展能力；就面临资源发展短板的城市而言，主要是资源对人口的支撑能力不足，包括城市土地、城市用水、城市供电、城市道路等因素，这类城市要实现城市实际人口到城市适度人口，首先得解决这些资源瓶颈问题；就面临环境发展短板的城市而言，主要是环境对人口的支撑能力不足，包括各种废气、废水、废物，以及绿化等没有达到标准，这类城市要实现城市实际人口到城市适度人口，首先要解决环境污染治理问题。当然，针对具体城市，在确定短板因素的基础上，还需要通过具体调研和数据分析，准确地确定在不同短板下降低城市承载压力的影响因素。总而言之，在推进城市化进程中，针对城市适度人口的实现不能搞"一刀切"，需要遵循各城市实际发展需要确定具体措施。

三 适应性原则：城市人口增加与承载力提升保持一致

适应性原则是指我国城市适度人口的实现方式，需要根据各城市的具体情况分阶段保持城市人口增加与城市人口承载力提升相适应，而并非一步到位超越承载力提升。从本研究测度的情况来看，大部分城市实际人口已经超过其城市适度人口静态基准，这类城市要实现从城市适度人口静态基准到城市适度人口动态上限，需要与城市人口承载力提升保持一致且分阶段来完成。以昆明市为例，2013 年测度得到的城市适度人口静态基准为 280 万人，动态上限为 432 万人，城市实际人口为 274 万人，从城市适度人口的静态基准到实际人口存在 6 万人的缺口，从城市适度人口的静态基准到动态上限存在 152 万人的缺口，从城市实际人口到城市适度人口动态上限存在 158 万人的缺口。通过这组数据可以看出，昆明市还可以在现有承载力水平下增加城市实际人口 6 万人，在城市人口承载力不断提升条件下城市人口还可以增加 158 万人达到城市适度人口的上限，但这个过程首先要通过社会经济和资源环境发展达到城市人口承载能力平均水平，进一步还要达到城市人口承载能力的更高水平。因此针对 158 万人的城市人口增加，一个重要的前提是保持与城市人口承载能力提升步伐一致，可以通过几个阶段来逐步完成，比如分为五年完成，每年提升 30.4 万人的承载能力并增加相应的城市实际人口，这样能够有效降低"激进"模式带来的负面效应，同时还能逐步降低当地面临的城市人口承载压力。

第三节　实现城市人口自然适度：微观行为和宏观政策协调的机制

城市人口如何从"失度"到"适度"，涉及城市人口微观行为和地方政府宏观政策：实现城市人口自然适度，一个重要的前提是要明确城市应该有多少人，实际有多少人等数量情况，这就首先需要构建城市人口自然适度的数量监控机制；作为城市人口的微观主体行为，其在城市中"进"和"出"完全取决于这些主体的行为选择，行为选择背后又是基于个体的利益诱导；作为地方政府的宏观政策引导，其宏观政策行为直接决定着微观主体的行为选择，主要通过改变城市人口承载能力而提供公共服务的行为，其背后也隐藏着地方政府利益倾向；在城市人口微观行为和地方政府宏观政策间，还需要找到如何协调的结合点，即地方政府的宏观政策如何基于城市人口适度目标去迎合城市人口微观行为，核心是动态提升城市人口承载能力。

因此，通过微观行为引导和宏观政策调整的相互协调，能够使城市人口实现自然适度，包括四个层面的机制设计：一是数量监控机制设计，解决人口过多过少的问题，这主要从调查和实际测度及观察来实现；二是人口流动机制设计，解决人口无序进出的问题，这主要基于人口微观行为的引导；三是承载能力机制设计，解决城市承载力不足问题，这主要基于如何实现宏观政策与微观行为的协调；四是政府激励机制设计，解决政府行为失效的问题，这主要基于对地方政府行为的调整与纠正（见图 7 - 2）。

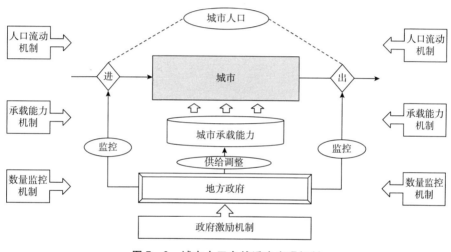

图 7 - 2 城市人口自然适度实现机制

一 城市人口自然适度的数量监控机制设计：解决人口数量失控的问题

城市人口自然适度是通过制度和机制实现城市人口与城市人口承载能力相协调，但前提必须要通过调查和实证测度三个重要问题：一是城市应该拥有多少人口，二是城市实际有多少人口，三是适度人口的短板依据。这将是如何控制城市人口的流动，如何提升城市承载能力以及如何扭转政府行为的重要依据。具体包括适度人口动态测度机制和城市实际人口动态监测机制，根据两者的动态比较衍生出城市人

口失度的风险预警机制和城市人口失度的短板确定机制，如图 7 - 3
所示。

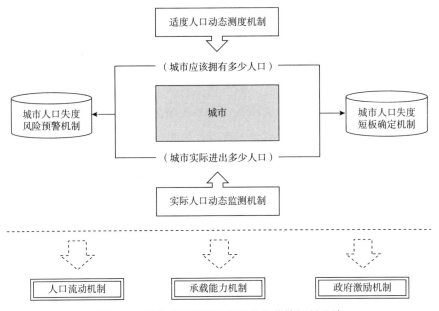

图 7 - 3　城市人口自然适度的数量监控机制设计

（一）城市适度人口动态测度机制：城市应该拥有多少人口

城市适度人口动态测度机制，重点是解决城市应该拥有多少人口的问
题，这是本研究的重点内容，但作为如何实现城市适度人口首先就是需要
建立这样一个测度机制。城市应该拥有多少人口属于计算的范畴，涉及计
算模型、影响因素、测算数据以及测算平台等。

1. 城市适度人口测度模型构建

建立城市适度人口模型的核心是能够找到确定城市适度人口的因素和
作用机制，并且需要通过公式进行表达。关于城市适度人口测度模型，本
研究已经根据国内外区域适度人口测度技术等，形成城市适度人口的模型
体系，重点是找到影响城市人口因素和单位因素标准承载能力间的加权关
联性，城市政府相关部门需要构建并完善这一测度模型体系。具体来看，
城市适度人口测度模型主要包括不变条件下的城市适度人口测度和可变条
件下的城市适度人口测度，具体包括影响因素权重确定、城市人口实际承

载力计算模型、城市人口标准承载力计算模型、城市适度人口区间计算模型、多视角城市适度人口综合加权测度模型等。可以归纳为如图 7－4 所示的模型，包括因素权重、因素数量、单位因素标准承载力，具体围绕这三项内容展开构建。

图 7 - 4　城市适度人口测度抽象模型

2. 城市适度人口影响因素体系

测度城市适度人口的重要内容就是要找到影响城市人口的相关因素，通过相关因素来确定城市适度人口。从本研究归纳可知，影响城市适度人口的因素较多，既包括经济社会，又包括资源环境等，但核心都是围绕确定城市适度人口的边际社会成本和边际社会收益展开，即从影响城市人口边际社会成本和边际社会收益寻找相关因素，主要分为经济、社会、资源和环境四个方面，在这些方面下再确定影响边际社会成本和边际社会收益的相关因素，如图 7－5 所示。但值得注意的是，这些因素要根据一定周期的重要影响程度进行实时调整，尤其选择与城市人口变化具有最为密切关系的相关因素。

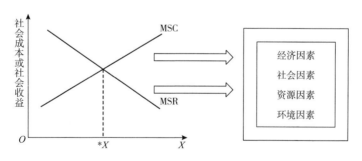

图 7 - 5　城市适度人口影响因素选择机制

3. 城市适度人口测度数据体系

城市适度人口测度数据体系是城市适度人口动态测度机制的重要组成部分，因此需要构建满足上述测度模型和测度因素的数据库。具体包括两类数据：一是宏观监测统计数据，这些数据可以直接从城市统计年鉴或相关主管部门获取，只要建立数据共享和处理机制即可完成；二是微观监测调查数据，这类数据主要用于测度后的相关检验或者选择因素时作为重要参考，这就需要通过数据调查和建立分析机制来完成。

4. 城市适度人口测度运行平台

在上述模型、因素和数据基础上，针对城市适度人口进行测度需要依托软件平台。目前，本课题研究已经构建基于 Excel 和 SPSS 为平台的分析测算体系，但为了便于以后调整因素和模块，尤其是简化计算程序和降低计算误差率，针对城市适度人口测度需要重新建立以程序为基础的测算平台。该测算运行平台主要通过对模型和计算分析公式的挖掘，最终实现因素数据输入和测算结果输出的一体化机制。

（二）城市实际人口动态监测机制：城市实际进出多少人口

城市实际人口动态监测机制，重点解决对目前城市人口情况的掌控问题，包括人口流入、人口流出、人口结构转化等，并要进行相关监测结果分析。构建城市实际人口动态监测体系就是要分别构建人口流入监测体系、人口流出监测体系、人口存量监测体系，其中人口流入监测和人口流出监测的重要内容就是数量和类型，监测方式主要针对流入城市和流出城市的登记来完成，以一定时间为周期汇总城市人口流入和流出的数量、结构、年龄等相关信息；人口存量监测主要针对在城市生产生活的城市居民进行定期登记调查，主要反映其职业变动等信息，以便分析城市人口类型结构。除此之外，针对城市人口流入、流出和存量等相关数据，并以风险预警和短板确定为目标，构建城市实际人口分析机制，定期向相关部门报送人口变化情况。

（三）城市人口失度风险预警机制：城市人口是否存在风险

城市人口失度风险预警机制，主要通过城市适度人口和实际人口进行比较，判断一个城市是处于人口过多还是人口过少的风险问题。构建城市人口失度风险的预测机制就是要联系城市适度人口和城市实际人口，对短期、中期和长期人口变化趋势预测，进一步对未来城市人口风险进行预测，并将城市人口风险进行分类，重点揭示出未来城市人口与承载力关系的变化趋势，以便对城市人口进出或城市人口承载力进行先期调整。针对城市人口失度风险预警主要包括两个重要部分：一是确定性风险判断，即根据目前已经测度的适度人口和城市实际人口进行比较，判断确定性的人口失度状态；二是不确定性风险判断，针对未来城市人口趋势预测，以及城市人口承载能力趋势预测，对未来城市人口失度状态进行概率预测，重点发现影响城市人口变化和承载力变化的相关因素，确定发生城市人口失度的概率大小及影响程度。

（四）城市人口失度短板确定机制：找到实现适度人口依据

城市人口失度短板确定机制，主要是根据城市适度人口测度发现弥补短板应该首先改善的相关支撑体系内容，具体包括短板确定和短板支撑机制构建。

1. 城市适度人口短板确定机制

该机制主要对城市适度人口进行分类测度，包括基于经济、社会、资源和环境视角进行适度人口测度，通过对测度结果的比较，找到相对较低的城市人口承载力数量，因为其他方面虽然能够承载更多的人口，但是这一方面因素只能承载较少的人口，因而将其确定为短板因素。也就是说，提升城市人口承载能力，首先需要解决这一短板因素。其次再看这一短板解决后，又将面临何种短板，因为这一短板随着城市环境的变化，需要重新确定，因此第二、第三、第四短板在初次测度中有效，但用于未来短板确定会因为城市其他因素变化而改变，所以重点只关注第一短板因素，主要分为经济短板、社会短板、资源短板和环境短板。

2. 城市适度人口短板支撑机制

城市适度人口短板确定仅仅告诉实现城市适度人口需要解决的重要方面，但没有告诉具体如何进行解决，因此需要对相关短板进行进一步的影响因素诊断分析。本研究主要在不同短板条件下，进行城市人口承载能力的影响因素关系识别和贡献分析，找到具体的解决路径，其中影响因素关系识别主要是在不同短板下，通过计量模型找到与城市人口承载压力系数相关的因素，这些因素如果显著，说明未来可以通过调整这些因素来改变城市人口承载压力；影响因素贡献分析主要是结合影响的相关系数程度以及因子载荷权重，确定各因素对城市人口承载压力系数的影响贡献，将影响贡献较大的作为首先需要调整的因素，这为弥补量化标准的短板提供了依据。

二　城市人口自然适度的人口流动机制设计：解决人口无序进出的问题

　　根据"公共地悲剧"原理，[①] 如果将城市当成具有利益诱惑的公共地，人口可以在城市自由生活，这反映出城市缺乏排他性权力，得出的结果便是基于个人利益最大化的城市人口均衡数量远远大于基于社会利益最大化的城市人口均衡数量。通俗地讲，就是大量的人口向城市这个具有诱惑力的载体"涌入"并且不愿意离开，最终导致城市"公共地悲剧"发生。从前文分析我们也发现，出现城市人口适度偏差的首要动力就是城市比较"利益"带来的城市人口无序流动。具体来讲，之所以会产生人口无序进入城市，主要的原因就是城市地区相对于农村地区而言更具诱惑力，尤其是目前的大城市更是如此。要解决人口无序进入城市的问题，就需要协调城市和农村、城市与城市之间的相对利益关系，包括经济发展、社会发展等诸多方面的比较利益，同时也要扭转城市进入人口本身的非理性行为选择问题。合理的人口流动包括城市人口合理流入和城市人口合理流出，这种"合理"基于城市发展总体利益来考虑就是保证不超越城市综合承载能力，但就微观人口主体而言主要还是从人口个体"理性"出发，考虑人口进出行为对个人带来的边际收益和边际成本的比较。从上述"公共地悲剧"中很显然能看出，城市总体的"合理"与人口个体的"理性"存在矛盾，而解决这一矛盾，要么从城市人口个体自身出发，使得个人"理性"自发趋于社会"合理"，要么是基于城市人口个体行为，构建激励约束机制，引导个人"理性"下的行为向社会"合理"下的行为趋近。因此，解决人口无序进出的人口流动机制包括"人口准入机制"和"人口分流机制"两个重要内容（见图 7 - 6）。

---

① 李光久、李昕：《博弈论简明教程》，江苏大学出版社，2013，第 26～27 页。

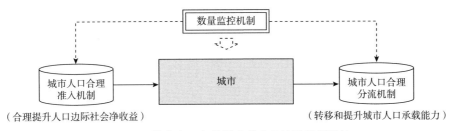

图 7-6　城市人口自然适度的人口流动机制设计

（一）人口合理准入机制：合理提升人口边际社会净收益

如前所述，由于城市地区比较"利益"优势的诱导，而且随着这种比较"利益"的不断加大，农村地区人口正以越来越快的速度向城市地区迁移，从而形成无序"进城"的状态。如果单纯依靠强制性手段，限制农村居民进入城市，这不仅会造成农村和城市地区差距的进一步扩大，还会导致各种社会矛盾的产生，最终影响我国各方面的合理发展。因此，我们需要构建人口合理流入机制，这种机制的前提是不能阻碍农村人口进入城市，核心内容是提升城市人口的边际社会净收益，保证其进程后能够促进城市地区产业结构升级，为城市经济发展做出贡献，同时尽可能降低转移人口对城市社会经济和生态环境带来的破坏成本。构建人口合理准入机制，主要就是围绕如何合理提升人口边际社会净收益，包括提升人口边际社会收益和降低人口边际社会成本，以此形成人口进城的准入条件，主要围绕"进得去、留得住、能发展"的原则展开。

1. 允入规划机制和准入筛选机制

在不排斥任何人口进入城市的前提下，通过各种手段要保证进入城市的人口能够带来正的边际社会净收益。对此，需要构建一套识别流入人口的规划和筛选机制，具体包括两项。一是人口允入规划机制。该机制要依赖于人口监控机制形成的适度人口数量，并根据社会经济发展规划确定能够允入的人口数量和人口技能类型等。二是人口准入筛选机制。针对不同类型的人构建能够识别哪些具有"先天经验"，哪些需要进行培训，比如受教育程度、特殊技能等，进一步将流入人口分为主动式准入和被动式准入。

2. 城市人口主动式准入机制

主动式准入机制主要针对具有较强的经济发展贡献技能，或者已经长期在城市地区有较为稳定且对社会经济发展有较大贡献的人群，针对这类人群仅凭相关条件就可以准入，即在城市落户。由于这类人群具备对城市发展的"先天"优势，所以属于城市积极准入的对象。对此，地方政府及相关部门至少需要做好两项工作：一是制定城市人口主动式准入的分类条件考核机制，包括条件设定、考核方式等内容；二是制定具有特殊优势人口引入激励机制，包括针对某些具有较大贡献的人口在满足基本条件的基础上，构建特定的奖励机制，目的是让这些人口进入城市后留得住，且能更好地发展。

3. 城市人口被动式准入机制

被动式准入机制主要针对非主动式准入的相关人口，这些人口呈现的特征是文化水平低，同时没有接受过正规的职业训练，且在城市流入人口中占有主要部分。对此，地方政府及相关主管部门需要对这部分人设立职业技能培训计划，具体内容包括：一是根据城市发展规划设定职业培训内容；二是建立长期的城市流入人口职业和岗位培训机制；三是设立流动人口城市准入的考核机制。也就是说，政府提供职业技能培训公共服务，提升这些人口的社会经济发展创造能力，并要求通过职业技能考核，只有考核通过的人口才可能准入城市。

4. 准入人口的行为规范机制

针对上述城市准入人口，无论是主动式准入还是被动式准入，除了积极提升其贡献的边际社会收益外，还需要有效降低其行为的边际社会成本。换句话说，就是避免和减少这些流入人口对城市运行产生破坏，包括经济效率、城市环境、社会秩序、资源利用等诸多方面，这些方面主要体现在人口的行为规范上。因此，城市政府及相关部门需要对城市流入人口进行基本行为规范的教育和培训，从思想、行为上让城市流入人口遵守城市发展准则，做一个良好的城市市民。

（二）人口合理分流机制：合理转移和提升城市人口承载能力

首先需要说明的是，城市人口分流并不是驱赶城市人口。如前文分析所述，在某些特定条件下，城市人口承载力难以在现有技术能力水平下提升，唯一的选择就是进行城市人口分流。城市人口分流的实质是让分流后的城市人口保持更好的城市承载能力。一个重要的原因是，城市人口之所以不愿意离开原有的城市，是因为到其他地方后可能使自身所得的福利水平降低，尽管对城市发展是有利的，但难以有效促进城市人口分流。因此，城市人口能够有序进行分流的条件是分流后的单位人口城市承载能力大于或等于原有单位人口城市承载能力，人口合理分流机制包括人口分流先行引导机制和分流人口后续保障机制。

1. **人口分流先行引导机制：人口承载体规划和转移**

人口流动实际上是伴随着工作岗位流动，背后是伴随着工作单位和产业转移。因此，当一个城市面临城市人口分流时，不是将人口直接向外驱赶，也不是限制新进入人口，而是应该重新规划城市发展及产业布局，将相关产业或单位部门向周边地区转移，实现城市人口"自下而上"的分流。因此，人口分流的先行引导机制的核心就是进行城市发展规划和人口承载体的合理转移。

2. **分流人口后续保障机制：人口承载力转移和提升**

尽管人口伴随着产业及单位转移，实现合理的分流，但这种分流仅仅是实现了人口载体的转移，还没有真正实现城市人口承载能力的转移，要不断提升分流出去的人口承载能力，保障其生产和生活所需的各种公共服务，具体包括：一是需要提升周边人口分流地区的"硬实力"和"软实力"，从经济发展、社会发展、文化建设以及公共服务等多方面提升周边地区的整体实力，进而增加城市人口"出城"的意愿，使更多的人口愿意流向周边地区，减少城市人口压力；二是对城市周边的人口分流地区进行有效的改造，运用其靠近城市地区的地理优势以及其他方面的优势，增强城市周边农村地区吸引人口的能力，使部分城市人口自愿"出城"。

三　城市人口自然适度的承载能力机制设计：解决城市承载不足的问题

在人口不断流入城市的背景下，城市人口数量将越来越多，要实现城市人口长期处于适度状态，除了万不得已分流人口外，一个重要的方面还是要提升城市人口承载能力，构建城市人口自然适度的人口承载机制。城市人口承载能力实际上指城市究竟能够承载多少人，城市人口承载力机制包含如何提升城市供养人口的能力。构建该机制的主体是政府，即以政府为主导提升城市人口承载能力，但该机制解决的对象是城市人口本身，即满足城市人口生活和生产发展需求。以政府为代表的主体就需要了解城市人口对象本身的发展需要，从而进行相关公共服务供给和动态调整，具体包括城市人口承载能力提升的公共服务需求显示机制，解决政府应该做什么的问题；城市人口承载能力提升的公共服务供给调整机制，解决政府应该如何做的问题；城市人口承载能力提升的公共服务评价反馈机制，解决政府做得好不好的问题（见图7-7）。

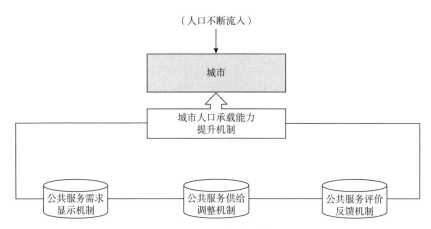

图7-7 城市人口自然适度的承载能力机制设计

（一）城市人口承载能力提升的公共服务需求显示机制：政府应该做什么

政府提升城市人口承载能力实际上是满足相应公共服务需求的过程，其前提是要知道城市人口生产和生活需要什么样的公共服务，因而需要建立公共服务需求显示机制，包括公共服务需求的测度和调查，前者从宏观数据层面进行测度，后者从人口微观行为方面进行调查，将两者相互结合后确定政府应该提供什么样的公共服务。

1. 公共服务需求测算机制：基于宏观数据视角

该机制主要依赖于城市适度人口动态测度中反映出的适度短板及相关重要影响因素，其实质是从实现既定城市人口承载能力标准目标出发，确定首先突破的重要制约条件，包括经济、社会、资源和环境方面，进一步找到突破这些条件的重要因素，即重要的具体公共服务供给。这一逻辑机制将政府提供什么样的公共服务与提升既定目标的城市承载能力进行有机联系。

2. 公共服务需求调查机制：基于人口需求表达

尽管上述数据测度得出提升城市承载能力要解决的重要公共服务供给内容，但通过宏观数据反映可能受制于指标选择的局限性，因而需要从居民微观层面进行进一步调查，建立城市公共服务需求调查机制。该机制重要目标是所在城市政府要及时获得有效的城市居民公共服务需求，具体包括：（1）建立城市公共服务表达平台，比如问卷调查跟踪、电话通信反映、网络信息反映等多种方式结合；（2）建立城市公共服务表达信息管理机制，即除了建立表达平台外，针对所表达的公共服务内容也需要进行信息分类和处理，最终形成有效的公共服务表达内容。

（二）城市人口承载能力提升的公共服务供给调整机制：政府应该如何做

知道了城市居民对公共服务内容的真实需求，剩下的问题便是政府如何提供这些服务。由于财力资源具有稀缺性特征，不可能所有需求的公共服务都在特定时间进行一一满足，因此需要地方政府进行公共服务供给决策，包括公共服务供给内容优先决策和公共服务供给时间先后决策。在此基础上，针对如何供给，政府还需要在财力上提供保障，同时公共服务供给过程中还需要设置相关制度措施。最后，就是建立城市公共服务供给与城市人口变化相互协调的机制。

1. 公共服务供给决策机制

在既定财力水平条件下，政府需要对所有公共服务需求进行供给决策。首先需要进行公共服务财力测算，即各类公共服务供给需要的金额，这就要求将公共服务需求内容进行细化，采用标准定额测度预算；其次是区分各类公共服务的重要程度，主要根据上述需求测算和需求调查进行排序，使公共服务按顺序进行；最后，考虑到有些城市公共服务，需要进行跨年度测度预算，因此需确定公共服务供给在未来时间上的分布。

2. 公共服务供给保障机制

在确定好提供哪些公共服务后，政府要对这些公共服务供给建立各类保障。重要内容之一就是建立公共服务供给的财力保障，从预算的角度将财力分配到这些公共服务支出项目上，尤其保证项目申报和资金落实问题。此外，针对财政资金对应各类公共服务项目要注重制度管理，包括资金管理制度、公共服务管理制度等，保证财政资金投入到相应公共服务项目上的效率性。

3. 公共服务供给调整机制

当城市适度人口和城市实际人口发生变化、当城市适度人口需求与公共服务需求发生变化，如何实现政府公共服务供给内容的调整也是一项重要内容，如果没有协调好，可能导致财政资金的错配等问题。因此需要建立公共服务供给调整机制，其实质是要保持预算上的统一规划性和灵活适应性。

（三）城市人口承载能力提升的公共服务评价反馈机制：政府做得好不好

为了保持政府城市公共服务供给决策的有效性，实现城市公共服务供给决策不断优化和服务于城市居民，进而有效提升城市人口承载能力，政府需要建立城市人口承载能力提升的公共服务评价反馈机制。

1. 公共服务供给评价机制

重点对政府提供的公共服务进行评价，具体内容包括：一是要设立评价主体，可以选择第三方评价机构完成，相对独立于地方政府和城市居民，由上级政府组织实施；二是评价内容确定，包括城市居民公共服务满意度评价和城市人口承载能力提升评价，前者是基础，后者是目标；三是评价标准确定，主要由评级机构完成，主要指的是评价结果优劣参照；四是评级制定确定，主要包括如何评价、评价周期等内容。

2. 公共服务供给反馈机制

公共服务供给反馈机制的重要作用是要实现评价结果对政府调整和完善城市公共服务供给产生积极影响，这就需要如何应用评价结果。具体依赖于公共服务供给评价结果，一方面建立城市居民与地方政府间的制衡约束关系；另一方面建立上级政府与城市所在政府间的监督约束关系。

四　城市人口自然适度的政府激励机制设计：解决政府行为失效的问题

实现城市人口自然适度，上述城市人口承载力机制设计已经明确了政府应该干什么，但地方政府往往考虑政绩利益需求等，更多会向具有短期经济效益的领域进行投入，这完全可能和提升城市人口承载能力的公共服务需求相违背。因此，我们必须对地方政府公共服务行为进行激励，避免政府短期行为，具体在已有公共服务供给责任清单基础上，从行为约束和行为自控两方面构建激励机制。前者从消极惩罚的视角构建机制，即如果违背相关准则将受到惩罚，从而迫使地方政府改变公共服务行为；后者从自我调整的视角构建机制，即从政府行为本身转变利益观，以城市居民公共服务满意度为价值标准。

（一）政府行为约束机制：消极层面上的违规惩罚

政府行为约束机制主要从消极层面构建违规惩罚机制，即地方政府没有提供好相应公共服务将受到惩罚。这个机制建立的前提是明确谁能够惩罚地方政府，主要包括城市居民、同级人大和上级政府，其中城市居民作为直接委托人，同级人大和上级政府均作为间接委托人，都具备对地方政府行为的约束。由此，可以从三个方面建立行为约束机制：一是城市居民对城市政府的约束，二是同级人大对城市政府的约束，三是上级政府对城市政府的约束。

1. 城市居民对政府行为的约束机制

城市居民作为公共服务的受益者，最清楚所提供公共服务的好坏，该约束机制反映了居民对政府行为的评价，并对此做出回应，具体做法：一是建立地方政府公共服务供给行为内容公开机制，将财政预算和公共服务供给向社会公开；二是建立城市居民公共服务供给评价机制，由于不同主体形成的观点不同，需要通过公共选择形成统一且最大程度反映民意的观点；三是构建城市居民对地方政府行为的约束力，从居民个人来讲主要包括认可选择、人口自由流动下的纳入选择等，从企业来看主要通过产业投资选择对其政府进行约束，除此之外还可以向上级政府或同级人大反映和举报等。

2. 同级人大对政府行为的约束机制

同级人大受城市居民的委托，作为地方政府行为的监督主体，具有对地方政府公共服务供给进行约束的职责。人大对地方政府公共服务供给行为约束的关键，是要建立人大的激励约束，尤其是在政府预算和决算上要充分发挥人大作用，保证政府公共服务预算与政府职能职责保持一致。除此之外，还要提升人大约束的专业性，并排斥其他非社会利益对人大的行为影响。

3. 上级政府对政府行为的约束机制

在我国现阶段，上级政府对下级政府管理具有指导权，尤其是在行政任命和行政处罚上都占有绝对的优势。因此，上级政府对下级政府行为约束的重点是通过惩罚机制来实现的，尤其是针对更具信息优势的城市居民和同级人大做出的评价反馈进行惩罚处理，包括对下级的经济惩罚和行政惩罚等。

（二）政府行为自控机制：积极层面上的自我调整

政府行为自控机制主要从积极层面进行自我行为调整，包括两个方面的内容：一是转变政府行为，通过转变观念强化政府动机，使得政府利益倾向于社会利益，进而更好地为城市居民服务，这主要是从地方政府行为上进行改变；二是调整政绩考核机制，地方政府利益倾向多取决于考核机制，比如 GDP 考核模式极有可能导致高投入低效率的财政资金配置，因此在考核机制上需要以城市人口承载力提升为目的，与相应公共服务需求为标准，使地方政府自发地改变城市公共服务供给行为，这主要是从上级政府考核行为入手进行制度调整。当然，前者治本但过程漫长，尤其是要转变政府决策者的价值观和利益观，这需要从根本上予以改变；后者是一种激励导向，可能会遇到各种困难，但实践中已经在进行相应改革。

第四节　降低城市人口承载压力：一个路径
对策的基本框架和思路

上述围绕如何实现城市人口自然适度，就解决人口数量失控、人口无序进出、城市承载不足和政府行为失效四个问题，分别设计了数量监控机制、人口流动机制、承载能力机制和政府激励机制，从机制上明确了解决这些问题的原理和逻辑，解决了"逻辑关系是什么"的问题。但我们知道，实现城市人口适度的关键内容是降低城市人口承载压力，接下来的任务就是围绕上述逻辑机制，提出降低城市人口承载压力的具体对策措施，解决"实际应该怎么办"的问题。

一　明确城市人口的运行机制和管理责任

降低城市人口承载压力的主体是政府。从上述相关分析我们早已发现，导致城市人口失度的一个重要根源是地方政府在推进城市化进程中的行为冲突，具体来说，一方面，就是地方政府没有认清城市人口本身的运行规律和机制，不知道针对城市人口失度调整从何入手，因而普遍存在"头痛医头，脚痛医脚"的现象；另一方面，是在上级政策指令下，城市居民需求的公共服务往往与地方政府公共服务供给相偏离，从而导致公共服务供给行为扭曲和管理责任错位。因此，降低城市人口承载压力的首要前提是明确城市人口的运行机制和管理责任。首先，中央政府要出台相关制度规范，要求各地政府逐步建立管理城市人口的三大机制，包括数量监控机制、人口流动机制和承载能力机制。数量监控机制要求地方政府在城市人口实际数量和适度数量上进行监控和测算，形成动态的城市人口失度风险和解决失度的措施等信息；人口流动机制要求地方政府在城市人口的流入和分流上进行总体规划和制度规范，前者必须通过制度机制建设提升流入城市的人口实现更多的社会收益，尽可能减少社会负面影响，后者也要通过规划对城市承载能力的转移与人口分流相伴随，保证分流人口公共服务和相关保障稳定和提升；承载能力机制要求地方政府建立基于城市人口承载能力提升的公共服务需求获取、公共服务供给调整、公共服务评价反馈的制度体系，保证地方政府对城市适度人口实现的公共服务供给。上述三个机制首先由地方政府自行建立，并定期以年度为周期向上级政府进行信息呈报。其次，上级政府要建立城市人口自然适度的政府行为激励机制，主要用于激励地方政府管理城市和实现城市适度人口的积极行为，具体包括：一是要根据地方上报信息、统计数据、不确定性调查等，建立全国城市适度人口总量控制和人口风险监测机制，并向各地城市发布警示；二是建立城市人口承载能力状况和提升水平等奖励和惩罚机制，重点在人事任免、资金分配等领域中予以体现；三是建立地方城市发展的思想培育机制，从理念上转化地方政府发展思路。最后，针对城市人口承载压力的一系列机制、制度和政策，需要具体落实在政府的有关部门，同时建立相应的奖惩和问责机制，具体来看，中央政府主要落实总量控制和宏观政策制定，省级地方政府主要在中央相关政策下构建数量监控机制、人口流动机制和承载能力机制，并进行相关制度和规则的制定；省以下的地州（市）和县（市、区）政府主要做到具体工作任务的执行，尤其是针对实际人口流入和流出数据统计、流入和流出相关制度制定落实及相关公共服务供给落实等具体内容。

二 科学地进行城市人口数量测度和规划

降低城市人口承载压力，从技术上来看首先需要知道城市适度人口应该为多少，因而需要在城市人口数量监测机制中建立适度人口测度机制，科学地测度城市人口数量和规划，具体思路如图 7-8 所示。

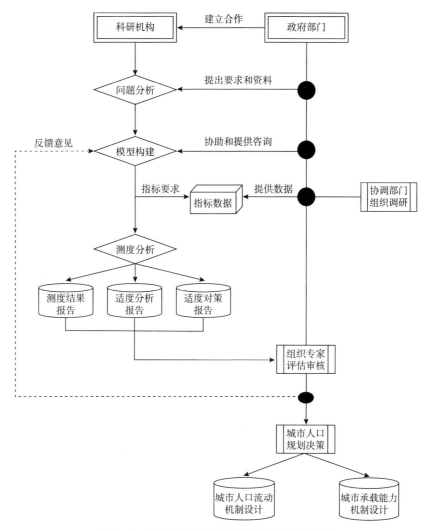

图 7 – 8　城市适度人口测度与规划思路示意图

　　城市适度人口动态测度需要政府部门与科研机构合作完成，主要思路为：第一步，政府部门与科研机构针对城市适度人口测度分析建立合作关系，包括政府部门向科研机构阐述需要解决的问题以及目标，包括"测度城市适度人口区间""判断城市人口适度情况""提出实现适度的短板因素"三个主要内容；第二步，城市人口问题分析，主要在政府部门配合下由科研机构针对城市人口状况进行数据分析，在此环节政府部门需要提供相关数据资料，科研机构主要针对问题进行分析；第三步，城市适度人口模型构建，科研机构主要根据城市人口现状分析及相关适度人口理论及方法，建立城市适度人口测度模型，政府部门适度协助；第四步，科研机构就构建测度模型提出测度所需的指标，政府部门要通过各种方式予以提供，包括通过发文要求统计部门、相关职能部门提供有关数据，并在需要的条件下组织调查；第五步，科研结构组织专业人员进行城市适度人口测度与分析，形成三个结果：城市适度人口测度结果报告、城市人口适度与否分析报告、城市适度人口实现对策报告；第六步，政府部门组织专家论证，并提出修改和调整意见反馈科研结构，科研机构根据反馈意见对模型设计、测度过程、结果分析等进行修改和调整，完善后再报政府部门批准；第七步，政府部门根据城市适度人口测度分析结果对城市人口进行规划，包括控制城市人口进出、提升城市承载能力等，主要为城市人口流动机制和城市承载能力机制设计奠定基础。

三 合理有效地推进城市化发展进程

城市化是当前国家战略的重要选择，也是城市人口增加的一个过程。在城市人口需要不断增加的背景下降低城市人口压力，基于人口视角重点是提高城市人口净边际社会收益，即尽可能增加城市人口对城市发展的贡献，尽可能降低城市人口对城市发展的负面效应。一是城市化的推进要遵循"自下而上"的原则，即通过政府提供相关城市发展环境，包括就业、医疗、教育、社会保障等公共服务，理性地吸引农村人口或其他地区人口向城市转移，坚决放弃采取"圈地运动"，将农村人口等强制地"逼入"城市，这种"自上而下"的城市化进程会导致城市发展严重的矛盾，需要付出较长时间的缓解压力代价；二是着眼于社会经济发展与城市人口的关系，通过产业调整、城市行业布局等规划，以及鼓励创业等政策手段，尽可能满足城市人口就业发展需求，不断挖掘和提升城市人口红利；三是要从提升人口总体素质和专业技能出发，政府需要对新流入人口和已有待业人口等，有针对性地提供免费的就业技能培训，实现流入人口专业技能和素质的提升；

四是建立高素质、高技术人才引进支持和奖励制度，这些属于具有较大贡献能力的人才。城市发展需要大力引进人才，因此要通过在技术平台、住房待遇、优惠政策等方面给予支持，将技术激励和物质激励进行有机结合，充分调动人才对城市发展的积极性和潜能；五是城市所在地要通过各种规章制度、教育等手段，规范城市市民的生产和生活行为，降低不良行为对城市发展产生的负面成本，具体就城市市民而言在公共物品爱护、交通秩序、环境保护、资源节约等方面塑造良好的文明形象；企业要在经济发展技术、公共资源维护、城市资源集约、城市环境保护等方面起到良好的作用。

四 有针对地持续解决城市人口发展短板

通过本研究测度，接近80%的城市实际人口已经大于城市适度人口静态基准，加上未来各地城市实际人口还会继续增加。由此可见，提升城市承载能力才是降低城市人口压力的重要方面。尽管大部分城市都属于"城市实际人口过多，城市人口承载能力过低"的失度状态，但提升城市承载能力面临的短板确各不相同。从 2013 年的测度情况来看，23.96%的城市面临经济短板，14.93%的城市面临社会短板，25.35%的城市面临资源短板，35.76%的城市面临环境短板，具体面临不同短板的城市参考表 5-13。总的来看，无论面临何种短板，都需要转变经济社会发展方式和资源环境利用模式，针对不同短板提升其边际收益，降低其边际成本，比如就面临经济短板的城市而言，就要通过各种手段提升经济边际收益，并降低经济发展边际成本。本研究通过进一步对不同短板的城市人口失度进行诊断，就面临相应短板提升其边际收益和降低其边际成本找到了对应的改善因素，如表 7-1 所示。通过分析发现，无论面临何种短板的城市都需要提升共同因素——人均全社会固定资产、人均社会消费品零售总额、建成区面积占比、人均金融机构各项贷款额、万人在校大学生数、每百人公共图书馆藏书、万人医院卫生院数、万人医院卫生院床位数、万人医生数、人均城市道路面积、万人拥有公共汽车数、年均公共汽车客运量、每万人出租汽车数、人均供水量、人均全社会用电量、工业用电占比、居民生活用液化气人口占比、人均绿地面积。上述因素对解决经济短板、社会短板、资源短板和环境短板都具有重要的积极作用。除此之外，经济短板的城市还需要重点提升人均地区生产总值、规模以上工业总产值占第二产业比重、规模以上工业外资占比、财政收入强度、科学支出占比、人均邮政业务总量、人均电信业务总量、工业废水达标率、城镇生活污水处理率、生活垃圾无害化处理率、建成区绿化覆盖率；社会短板的城市还需要重点提升人均邮政业务总量、人均电信业务总量、工业废水达标率、城镇生活污水处理率、生活垃圾无害化处理率、建成区绿化覆盖率、第三产业产值比重、房地产开发投资占比、城市从业人口占比、第二产业从业人员占比、市辖区人口密度、人均城乡居民年末储蓄余额、中小学生人均专任教师数、万人影剧院数；资源短板的城市还需要重点提升人均地区生产总值、规模以上工业总产值占第二产业比重、规模以上工业外资占比、财政收入强度、科学支出占比、人均邮政业务总量、人均电信业务总量、工业废水达标率、城镇生活污水处理率、生活垃圾无害化处理率、建成区绿化覆盖率、第三产业产值比重、房地产开发投资占比、城市从业人口占比、第二产业从业人员占比、市辖区人口密度、人均城乡居民年末储蓄余额、中小学生均专任教师数、万人影剧院数、第二产业产值比重、市辖区人口占比、职工平均工资、教育支出占比；环境短板的城市还需要重点提升人均地区生产总值、规模以上工业总产值占第二产业比重、规模以上工业外资占比、财政收入强度、科学支出占比、人均邮政业务总量、人均电信业务总量、工业废水达标率、城镇生活污水处理率、生活垃圾无害化处理率、建成区绿化覆盖率、第三产业产值比重、房地产开发投资占比、城市从业人口占比、第二产业从业人员占比、市辖区人口密度、人均城乡居民年末储蓄余额、中小学生均专任教师数、万人影剧院数、第二产业产值比重、市辖区人口占比、职工平均工资、教育支出占比、居住用地面积占比。

表7-1 城市适度人口实现不同短板面临的重要可改善因素表

经济短板		社会短板		资源短板		环境短板	
影响及可改善因素	贡献率（%）	影响及可改善因素	贡献率（%）	影响及可改善因素	贡献率（%）	影响及可改善因素	贡献率（%）
人均邮政业务总量	10.06	人均金融机构各项贷款额	6.56	工业用电占比	4.80	第二产业从业人员占比	5.67
人均电信业务总量	8.56	万人医院卫生院床位数	6.48	万人医院卫生院床位数	4.69	工业用电占比	5.52
人均全社会固定资产	7.10	人均供水量	6.38	万人医生数	4.51	人均全社会固定资产	5.38
人均社会消费品零售总额	6.38	用液化气人口占比	6.29	万人在校大学生数	4.15	万人拥有公共汽车数	4.93
人均供水量	4.87	万人医生数	6.24	每百人公共图书馆藏书	3.93	万人医院卫生院床位数	4.92
用液化气人口占比	4.80	万人在校大学生数	5.74	人均全社会用电量	3.86	年均公共汽车客运量	4.84
万人医院卫生院床位数	4.23	每百人公共图书馆藏书	5.44	人均邮政业务总量	3.39	人均社会消费品零售总额	4.83
万人医生数	4.07	万人拥有公共汽车数	5.10	万人拥有公共汽车数	3.35	万人医生数	4.74
人均金融机构各项贷款额	3.94	年均公共汽车客运量	5.01	人均金融机构各项贷款额	3.34	第二产业产值比重	4.54
万人在校大学生数	3.74	每万人出租汽车数	4.62	城镇生活污水处理率	3.31	每万人出租汽车数	4.46
每百人公共图书馆藏书	3.55	人均城市道路面积	4.58	年均公共汽车客运量	3.29	人均全社会用电量	4.44
工业用电占比	3.39	房地产开发投资占比	4.26	房地产开发投资占比	3.29	人均城市道路面积	4.43
人均绿地面积	3.14	人均邮政业务总量	3.39	每万人出租汽车数	3.03	万人在校大学生数	4.36

续表

经济短板		社会短板		资源短板		环境短板	
影响及可改善因素	贡献率（%）	影响及可改善因素	贡献率（%）	影响及可改善因素	贡献率（%）	影响及可改善因素	贡献率（%）
建成区面积占比	3.09	第二产业从业人员占比	3.17	人均城市道路面积	3.01	每百人公共图书馆藏书	4.13
万人医院卫生院数	2.73	人均绿地面积	3.04	人均电信业务总量	2.89	人均绿地面积	4.12
人均全社会用电量	2.72	人均电信业务总量	2.89	生活垃圾无害化处理率	2.88	城市从业人口占比	3.53
科学支出占比	2.41	人均全社会固定资产	2.49	规模以上工业外资占比	2.78	规模以上工业外资占比	3.04
规模以上工业外资占比	2.26	人均社会消费品零售总额	2.24	第二产业从业人员占比	2.70	居民生活用天然气人口占比	2.85
财政收入强度	2.20	人均城乡居民年末储蓄余额	2.16	建成区绿化覆盖率	2.60	人均金融机构各项贷款额	2.17
城镇生活污水处理率	1.83	万人医院卫生院数	2.08	居民生活用天然气人口占比	2.48	建成区面积占比	2.15
居民生活用天然气人口占比	1.75	城市从业人口占比	1.97	工业废水达标率	2.47	人均供水量	2.13
万人拥有公共汽车数	1.71	第三产业产值比重	1.93	人均供水量	2.42	用液化气人口占比	2.10
年均公共汽车客运量	1.68	工业用电占比	1.90	用液化气人口占比	2.38	人均地区生产总值	1.70
生活垃圾无害化处理率	1.59	中小学生人均专任教师数	1.55	科学支出占比	2.37	中小学生人均专任教师数	1.52
每万人出租汽车数	1.54	人均全社会用电量	1.52	财政收入强度	2.16	万人医院卫生院数	1.44
人均城市道路面积	1.53	万人影剧院数	1.03	规模以上工业总产值占第二产业比重	1.97	规模以上工业总产值占第二产业比重	1.42
建成区绿化覆盖率	1.44	居民生活用天然气人口占比	0.98	第二产值比重	1.84	科学支出占比	1.16

续表

经济短板		社会短板		资源短板		环境短板	
影响及可改善因素	贡献率（%）	影响及可改善因素	贡献率（%）	影响及可改善因素	贡献率（%）	影响及可改善因素	贡献率（%）
工业废水达标率	1.36	建成区面积占比	0.92	人均社会消费品零售总额	1.77	财政收入强度	1.06
人均地区生产总值	1.26	市辖区人口密度	0.06	城市从业人口占比	1.68	万人影剧院数	1.01
规模以上工业总产值占第二产业比重	1.06			人均地区生产总值	1.55	人均城乡居民年末储蓄余额	0.75
				中小学生人均专任教师数	1.39	居住用地面积占比	0.67
				规模以上工业总产值占第二产业比重	1.30		
				职工平均工资	1.27		
				人均绿地面积	1.25		
				人均城乡居民年末储蓄余额	1.21		
				市辖区人口占比	1.16		
				建成区面积占比	1.01		
				万人影剧院数	0.92		
				万人医院卫生院数	0.78		
				教育支出占比	0.46		
				市辖区人口密度	0.40		

五 切实解决城市外来人口生产生活保障

在目前我国城市人口结构中，伴随着城市化进程的推进，外来农民工越来越多，城市发展出现新的"城市二元结构"，即城市居民和外来农民工形成的二元结构。但长期以来，无论是上级政府计算财政转移支付，还是本级政府提供城市相关公共服务，主要还是考虑城市居民，很少将外来流动人口纳入其中，由于上级补助并没有考虑这些人口，最终导致本级政府在这方面的支出上推卸责任。这样将出现两方面的问题：一是针对某些非排他性的公共服务，像城市公共交通、环境卫生、水电气等，由于越来越多的农民工流入必然导致整个城市公共基础设施出现紧缺；二是针对某些具有排他性的公共服务，像公共教育、社会保障、医疗卫生等，流入到城市的农民工难以享受到同等的待遇，一方面造成社会不公平；另一方面也会对城市相关公共服务产生拥挤。在城市人口包括农民工不断增加的过程中，降低城市人口承载压力的重点是提升城市人口承载能力，否则整个城市都会出现人口"失度"。另外，在我国公共服务均等化目标下，伴随着我国城乡户籍制度的开放，地方政府解决城市外来人口生产生活保障也将成为理所应当的职责（见图7-9）。

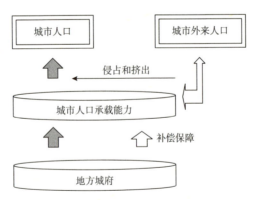

图7-9 城市外来人口对城市人口承载能力侵蚀和保障

所以，解决城市外来人口的生产生活保障是提升城市承载能力的关键，政府需要重点关注这一问题。首先，中央和各级地方政府要明确外来人口属性及其公共服务经费保障来源，具体需要将外来人口进行分类确定公共服务经费来源。实际上，流入城市的外来人口无非属于两种类型极端之间，即处于个人利益动机和处于城市发展动机之间，前者是出于个人发展需要而流入城市，主要是消耗城市公共服务和资源；后者是对城市发展做出较大贡献，为城市发展带来较大正效应。据此可以分为两类：第一类是倾向于个人发展的外来人口，这类公共服务经费应该由流出地和个人共同承担，按照该城市公共服务消费标准，流出地城市负担原标准，不够的由个人补贴；第二类倾向于城市发展的外来人口，这类公共服务经费应该由流入城市完全负担。其次，按照外来人口公共服务属性和经费来源，需要调整财政转移支付补助和公共服务支出保障标准。就财政转移支付而言，上级政府进行分配时要考虑人口流动，尤其是流动人口公共服务经费归属问题，比如像第二类人口，上级政府拨付的转移支付就应该归属于流入城市所在政府，而第一类由于是流出地政府承担公共服务当地标准，转移支付仍然需要向当地拨付。实际上，第一类流入人口完全是自身购买公共服务差价，第二类由于做出相关贡献由流入地城市负担，其基本原则是保证流入地城市具有相应的财力保障。这样，流入地城市就可以将外来人口当成本地市民一视同仁地提供相关城市公共服务，实现城市承载能力的综合提升。最后，所在城市还要构建外来人口市民化的标准，比如居住时间、纳税规模等，按照标准逐步将对城市发展具有积极作为的外来人口纳入城市市民队伍。

六　合理规划特定条件下的城市人口分流

城市人口分流也是降低城市人口承载压力的重要手段，但这一手段只有针对特定条件才予以采用，比如某些城市面临的短板已经无法通过技术等手段予以提升，这样就不得不进行城市人口分流，当前我国大城市出现这一问题较为明显。通过上述城市人口合理分流机制设计，城市人口分流与其说是减少城市人口，不如说是从空间上扩张和转移城市承载能力，推动大中城市和小城镇间的协调发展、产业和城镇的融合发展。总的来说，合理规划特定条件下的城市人口分流，城市规划和产业布局要先行，公共服务要同步，最终实现城市人口承载力的合理转移和提升。首先，要进行城市规划，要从空间上拓展城市范围，比如将周边或者具有较短经济距离的较小城市和城镇纳入自身的城市圈，形成合理的城市空间格局。建立城市圈的重点不在于城市远近，而在于相互联结的城市是否具有比较优势和经济距离，比如便利的交通运输、通信设施、资源优势和较低的制度成本等。其次，要根据各地城市或城镇的比较优势进行产业发展布局，尽可能发挥比较优势来降低发展成本，产业的转移和重新布局必然推动城市人口的分流，比如将高校集中在具有学习比较优势的地方，这样学生和教师不得不向这个地方转移。再者，被转移和分流的人口需要得到至少和原地相等的公共设施和服务水平，否则即使实现了人口分流，这些城市人口群也会通过各种手段回流，因此在通过产业推动城市人口分流的同时，政府基础设施建设和公共服务必须同时跟上，并要为实现人的生活和生产创造良好的市场环境等。这样，从空间层面通过合理地转移城市人口承载能力，不仅促进城市人口分流，更是为提升未来城市承载能力创造了更多的空间和资源。

七　严加监控与防范城市人口的失度风险

风险可以理解为某种行为带来负面影响的不确定性预期，城市失度人口风险就是说城市人口过多或者过少将为城市发展带来不利的影响。实现对城市人口失度风险管理是降低城市人口承载压力和实现城市可持续发展的重要保障，换句话说是为控制和管理城市人口传递一种预期信号，否则等城市人口失度时，再提出相关的弥补手段就会花费较大的成本。因此，必须高度重视城市人口失度风险，并建立城市人口失度风险监控和防范机制。城市人口失度风险管理的核心内容包括：事前如何降低风险发生的概率；事后如何降低风险发生带来的损失。其中，政府主导，重点立足于城市人口微观行为和政府制度宏观管理，建立城市失度人口风险监测预警机制、风险防范管理机制、风险化解救援机制。一是建立城市人口失度风险监测预警机制。地方政府首先要高度重视城市人口风险问题，通过建立风险监测预警机制，监测发现城市失度人口风险的警情和警兆指标，即在风险发生前能够判断未来发生风险的预兆，对未来城市人口失度风险进行预警。二是建立城市人口失度风险的防范管理机制。主要根据警兆指标找到警源，并从微观行为关联和宏观制度控制角度提出防范管理措施，做到对城市人口失度风险的事前处理和消除。三是建立城市人口失度风险的化解救援机制。主要针对根据警情判断已经出现城市人口失度风险的城市，就目前而言，大多数城市都面临城市实际人口过多的风险，对此需要提出降低城市人口失度带来的负面影响，比如通过城市人口合理分流、有效提升城市人口承载能力等制度手段，降低城市人口过多为城市带来的压力等。唯有如此，才能真正保持城市发展的可持续性和我国城市化进程的顺利推进。

第八章

结　论

本研究以中国城市化进程中的城市发展问题为逻辑起点，明确了实现城市可持续发展的现实路径：城市适度人口测度与制度规范。通过回顾和重新认识国内外适度人口理论，结合中国城市化进程构建了城市适度人口概念框架。在此基础上，展开对城市适度人口的动态测度和路径实现研究。在测度研究方面，构建城市适度人口测度方法体系，并以 2010 年与 2013 年中国地级及以上城市为案例进行实证测度；在路径实现研究方面，首先对城市适度人口偏差进行诊断，找到不同短板条件下城市人口失度的原因，再以此为依据构建城市适度人口实现的路径机制和对策。以下归纳这次研究的主要结论，同时提出中国回归新型城镇化"质"的发展过程的政策应用，最后就该问题展望未来需进一步研究的前景。

第一节　主要研究结论

一　中国城市化进程中城市发展面临的问题

中国城市化进程在中央宏观经济发展战略和地方政府利益行为的诱导下，较为突出地表现为"自上而下"的"量"的强制性扩张过程，突出表现在经济运行、社会发展、资源利用和环境保护等方面的诸多问题。

新中国成立至今，我国城市化进程经历了 1949～1958 年的起步发展阶段、1959～1977 年的失常发展阶段、1978～1995 年的稳定发展阶段和

1996 年至今的高速发展阶段。透过历史数据，发现我国城市化进程，主要表现为四个特征：一是以城市化率和城市数量提升为典型特征的传统变迁过程；二是在中央经济发展战略调整下的强制性制度变迁过程；三是利益诱导下地方政府主导的自上而下的强制性变迁过程；四是城乡"二元"分化驱动市场诱导形成的无序性变迁过程。由于城市化进程与政策主体利益及行为牵连，严重脱离社会经济发展规律，从而表现出数量增长过快和东中西区域失衡的结局，与新型城镇化相比更多地显示为一种"量"的扩张过程。我们分别从三个视角揭示中国城市化面临的各种问题。

基于研究文献调查发现：（1）在经济方面，一是我国传统意义上的城市化没有开启消费对经济的传导作用，甚至对农村消费形成抑制和制约；二是城市化进程中以政府为主导的投资不仅严重挤出市场社会投资，而且还表现出明显的低效率特征；三是我国城市化进程中，城市发展通过大量掠夺农村要素，导致农村经济发展受阻，城乡经济脱节。（2）在社会方面，一是我国地方政府公共服务供给严重滞后于城市化进程；二是带有城市倾向的城市化拉大了城乡收入差距；三是传统城市化发展模式使得城乡居民社会福利有所降低。（3）在资源方面，一是城市化进程中土地的盲目开发，导致土地利用效率低下，进而影响到我国粮食级生态环境安全问题；二是城市化进程中，工业及城市规模的不断扩张，对水、电等生产和生活资源形成威胁。（4）在环境方面，一是伴随着城市人口增加，垃圾、生活污水、汽车尾气等生活排放为城市生态环境带来巨大压力；二是城市化进程中，工业企业生产不断产生废水、废气和固体排放物，对城市环境带来较大污染。

基于宏观数据测度发现：（1）从反映城市化总体运行效率的 UDOE 指数发现，近年来除经济发展和居民生活方面表现为上升趋势外，在人口就业、公共服务、资源环境和城乡统筹方面都表现出逐年下滑。（2）从反映城市化进程相对快慢的规模报酬效率 UDSS 指数发现，总体上的运行效率与规模效率具有直接关系，尤其在运行效率较低的人口就业、公共服务、资源环境和城乡统筹等方面，均明显表现出城市化率水平提升相对过快。

基于微观行为调查发现：（1）我国城市人口较多或拥挤，尤其是东部地区人口拥挤问题较为突出，主要表现是交通拥堵、房价高、找工作难、看病难等。（2）我国城市发展具有较大变化，积极的变化主要包括城市交通工具种类、房价、城市治安环境、大型购物中心的数量、超市的数量、学校的教育水平、城市的公园数量等，消极的变化主要包括城市交通拥堵情况、空气质量、气候变化、看病花费的时间等。（3）大部分居民都偏好于城市居住，农村居民也有一半偏好于城市，主要原因是城市具有交通便利和出行方便、医疗条件好和教育水平高、娱乐及购物场所多和就业机会多、工资水平高、繁华时尚气息浓等优势。（4）城市发展存在问题主要表现为房价高和消费高、交通堵塞、城市环境差、空气质量差、工作就业难、社会治安差等，而人们希望城市未来改善的重点首先是道路拥堵情况，其次是就业状况，再者是房价，接下来便是空气质量、工资待遇、社会治安等方面。

二　城市适度人口如何实现城市可持续发展

中国城市化进程存在诸多问题，必须走城市可持续发展道路。实现城市可持续发展就是要保持城市适度人口，这既是可持续发展目标下城市人口客观存在和动态可变的标准，又是一个可以改善城市化发展行为的目标导向。而实现城市适度人口，测度是基础，制度是关键。

要解决上述城市发展问题，必须走城市可持续发展道路。城市可持续发展是将"为了人"和"依靠人"统一于城市发展，"为了人"是在城市发展中提供让人满意的经济、社会和生态成果，"依靠人"是人在城市发展中不断创造更多的经济、社会和生态成果。从经济、社会和生态三者关系来看，生态可持续发展是城市可持续发展的底线，社会可持续发展是城市可持续发展的目标，经济可持续发展依赖于生态发展可持续，又决定社会发展可持续。进一步分析发现，可持续发展的核心是人口与经济、生态、资源、环境的关系，城市可持续发展实际上就是要保持城市适度人口，即人口"边际社会收益＝边际社会成本"时所对应的人口数量，这是基于城市可持续发展目标客观存在的一个城市人口数量标准，也是一个可以动态变动的城市人口数量标准，更是一个可以改善城市化行为的目标导向。就如何实现城市适度人口而言：通过自我意识提升的实现路径，是根本方法但较为漫长；通过人口自由流动的实现路径，制度上存在障碍。唯独通过测度并从制度上进行规范是目前实现城市适度人口的理性和可行性选择，其中测度不仅解决人口适度与否问题，还能找到不适度的短板弥补方向；而制度是从行为上进行规范，依赖于人口不适度的短板方向。因此，就解决我国城市化进程中的城市发展问题而言，核心是要走城市可持续发展道路，实现城市适度人口是根本，在实现过程中测度是基础，制度是关键。

三　如何定位城市化进程中的城市适度人口

中国城市化进程中的城市适度人口定位，既要坚持适度人口"依靠人"和"为了人"相统一的理论机制，也要同我国城市化进程生产模式及消费偏好等发展形态相互适应，即城市化进程中以人为核心的物质生产与消费满意间平衡所对应的城市人口。

根据对国内外适度人口理论的分析，本研究将适度人口决定机制定位为"依靠人"和"为了人"的统一，即人类社会生产中物质资料生产和人口自身生产一致或相适应对应着既定目标条件的人口数量。具体来看，第一，根据可持续发展理念，适度人口的目标条件应该包括经济发展目标、社会发展目标、资源发展目标、环境发展目标等，围绕目标条件充分体现"依靠人"和"为了人"的发展理念。第二，"依靠人"的内涵是以人口为生产要素创造和生产物质资料，追求目标是生产效益最大化；"为了人"的内涵是以物质资料为基础推进人口数量提升，追求生存满意度最大化。第三，无论是"依靠人"还是"为了人"，在不同的社会发展阶段条件下还存在着同时影响物质资料生产和人口自身生产的相关因素，包括生产资料所有制形式、人口素质及内在结构、生产产品分配方式等。第四，在可持续发展目标条件下，适度人口确定的目标条件要充分考虑人口与经济、社会、资源、环境的内在关系，其中基本条件是经济发展，最终目标是社会发展，基础底线是生态发展，同时要找准可持续发展目标中的短板。中国城市化进程中的城市适度人口，一方面要坚持适度人口"依靠人"和

"为了人"相统一的决定机制；另一方面也要同我国城市化进程对应的生产模式及消费偏好等发展形态相互适应。在此基础上，构建出中国城市化进程的城市适度人口概念框架：（1）基本内涵：以人为核心的物质生产与消费满意度之间的平衡；（2）依赖条件：与城市化进程相适应的生产及消费模式；（3）运行目标：解决城市化存在的问题并推进城市化升级；（4）测度关键：合理确定范畴及目标并找到相对应的短板；（5）实现重点：通过降低成本和提升收益来增加适度容量；（6）保障核心：政府推动人口流动转向创造条件引导流动。

四　如何测度城市化进程中的城市适度人口

围绕影响城市适度人口的经济、社会、资源和环境因素，以城市适度人口形成机制为逻辑起点，基于城市人口社会净收益最大化条件，构建出基于多目标下短板效应决定的城市适度人口动态测度的理论体系和数学模型。

通过对国内外适度人口测度方法的回顾和评述，得出对本研究构建城市适度人口测度方法的启示：一是城市适度人口测度是建立在既定目标基础上，且要从单一经济目标向经济社会、资源环境等多元化目标拓展，并根据具体情况有针对性地确定城市适度人口的短板因素；二是就城市适度人口的确定原则来看，借鉴供需均衡和可能满意度等理念，可以考虑以城市人口为核心的边际社会收益和边际社会成本原则；三是在适度人口确定理念上要从静态适度人口过渡到动态适度人口，尤其是要考虑系统外生变量对特定条件下的城市适度人口影响；四是根据上述多目标条件下动态适度人口测度技术方法，在因素的选择上要围绕经济、社会、资源和环境的边际社会成本和边际社会收益展开，同时要考虑内生规模因素和外生程度因素。

根据上述启示，本研究主要围绕影响城市适度人口的经济、社会、资源和环境因素，从城市适度人口形成机制出发，主要基于城市人口社会净收益最大化条件，构建一个既定目标条件下的城市动态适度人口理论框架。首先提出两个假设：假设一是在人口城市化进程中，城市人口增加分别对经济、社会、资源和环境产生正反两方面的影响，即城市人口既能够创造收益，又能够产生成本；假设二是地区间社会经济发展方式和资源环境利用模式存在差异，通过转变经济发展方式和优化资源环境利用模式可以提升对城市人口的承载能力。通过假设一可以得出，城市适度人口就是城市人口边际社会收益等于边际社会成本所对应的人口，即不变条件下的城市适度人口。通过假设二可知，可以通过转变经济发展方式和优化资源环境利用模式提升城市人口边际社会收益和降低边际社会成本，即可变条件下的城市适度人口的动态变化。因此，基于城市人口现行边际成本收益和未来边际成本收益所形成的适度人口，便得到城市适度人口动态区间。

在上述基于净社会收益最大化条件理念下，构建出基于多目标下短板效应决定的城市适度人口动态测度模型。首先，构建以经济、社会、资源和环境为自变量的人口决定函数，依据 2010 年和 2013 年人口与因素间关系选择具有重要影响作用的经济、社会、资源和环境的具体因素指标；其次，分别就经济、社会、资源和环境建立城市适度人口测度模型，具体包括：因素指标权重确定，具体采用主成分回归法确定；根据城市人口实际承载能力计算静态和动态层面的城市人口标准承载能力，其中，静态承载能力以全样本平均实际承载能力反映，动态承载能力以 3/4 分位样本平均实际承载能力反映；各类城市适度人口动态区间确定，主要根据标准承载能力、因素及权重进行计算。在此基础上，根据短板原理，以经济、社会、资源和环境计算中得到的城市适度人口最低标准作为城市适度人口综合动态区间。最后，将城市适度人口动态区间与城市实际人口相结合，构建城市适度人口压力系数，用以判断城市人口适度的标准，具体判别为：系数小于等于 0，表示城市人口适度偏低；系数在 0 ~ 1 之间，表示城市人口相对适度；系数大于 1，表示城市人口超越适度。

五 我国城市适度人口是否适度及主要表现

从 2010 年和 2013 年我国地级及以上城市适度人口测度结果来看，总体上表现为城市人口相对较多，其中 60% 城市相对适度，西部超越适度；较 2010 年，2013 年近 60% 的城市实现城市人口承载压力降低；城市人口适度近期面临环境短板，远期将面临经济短板。

我国各城市功能定位、区位条件、资源禀赋、经济结构等影响城市适度人口的客观外生条件具有较大差距。首先对城市进行类型划分，主要按照战略定位、规模效应和技术结构三个层次标准进行城市类型划分，其中：战略定位主要考虑行政级别，重点考虑直辖市、副省级城市和省会城市的重要战略定位；规模效应主要按照人口、GDP 和土地面积进行划分；技术结构主要考虑社会经济、资源环境和城市人口方面的结构。在此基础上，针对 2010 年的 286 个有效城市和 2013 年的 288 个有效城市具体分别划分为 A1、A2、B1、B21、B22、B23 六类城市，并分别进行城市适度人口测度，测度结果显示：（1）测度总体上发现，现有承载能力条件下，城市人口相对过多。具体表现为：验证城市适度人口动态性，实现城市人口适度关键要努力达到承载能力标准；总体上看，我国城市人口超过适度人口基准，但还有提升人口承载力空间；尽管总体上面临城市人口不断增加的压力，但各地都在努力提升其承载能力。（2）适度分布上看，60% 城市相对适度，西部超越适度相对高。具体表现为全国地级及以上城市中，2/3 的城市人口处于动态适度区间；从区域分布来看，东中部城市人口适度比例相对较高，西部超越适度较明显。（3）从承载压力变化看，近 60% 的城市实现城市人口承载压力降低。（4）从短板因素约束看，近期面临环境短板，远期将面临经济短板。具体表现为当前我国城市承载力提升，近期主要面临环境短板，远期主要面临经济短板；较 2010 年情况，2013 年环境短板主导作用尚未改变，经济短板占比逐渐凸显；相对比较来看，东部受经济短板制约较弱，中西部近远期经济及资源短板明显。

六 实现我国城市适度人口的主要路径体系

实现我国城市适度人口，要坚持"有利于我国城市化发展战略持续推进""根据城市人口自身短板选择发展出路""城市人口增加与承载力提升保持一致"的基本原则，机制上要实现微观行为和宏观政策的协调，解决人口数量失控、人口无序进出、城市承载不足和政府行为失效等问题，对策上要重点构建降低城市人口承载压力的手段措施。

　　本研究在对我国城市适度人口偏差诊断基础上找到了不同短板条件下城市人口承载压力影响因素以及导致我国城市适度人口偏差更深层次的原因。由此得出，实现我国城市适度人口，重点是降低城市适度人口承载压力：就适度偏低而言，可以选择增加人口；就超越适度而言，可以选择分流人口，但最重要的选择都将是提升城市人口承载能力，具体要针对不同短板情况来实现。就目前来看，我国城市适度人口实现面临三个重要瓶颈。瓶颈一：中国城市化战略将不断提升城市化率目标，以及城乡户籍制度改革带来的城乡人口自由流动等，使得以减少城市人口数量来降低城市适度人口压力变为不可能。瓶颈二：部分城市因所在的特殊区位，客观地决定了某些自然资源要素难以实现提升和供给，这为较强依赖这些要素来提升城市承载能力的地区带来困境。瓶颈三：在中国式分权体制下，及区域间经济竞争和财政压力下，地方政府难以主动提升城市承载能力来降低城市适度人口压力，更多会采取"制约"手段阻碍人口流入。尽管如此，仍然存在实现的制度空间，具体包括：通过科学测度城市适度人口，避免城市人口不断增加与城市承载能力提升的脱节；通过提升城市人口承载能力，在不能减少城市人口条件下降低城市适度人口压力；通过考虑替代性的短板因素，在客观因素难以供给条件下提升城市人口承载能力；通过进行引导性的人口分流，在确需要减少城市人口条件下保持城市化进程推进；通过调整地方政绩考核模式，合理引导地方政府积极主动提升城市人口承载能力。

　　具体来看，城市适度人口实现路径设计需要坚持以下三个原则：坚持导向性原则，这有利于我国城市化发展战略持续推进；坚持针对性原则，根据城市人口自身短板选择发展出路；坚持适应性原则，城市人口增加与承载力提升保持一致。在坚持上述原则基础上，构建城市人口自然适度的机制：一，就解决人口数量失控的问题，构建数量监控机制，具体包括城市适度人口动态测度机制、城市实际人口动态监测机制、城市人口失度风险预警机制、城市人口失度短板确定机制；二，就解决人口无序进出的问题，构建人口流动机制，具体包括人口合理准入机制和人口合理分流机制；三，就解决城市承载不足的问题，构建承载能力机制，具体包括城市人口承载能力提升的公共服务需求显示机制、公共服务供给调整机制和公共服务评价反馈机制；四，就解决政府行为失效的问题，构建政府激励机制，具体包括政府行为约束机制和政府行为自控机制。最后，就如何降低城市人口承载压力提出七条具体措施：一是明确城市人口的运行机制和管理责任，二是科学地进行城市人口数量测度和规划，三是合理有效地推进人口城市化发展进程，四是有针对地持续解决城市人口发展短板，五是切实解决城市外来人口生产生活保障，六是合理规划特定条件下的城市人口分流，七是严加监控与防范城市人口的失度风险。

第二节　政策应用：回归新型城镇化"质"的发展过程

如果说截至今天，中国城市化是一个"量"的扩张阶段，并以此导致中国城市化进程中的城市人口失度，那么未来中国新型城镇化战略就需要回归"质"的发展阶段，从宏观战略和政策应用层面将城市适度人口的实现拓展到新型城镇化战略的推进，主要包括四个重要方面。

一　完善立法、事权划分和政绩考核三大顶层设计：激励地方政府行为

城市化是中国经济发展需要经历的重要阶段，新城镇化是中国进入"新常态"的重要引擎和理性选择，党的十八大将其列入新的"四个现代化"。近年来，党中央、国务院关于新型城镇化出台了一系列的改革和政策措施，旨在推进城乡一体化、公共服务均等化和经济社会可持续发展，各级地方政府必须将这些政策落实到位。这些都需要立法、事权划分和政绩考核等顶层制度设计予以保证，否则难以有效推进。一是提升新型城镇化规划和执行的法律权威性，新型城市化是一个长期且具有延续性的规划，推进新型城镇化的主体思路和配套制度措施在经过各方意见统一后都需要以立法的形式予以确定，保持政策发布和执行的法律权威性。二是科学合理地划分新型城镇化战略推进在各级政府间的事权，通过转移支付制

度完善明确各级政府的责任。新型城镇化推进过程中直接表现为政府各项公共服务的供给，重点涉及农业转移人口市民化过程中所承担的成本应该如何分担等难题。对此，中央需要通过顶层设计首先划分和明确新型城镇化推进过程中上下级政府间、同级不同政府间的事权，并以法律予以固化，同时通过政府间财政体制关系的改革和完善确定财力分配并最终明确各级政府支出责任。三是将新型城镇化推进工作切实纳入地方政府政绩考核。为了切实有效地推进新型城镇化战略并取得预期目标，需要将新型城镇化工作纳入地方政府政绩考核内容，重点要考虑生态环境、社会和谐、发展效率、互动机制、一体化效应等"以人为核心"的发展理念，实现政绩考核机制的多元化。

二　协调新型城镇化需求拉力和制度推力间的关系：防止脱离发展规律

传统意义上的城市化是指农村人口向城镇转移的过程，与之相伴随的是城镇数量增加和城镇规模扩张。而新型城镇化是指"坚持以人为本，以新型工业化为动力，以统筹兼顾为原则，推动城市现代化、城市集群化、城市生态化、农村城市化，全面提升城市化质量和水平，走科学发展、集约高效、功能完善、环境友好、社会和谐、个性鲜明、城乡一体、大中小城市和小城镇协调发展的城市化"，更加强调质量内涵。要实现这个目标，就不能完全单纯依靠国家宏观政策制度的推动，必须在社会经济可持续发展需求的基础上推进。具体来看，一方面，要建立适度城市化确定机制，即保证城镇人口在"数量"和"质量"上的适度，实现城镇人口、经济发展与资源环境的协调；另一方面，要发挥国家推进城市化的政策制度保障作用，政策制度既不能超越也不能滞后社会经济可持续发展对城市化的客观需求。实践已经反复证明，脱离实际发展需求的拉动，仅仅依靠外生政策"自上而下"所推进的城市化，将导致过度"城市化"。相反，城市化如果缺乏政策支撑，也难以进行有效推进。因此，在我国推进新型城镇化进程中，必须保证发展需求"拉力"与政策制度"推力"的均衡。

三 因地制宜地对城市产业、人口等进行空间布局：突出协调发展内涵

新型城镇化的"新"主要体现为城市化特征转变，即由片面追求城镇规模扩大、空间扩张，不断转变成为以产业支持、协调发展等内涵为核心。要实现该目标，必须注重城市群规划、区域城镇规划、土地利用规划、产业布局规划、生态环境规划等在城市化发展中的引领作用，具体来看，第一，新型城镇化建设要充分结合各地的区位优势、经济基础、地形特征等，走具有区域特色的多元化发展道路。第二，通过合理调整城市化的空间布局，促进人口分布、经济发展和资源环境相互协调，实现可持续性城市化。第三，通过社会分工和要素合理流动，形成城镇与中心城市间的产业和贸易关联模式，推动城市经济发展。第四，在以大城市为中心的辐射下，实现城镇与城镇之间的合理分工，保证城镇之间的产业关联机制和空间组织能力。第五，利用城镇自身的优势向所辖农村地区辐射，带动郊区及农村发展，最终打破城乡二元结构，形成城乡优势互补、利益整合、良性互动的区域发展格局。

四 建立与新型城镇化相适应的公共服务支撑体系：增强城市聚集能力

新型城镇化的最终目标是要扭转"农民→贫民"的发展结果，实现"农民→市民"的转化过程，即实现以人为核心的城镇化发展。以人为核心的新型城镇化是我国当前推进新型城镇化战略的重要选择，核心是要将"为了人"和"依靠人"统一于城镇化发展，统一的核心是公共服务，其中"为了人"是要提供让人满意的公共服务，进而引导城镇化推进；"依靠人"是要通过城镇化推进来提升政府供给公共服务的能力。事实上，农村人口能否向城镇转移，农民能否变为市民，很大程度上取决于城镇基础设施建设和公共服务供给水平。当前，居住在城镇的大量农村人口，虽然为城镇发展做出了贡献，但却享受不到均等的公共服务，此外，城镇居民

不断向中心城市转移，原因也在于中小城镇的基础设施和公共服务水平较低。因而，要推进新型城镇化发展，政府一定要改变城镇原有的硬件及软件设施，要强化公共服务体系建设和基础设施配套服务体系建设，为城镇居民提供与当地市民无差别的基本公共服务，比如，城市交通建设，水电气改造、城市生态环境、医疗卫生服务、教育服务、社会保障服务、城市消费圈打造等。唯有这样，才能保障外来人口的生存和发展权利与本地市民相一致，这样才能充分发挥城镇对人口等要素的聚集能力，包括对优秀人才、社会投资、先进技术等的吸引。同时，便捷的交通设施还能为相关企业的入驻奠定基础，最终促进城镇产业发展、经济结构转型。

第三节　对本研究的进一步展望

城市化进程中的适度人口问题是一项复杂且具有挑战性的研究内容，在具中国特色的城市化进程下研究该问题更是如此。本研究在适度人口理论基础上进行拓展，并将适度人口问题置身于城市化进程中，塑造中国城市化进程中的城市适度人口概念框架，系统地构建了城市化进程中的适度人口动态测度体系和基于城市适度人口偏差诊断的适度人口实现机制，为中国城市化从"量"的扩张过程向"质"的发展过程转变，提供了力所能及的技术手段和对策思路。尽管如此，延续该问题还存在可以进一步拓展的空间，主要包括三个方面。第一，城市化进程中的适度人口包括城市适度人口和农村适度人口，本研究主要以城市化进程中的城市发展问题为研究对象和逻辑起点，因而仅将农村人口当作城市化进程中城市适度人口测度体系的外生变量，假设其可以自由流入和流出城市。但是，随着未来我国城乡一体化推进，尤其是城乡产业布局的重构和分工，需要比较人口在城乡发展收益即成本比较优势，进而需要考虑城乡适度人口问题。第二，本课题研究城市化进程中的城市适度人口测度和实现，一个重要前提是将城市作为一个独立的主体，考虑其城市人口边际社会收益和边际社会成本及其相关影响因素。但伴随着我国城市群的不断出现，城市与城市间存在紧密的分工和联系，通过要素流动、信息交换、产品和服务贸易等将表现出明显的空间外溢效应,即城市人口行为产生的外部边际社会收益和外部边际社会成本,因而城市适度人口确定和实现需要进一步考虑空间外溢效益问题。第三,本研究基于城市可持续发展理念,重点考虑了经济、社会、资源和环境导向,并通过短板关系找到影响和决定城市适度人口的关键问题,但由于技术上的制约,目前主要还是将经济、社会、资源和环境进行独立考虑,实际上这四者间还存在内生联系,未来基于这些目标通过技术创新构建一体化体系,确定的适度人口就会更加精确。

鉴于本人及研究团队知识结构和研究能力的局限,这些问题将成为本研究留下的遗憾,但也为未来该问题研究指明了方向。伴随着专业知识、学术能力及研究技术等不断积累和创新,我们将在未来的相关研究中拓展上述及更多的问题,追求城市化进程中适度人口研究在更高水平下的"适度",使之对实践产生更有价值的指导。

主要参考文献

著作

阿尔弗雷·索维：《人口通论》，商务印书馆，1983。

白运增：《百年语录 1911～2010 中国最有影响力的话语》，武汉出版社，2011。

崔功豪、魏清泉、刘科伟：《区域分析与区域规划》，高等教育出版社，2006。

复旦大学经济系人口理论研究室：《人口问题与理论》，复旦大学出版社，1983。

高伯文：《中国共产党区域经济思想研究》，中共党史出版社，2004。

葛瑞汉：《论道者：中国古代哲学论辩》，张海晏译，中国社会科学出版社，2003。

公安部治安管理局：《户口管理法律法规规章政策汇编》，中国人民公安大学出版社，2001。

顾朝林、谭纵波、韩春强：《气候变化与低碳城市规划》，东南大学出版社，2009。

国家统计局城市社会经济调查司：《中国城市统计年鉴 2014》，中国统计出版社，2014。

国家统计局城市社会经济调查司：《中国城市统计年鉴 2011》，中国统计出版社，2011。

卡尔·桑德斯：《人口》，1925 年英文版。

卡尔·桑德斯：《人口问题：人类进化的研究》，1929 年英文版。

坎南：《财富论》，1928 年英文版。

坎南：《基础政治经济学》，1888 年英文版。

坎南：《经济理论评述》，1930 年英文版。

李琮：《世界经济百科辞典》，经济科学出版社，1994。

李光久、李昕：《博弈论简明教程》，江苏大学出版社，2013。

李忠尚：《软科学大辞典》，辽宁人民出版社，1989。

李仲生：《人口经济学》，清华大学出版社，2009。

联合国开发计划署，中国社会科学院城市发展与环境研究所：《中国人类发展报告 2013：可持续与宜居城市——迈向生态文明》，中国对外翻译出版集团公司，2013。

刘树成：《现代经济辞典》，江苏古籍出版社。

马寅初：《新人口论》，北京出版社，1979。

毛志锋：《适度人口与控制》，陕西人民出版社，1995。

南亮三郎：《人口论史：通向人口学的道路》，张毓宝译，中国人民大学出版社，1984。

聂志红：《中国经济思想史撷要》，中国民主法制出版社，2012。

潘家华、魏后凯：《城市蓝皮书 中国城市发展报告 No.6》，社会科学文献出版社，2013。

彭立荣：《婚姻家庭大辞典》，上海社会科学院出版社，1988。

任致远：《透视城市与城市规划》，中国电力出版社，2005。

斯姆列维奇：《资产阶级人口论和人口政策的批判》，中国人民大学编译室译，三联书店，1960。

孙本文：《孙本文文集》第 10 卷，社会科学文献出版社，2012。

孙本文：《孙本文文集》第 6 卷，社会科学文献出版社，2012。

汤普森：《人口问题》，1942 年英文版。

王声多：《马尔萨斯人口论述评》，中国财政经济出版社，1986。

威克塞尔：《论适度人口》，1910 年英文版。

向洪、邓明：《人口管理实用辞典》，成都科技大学出版社，1990。

姚士谋：《中国城镇化的资源环境基础》，科学出版社，2010。

元正、丁冬红：《当代西方社会发展理论新词典》，吉林人民出版社，2000。

袁宝华：《中国改革大辞典》，海南出版社，1992。

张海峰：《城市适度人口容量理论、方法与应用》，气象出版社，2013。

章培恒：《古代文史名著选译丛书礼记选译》，巴蜀书社，1990。

中共中央党校科学社会主义教研部：《中国社会主义现代化建设的历史经验》，中共中央党校出版社，2000。

中国城市规划学会：《五十年回眸 新中国的城市规划》，商务印书馆，1999。

中国社会科学院、中央档案馆：《1953～1957 中华人民共和国经济档案资料选编 固定资产投资和建筑业卷》，中国物价出版社，1998。

朱汉清：《地方政府行为的政治经济学解释》，郑州大学出版社，2012。

期刊

包正君、赵和生：《基于生态足迹模型的城市适度人口规模研究——以南京为例》，《华中科技大学学报》（城市科学版）2009 年第 2 期。

蔡秀云、李雪、汤寅昊：《公共服务与人口城市化发展关系研究》，《中国人口科学》2012 年第 6 期。

陈家华、文宇翔、李大鹏：《有关区域合理人口规模定量研究方法的讨论》，《人口研究》2002 年第 3 期。

陈杰、陈晶中、檀满枝：《城市化对周边土壤资源与环境的影响》，《中国人口·资源与环境》2002 年第 2 期。

陈彦斌、陈小亮：《投资主导的城镇化难以破解当前宏观经济困境》，《经济研究参考》2013 年第 37 期。

陈幼其：《试论魁奈的人口思想》，《人口学刊》1982 年第 4 期。

程开明、李金昌：《城市偏向、城市化与城乡收入差距的作用机制及动态分析》，《数量经济技术经济研究》2007 年第 7 期。

崔胜辉、李方一、于裕贤、林剑艺：《城市化与可持续城市化的理论探讨》，《城市发展研究》2010 年第 3 期。

代富强、李新运、郑新奇：《城市适度人口规模的"可能—满意度"（P－S）分析——以济南市为例》，《山东师范大学学报》（自然科学版）2006 年第 1 期。

代富强、吕志强、周启刚：《生态承载力约束下的重庆市适度人口规模情景预测》，《人口与经济》2012 年第 5 期。

丁守海：《概念辨析：城市化、城镇化与新型城镇化》，《中国社会科学报》2014 年 6 月 6 日第 5 版。

董婕、张华丽、延军平：《西安城市化进程对城市用水的影响》，《资源科学》2010 年第 8 期。

杜江、刘渝：《城市化与环境污染：中国省际面板数据的实证研究》，《长江流域资源与环境》2008 年第 6 期。

杜亚军：《索维的适度人口及其人口生态理论体系》，《人口学刊》1988 年第 4 期。

范子英：《转移支付、基础设施投资与腐败》，《经济社会体制比较》2013 年第 2 期。

符想花：《城市化进程中城乡居民收入差距模拟与预测》，《统计与决策》2011 年第 24 期。

辜胜阻、刘江日：《城镇化要从"要素驱动"走向"创新驱动"》，《人口研究》2012 年第 6 期。

郭芳华：《晋城市适度人口与控制预测》，《中国人口·资源与环境》1992 年第 4 期。

韩纪江、孔祥智：《城镇化进程对农村经济的负面效应浅议》，《农业经济问题》2001 年第 7 期。

贺建风、刘建平：《城市化，对外开放与城乡收入差距——基于 VAR 模型的实证分析》，《技术经济与管理研究》2010 年第 4 期。

侯志阳：《新型城镇化背景下的国民福利研究》，《中国行政管理》2013 年第 6 期。

胡鞍钢：《城市化是今后中国经济发展的主要推动力》，《中国人口科学》2003 年第 6 期。

胡畔：《任重道远：从基本公共服务供给看新型城镇化》，《城市发展研究》2012 年第 7 期。

江小群：《运用层次分析方法确定大城市流动人口的适度规模》，《城市问题》1991 年第 2 期。

金志：《试析"适度人口论"》，《上海师范大学学报》（哲学社会科学版）1981 年第 3 期。

靳玮、徐琳瑜、杨志峰：《城市适度人口规模的多目标决策方法及应用》，《环境科学学报》2010 年第 2 期。

李成英：《基于"国家公顷"生态足迹的青海省适度人口规模透析》，《生态经济》2014 年第 8 期。

李丹霞：《基于 EOP—MM 模型的陕西省经济适度人口规模研究》，《安康学院学报》2014 年第 4 期。

李竞能、李建民：《当代西方人口学说的源流》，《中国人口科学》1992 年第 4 期。

李林杰、申波、李杨：《借助人口城市化促进国内消费需求的思路与对策》，《中国软科学》2007 年第 7 期。

李卢霞、孙晓燕、梁冬：《技术进步与经济适度人口》，《南京人口管理干部学院学报》2005 年第 3 期。

李书严、陈洪滨、李伟：《城市化对北京地区气候的影响》，《高原气象》2008 年第 5 期。

李双成、赵志强、王仰麟：《中国城市化过程及其资源与生态环境效应机制》，《地理科学进展》2009 年第 1 期。

李通屏、成金华：《城市化驱动投资与消费效应研究》，《中国人口科学》2005 年第 5 期。

李通屏、程胜、倪琳、钱佳：《中国城镇化的消费效应研究》，《中国人口科学》2013 年第 3 期。

李小平：《论宏观与微观两种适度人口规模的矛盾冲突与缓冲对策》，《中国人口科学》1990 年第 5 期。

李秀霞、刘春艳：《基于综合承载力的区域适度人口研究》，《干旱区资源与环境》2008 年第 5 期。

廖进中、韩峰、张文静、徐荻迪：《长株潭地区城镇化对土地利用效率的影响》，《中国人口·资源与环境》2010 年第 2 期。

林炳华：《基于 PVAR 模型的城镇化政府公共投资与私人投资的互动效应研究》，《财政研究》2014 年第 3 期。

刘峻:《基于生态足迹理论的青海适度人口研究》,《青海社会科学》2013 年第 5 期。

刘李星:《山东城镇化进程与资源环境变化关系的实证分析》,《统计与决策》2012 年第 17 期。

刘维奇、韩媛媛:《城市化与城乡收入差距——基于中国数据的理论与经验研究》,《山西财经大学学报》2013 年第 5 期。

刘雅轩、张小雷、雷军:《新疆适度人口初步研究》,《干旱区资源与环境》2007 年第 5 期。

刘雁、刘春艳:《基于 P－R－E 模型的区域适度人口研究》,《社会科学战线》2009 年第 11 期。

刘耀彬、李仁东、宋学锋:《城市化与城市生态环境关系研究综述与评价》,《中国人口·资源与环境》2005 年第 3 期。

刘玉:《农业现代化与城镇化协调发展研究》,《城市发展研究》2007 年第 6 期。

卢祖丹:《我国城镇化对碳排放的影响研究》,《中国科技论坛》2011 年第 7 期。

陆铭、陈钊:《城市化、城市倾向的经济政策与城乡收入差距》,《经济研究》2004 年第 6 期。

鹿立:《省会城市适度人口规模研究——以济南市为例》,《东岳论丛》2000 年第 6 期。

吕晓军:《基于生态足迹的区域生态适度人口研究——以新疆生产建设兵团为例》,《地域研究与开发》2012 年第 4 期。

马晓河、胡拥军:《中国城镇化进程、面临问题及其总体布局》,《改革》2010 年第 10 期。

毛锋、叶文虎:《论适度人口与可持续发展》,《中国人口科学》1998 年第 3 期。

年华、宣卫红、王艳:《江苏省城乡居民收入差距与城镇化率动态关系实证分析》,《南京社会科学》2014 年第 7 期。

潘竟虎:《多指标约束的兰州市生态适度人口测度》,《人口与发展》2013 年第 2 期。

彭松建:《评坎南的适度人口理论》,《经济科学》1984年第5期。

彭希哲、刘宇辉:《生态足迹与区域生态适度人口——以西部12省市为例》,《市场与人口分析》2004年第4期。

彭宇柯:《经济适度人口规模研究——以湖南省为例》,《生产力研究》2011年第9期。

齐艳芬:《城镇化加速期城市公共服务供给新路径——多元协同网络供给》,《当代世界与社会主义》2013年第1期。

冉茂玉:《论城市化的水文效应》,《四川师范大学学报》2000年第4期。

任远:《城市生态学视野下的动态适度人口规模——兼论上海人口发展的基本态势》,《市场与人口分析》2005年第1期。

沈可、章元:《中国的城市化为什么长期滞后于工业化?——资本密集型投资倾向视角的解释》,《金融研究》2013年第1期。

盛广耀:《城市化模式与资源环境的关系》,《城市问题》2009年第1期。

石凯、聂丽:《城镇化对城乡居民消费的影响》,《城市问题》2014年第6期。

宋建波、武春友:《城市化与生态环境协调发展评价研究——以长江三角洲城市群为例》,《中国软科学》2010年第2期。

苏雪串:《城市化进程中的要素集聚、产业集群和城市群发展》,《中央财经大学学报》2004年第1期。

孙德超、曹志立:《促进城镇化建设的公共服务供给改革》,《社会科学》2014年第3期。

孙德超:《城镇化背景下公共服务体系建设面临的挑战与对策探析》,《福建师范大学学报》(哲学社会科学版)2013年第6期。

孙中锋、吴晨、周文静:《基于生态足迹法的生态适度人口研究——以皖江城市带为例》,《山西农业大学学报》(社会科学版)2014年第12期。

谭子粉、刘桂菊、张旺、周跃云:《基于生态足迹分析的长株潭城市群适度人口容量预测》,《武陵学刊》2010年第1期。

唐湘玲、吕新、薛峰：《基于生态足迹的新疆适度人口研究》，《干旱区资源与环境》2012 年第 7 期。

田雪原、陈玉光：《经济发展和理想适度人口》，《人口与经济》1981 年第 3 期。

汪玉凯：《中国行政体制改革 20 年》，中州古籍出版社，1998。

王爱民、尹向东：《城市化地区多目标约束下的适度人口探析——以深圳为例》，《中山大学学报》（自然科学版）2006 年第 1 期。

王冰：《近年来我国对适度人口理论的研究》，《人口学刊》1984 年第 5 期。

王富喜：《烟台农村城镇化的问题及解决路径》，《城市问题》2009 年第 6 期。

王会、王奇：《中国城镇化与环境污染排放：基于投入产出的分析》，《中国人口科学》2011 年第 5 期。

王坤：《新型城镇化背景下民族地区公共服务供给研究》，《中国行政管理》2015 年第 2 期。

王婷：《中国城镇化对经济增长的影响及其时空分化》，《人口研究》2013 年第 5 期。

王伟同：《城镇化进程与社会福利水平——关于中国城镇化道路的认知与反思》，《经济社会体制比较》2011 年第 3 期。

王希文：《城镇化对农村居民消费的影响》，《江淮论坛》2013 年第 2 期。

王小鲁：《城市化与经济增长》，《经济社会体制比较》2002 年第 1 期。

王亚菲：《城市化对资源消耗和污染排放的影响分析》，《城市发展研究》2011 年第 3 期。

王艳、冯利华、杨文：《基于水资源承载能力的城市适度人口分析——以金华市为例》，《水资源与水工程学报》2012 年第 1 期。

王艳、李俭富：《成都市适度人口容量研究：基于水资源约束的视角》，《城市发展研究》2008 年第 5 期。

王颖、黄进、赵娟莹：《多目标决策视角下中国适度人口规模预测》，

《人口学刊》2011 年第 4 期。

吴瑞君、朱宝树、王大犇：《开放型区域经济适度人口的研究方法及其应用》，《人口研究》2003 年第 5 期。

夏泽义、赵曦：《城镇化、农业现代化、产业结构三角关系实证研究》，《社会科学家》2013 年第 8 期。

徐琳瑜、杨志峰、毛显强：《城市适度人口分析方法及其应用》，《环境科学学报》2003 年第 3 期。

徐亲知、徐大鹏：《关于大庆适度人口问题的研究及其意义》，《工业技术经济》2000 年第 5 期。

徐勤诗、朱仕朋：《南宁市经济适度人口与城市发展浅议》，《大众科技》2010 年第 3 期。

许光：《城市承载力、适度人口规模与农民工城市融入——基于浙江的实证数据》，《桂海论丛》2014 年第 6 期。

严善平：《城市劳动力市场中的人员流动及其决定机制——兼析大城市的新二元结构》，《管理世界》2006 年第 8 期。

严善平：《人力资本、制度与工资差别——对大城市二元劳动力市场的实证分析》，《管理世界》2007 年第 6 期。

杨波、吴聘奇：《城市化进程中城市集中度对经济增长的影响》，《社会科学研究》2007 年第 4 期。

杨帆、马晓丽：《城市适度人口与可持续发展》，《消费导刊》2009 年第 14 期。

杨庆媛、雷燚、程叙：《城镇化对我国土地资源安全的影响研究》，《西南师范大学学报》（自然科学版）2006 年第 6 期。

杨曙辉、宋天庆、陈怀军、欧阳作富：《工业化与城镇化对农业现代化建设的影响》，《中国人口·资源与环境》2012 年第 S1 期。

杨勇、郎永建：《开放条件下内陆地区城镇化对土地利用效率的影响及区位差异》，《中国土地科学》2011 年第 10 期。

杨中新：《柏拉图的人口静止论》，《人口学刊》1981 年第 4 期。

杨中新：《博太罗的人口思想》，《人口学刊》1986 年第 4 期。

原新：《可持续适度人口的理论构想》，《人口与经济》1999 年第

4 期。

曾勇、吴永兴、俞小明、蒋晔：《上海市浦东新区土地利用与适度人口规模研究》，《人文地理》2004 年第 6 期。

战捷：《浅析适度人口》，《人口与经济》1984 年第 2 期。

张诚、蒙大斌：《新型城市化与消费"崛起"——破解城市化的"投资循环"陷阱》，《现代管理科学》2013 年第 7 期。

张帆、王新心：《城市适度人口规模研究》，《中国环境管理干部学院学报》2001 年第 2 期。

张帆、王新心：《秦皇岛市适度人口规模研究》，《城市问题》2001 年第 6 期。

张建坤、王朝阳、王彪：《基于生态足迹的产业适度人口分析——以南京市为例》，《人文地理》2010 年第 6 期。

张丽珍：《山区城市承德适度人口容量研究》，《地理学与国土研究》1991 年第 3 期。

张民侠、郑怀兵：《基于生态足迹分析的经济发达地区生态适度人口研究——以无锡市为例》，《林业经济》2013 年第 2 期。

张骞予：《以城乡公共服务均等化促进新型城镇化》，《宏观经济管理》2013 年第 10 期。

张文忠：《我国城市化过程中应注意土地资源减少的几个问题》，《中国人口·资源与环境》1999 年第 1 期。

张秀利、祝志勇：《城镇化对政府投资与民间投资的差异性影响》，《中国人口·资源与环境》2014 年第 2 期。

张子龙、陈兴鹏、逯承鹏、郭晓佳、薛冰：《宁夏城市化与经济增长和环境压力互动关系的动态计量分析》，《自然资源学报》2011 年第 1 期。

章茹、蒋元勇、万金保、戴年华、李述：《城镇化过程对鄱阳湖流域生态系统的影响》，《长江流域资源与环境》2014 年第 3 期。

赵玲：《城镇化进程中青藏高原城市适度人口容量分析》，《生态经济》2014 年第 8 期。

赵守栋、王京凡、何新、刘阳、王晓敏、田育红：《城市化对气候变化的影响及其反馈机制研究》，《北京师范大学学报》（自然科学版）2014

年第 1 期。

周海春、许江萍：《城市适度人口规模研究》，《数量经济技术经济研究》2001 年第 11 期。

周宏春、李新：《中国的城市化及其环境可持续性研究》，《南京大学学报》（哲学人文科学社会科学版）2010 年第 4 期。

朱宝树：《人口与经济——资源承载力区域匹配模式探讨》，《中国人口科学》1993 年第 6 期。

朱国宏：《人地关系论》，《人口与经济》1995 年第 1 期。

朱鹏、张雷：《城市化与水资源相互关系研究述评》，《城市问题》2008 年第 11 期。

左牧华：《评索维的适度人口理论》，《中国社会科学》1990 年第 6 期。

网络

《地方户籍制度改革意见陆续出台 多地取消农业与非农区分》，http：//china. cnr. cn/ygxw/20150529/t20150529_ 518680826. shtml。

《广东推户籍制度改革 5 年内实现 1300 万人口城镇落户》，http：//finance. ifeng. com/a/20150831/13947364_ 0. shtml。

《国务院关于进一步推进户籍制度改革的意见（全文）》，http：//cpc. people. com. cn/n/2014/0731/c64387 – 25374661. html。

何雨欣：《全国 657 城中有 300 多属严重缺水或缺水城市》，http：//env. people. com. cn/n/2014/0519/c1010 – 25033549. html。

《胡锦涛在党的十七大上的报告（全文）》，http：//news. sina. com. cn/c/2007 – 10 – 24/205814157282. shtml。

《坚定不移沿着中国特色社会主义道路前进 为全面建成小康社会而奋斗——在中国共产党第十八次全国代表大会上的报告》，http：//www. xj. xinhuanet. com/2012 – 11/19/c_ 113722546. htm。

李兆汝：《规划岁月：几度春暖秋凉——访城市规划界的老前辈曹洪涛》，http：//www. chinajsb. cn/gb/content/2006-08-08/content_ 193123. htm。

《全面建设小康社会，开创中国特色社会主义事业新局面——在中国共产党第十六次全国代表大会上的报告》，http：//news. xinhuanet. com/

ziliao/2002 – 11/17/content_ 693542. htm。

《中共北京市委十一届七次全会召开 郭金龙讲话》，http：//
beijing. qianlong. com/3825/2015/07/11/2500@10409898. htm。

《中共中央关于制定"十五"计划的建议（全文）》，http：//mon-
ey. 163. com/editor/001019/001019_ 26401（1）. html。

《中国共产党第十八届中央委员会第三次全体会议公报》，http：//
news. xinhuanet. com/politics/2013 – 11/12/c_ 118113455. htm。

《中国共产党第十七届中央委员会第五次全体会议》，http：//
baike. baidu. com/link? url =_ aQk_ nhx_ QalyXI15 – pCeSt3MZLefv
Za74s79lLN7AjC0KcGznyYmnxqQ5hbqJYpOsZ3mFpJX6xiXCLcY6W9Kl。

《中国共产党第十五届中央委员会第三次全体会议公报（1998 年 10
月 14 日）》，http：//www. chinairn. com/news/20131112/145322488. html。

《中国共产党十八届三中全会公报发布（全文）》，http：//
news. xinhuanet. com/house/suzhou/2013 年 11 – 12/c_ 118113773. htm。

《中国国家统计局·国家数据》，http：//data. stats. gov. cn/workspace/
index? m = fsnd。

《中华人民共和国国民经济和社会发展第十二个五年规划纲要（全
文）》，http：//politics. people. com. cn/GB/1026/14159537. html。

外文文献

Gene M. Grossman, Alan B. Krueger, "Economic Growth and the Envi-
ronment", *Quarterly Journal of Economics* 110（1995）.

Grimm N B, "Global Change and the Ecology of Cities", *Science* 319
（2008）.

Gustav Ranis. John C Fei, "A Theory of Economic Development", *Amer-
ican Economic Review* 51（1961）.

Hannu Tervo, "Cities, Hinterlands and Agglomeration Shadows: Spatial
Developments in Finland During 1880 – 2004", *Explorations in Economic History*
47（2010）.

Hogan, Timothy D, "A Note on Empirical Estimation of Optimum Popu-
lation", *Nebraska Journal of Economics & Business* 13（1974）.

James Andreoni, Arik Levinson, "The Simple Analytics of the Environmental Kuznets Curve", *Journal of Public Economics* 80 (2001).

James A. Yunker, "An Empirical Estimate of Optimum Population: Reply", *Nebraska Journal of Economics & Business* 13 (1974).

James A. Yunker, "A Statistical Estimate of Optimum Population in the United States", *Nebraska Journal of Economics & Business* 12 (1973).

J Overbeek, *History of Population Theories* (Netherlands: Rottedam University Press, 1974).

Kempe Ronald Hope Sr, Mogopodi H. Lekorwe, "Urbanization and the Environment in Southern Africa towards a Managed Framework for the Sustainability of Cities", *Journal of Environmental Planning and Management* 42 (1999).

Klaus Jaeger, Wolfgang Kuhle, "The optimum growth rate for population reconsidered", *Journal of Population Economics* 22 (2009).

Michael P. Todaro, "A Model of Labor Migration and Urban Unemployment in Less Developed Countries", *American Economic Review* 59 (1969).

M. R. Narayana, "Optimum Population Size for a Regional Economy: An Analytical Approach", *Indian Journal of Quantitative Economics* 4 (1988).

Pearce D, "Environmentalism and the Green Economy", *Environment and Planning A* 22 (1990).

P. S. Dasgupta, "On the Concept of Optimum Population", *Global aspects of the environment* 2 (1999).

Robert E, Lucas Jr, "Life Earnings and Rural – Urban Migration", *Journal of Political Economy* 112 (2004).

Samuelson, Paul A, *Economics* (New York: McGrow – Hill, 1970).

Thomas Renström, Luca Spataro, "The Optimum Growth Rate for Population under Critical – Level Utilitarianism", *Journal of Population Economics* 24 (2011).

图书在版编目（CIP）数据

城市化与城市适度人口 / 王婷著. -- 北京：社会
科学文献出版社，2017.9
（云南省哲学社会科学创新团队成果文库）
ISBN 978 – 7 – 5201 – 0534 – 7

Ⅰ.①城…　Ⅱ.①王…　Ⅲ.①城市化 – 研究 – 中国②
城市人口 – 人口容量 – 研究 – 中国　Ⅳ.①F299.21
②C924.24

中国版本图书馆 CIP 数据核字（2017）第 056623 号

·云南省哲学社会科学创新团队成果文库·

城市化与城市适度人口

著　　者／王　婷

出 版 人／谢寿光
项目统筹／宋月华　袁卫华
责任编辑／刘　丹

出　　版／社会科学文献出版社·人文分社（010）59367215
　　　　　地址：北京市北三环中路甲 29 号院华龙大厦　邮编：100029
　　　　　网址：www.ssap.com.cn
发　　行／市场营销中心（010）59367081　59367018
印　　装／北京季蜂印刷有限公司

规　　格／开　本：787mm×1092mm　1/16
　　　　　印　张：19.5　字　数：306 千字
版　　次／2017 年 9 月第 1 版　2017 年 9 月第 1 次印刷
书　　号／ISBN 978 – 7 – 5201 – 0534 – 7
定　　价／98.00 元

本书如有印装质量问题，请与读者服务中心（010 – 59367028）联系

▲ 版权所有 翻印必究